QUANT

일러두기

1. 한글전용을 원칙으로 한다. 고유명사의 우리말 표기는 국립국어원의 외래어표기법을 따랐다. 그러나 관행적으로 굳어진 표기는 그대로 사용했으며 필요한 경우 한자나 원어를 병기했다.

2. 인용된 인물명 표기 가운데 외국인명 및 일부 강조해야 하는 원어일 경우 위첨자로 병기했으며 그 외에 원어 병기가 필요할 시에는 소괄호를 사용했다.

3. 단행본에는 겹꺾쇠《 》를, 영화·TV프로그램·정기간행물·논문에는 홑꺾쇠〈 〉를 사용했다.

인공지능
투자가
퀀트

권용진 지음

알고리즘,
세계 금융시장을 침공하다

메
카르북스

차례

제1부 퀀트의 탄생
; 그들은 어떻게 시장을 지배하게 되었는가

QUANT

들어가면서

바야흐로 인공지능의 시대가 도래했다. 의료용 인공지능이 원격으로 수술을 하기도 하고, 우주에는 인간 대신 화성 탐사 로봇이 가 있다. 집에서는 로봇 청소기가 청소를 해주기 시작했고 아마존의 개인 비서 인공지능 알렉사가 불을 꺼주거나 기분에 맞춰서 노래를 틀어주기도 한다. 여전히 먼 이야기라 생각했던 세상은 구글의 바둑 인공지능 알파고의 승리와 함께 우리 생활 속으로 급격히 들어오고 있다. 그런데 청소를 해주거나 탐사를 해주는 인공지능이 아니라 가만히 있어도 돈을 벌어다 주는 인공지능이 생긴다면 어떻게 될까?

돌을 금으로 바꾸는 마법을 찾기 위해 모험을 떠난 중세시대의 연금술사처럼 많은 과학자와 엔지니어가 금융시장에서 돈을 벌어다 주는 인공지능을 만들기 위해 노력했다. 그들은 결국 여러 가지 수학모델과 알고리즘을 적용해 주식 투자 및 거래에서 돈을 벌 수 있는 인공지능을 제작해내는 데 성공했다. 인간의 직감이나 감정을 배제하고 오직 수학과 알고리즘만으로 투자하는 사람들, 바로 퀀트(Quant)다. 특히 2015년에만 2조 원의 연봉을 받은 세계 최고의 퀀트이자 투자가인 제임스 사이먼스[James H. Simons]로 인해 그들은 이슈를 넘어 신화가 되었다. 사이먼스가 운영하는 기업 르네상스테크놀로지스[Renaissance Technologies]에서는 네온, 래더 스네이크, 하울러 3 같은 투자 인공지능들이 수십 대의 서버를 이용해 거래하고 있다. 그러나 국내 시장의 경우 퀀트가 활동하기 다소 어려운 환경을 가지고 있어 관련 자료가 전무한 편이다. 장님이 코끼리 만지듯 부분적인 정보만이 나돌고 있으며 10년 전 이야기를 현재 상황인 것처럼 다루기도 한다. 퀀트에 대한 자료로 스캇 패터슨의《퀀트》[1]나 이매뉴얼 더만의《퀀트, 물리와 금융에 관한 회고》[2]와 같은 서적이 전부지만 복잡한 수식과 물리 공식으로 구성돼 있기 때문에 배경지식이 없는 일반인에게는 어려운 편이다.

7년 전, 나는 퀀트가 되기로 했다. 그러나 당시에는 정보가 매우 부족해 여러 가지 어려움을 겪었다. 퀀트 면접을 보면 헤지펀드와 투자은행마다 요구하는 기술이 천차만별이었다. 나중에서야 깨달았지만 퀀트는 약 50여 년을 거치면서 다양한 기술을 이용하는 형태로 진화해 그들의 업무, 연구 방식, 인공지능의 작동 알고리즘이 각각 달랐던 것이었다. 내가 퀀트가 되기로 했던 때에 이러한 배경에 대해 알고 있었다면 훨씬 좋았을 것이라 생각한다. 이 책에서는 여러 가지 퀀트 특히 고속 시스템과 알고리즘으로 시장에서 돈을 버는 퀀트 트레이더를 중심으로 소개하고자 한다.

빅데이터·인공지능 시대로 넘어오면서 금융시장의 기술 간극은 점점 더 커지고 있다. 그러나 안타깝게도 국내 금융업계에서는 퀀트의 존재조차 모르거나 '여러 가지 지표를 계산해주는 보조 업무'로 치부하는 수준에 머물러 있다. 데이터에 대한 안목을 가진 퀀트와 금융 데이터 과학자

---

1) 스캇 패터슨 지음. 구본혁 옮김.《퀀트》. 다산북스. 2011.
2) 이매뉴얼 더만 지음. 권루시안 옮김.《퀀트, 물리와 금융에 관한 회고》. 승산. 2007.

를 키워야지만 치열한 금융 생태계에서 살아남을 수 있다. 이 책이 그런 입문서가 될 수 있기를 기대한다. 이제 개인도 쉽게 금융 데이터에 접근할 수 있고 복잡한 수학 공식이나 고도의 프로그래밍 없이 집에서 쉽게 인공지능 투자를 할 수 있는 시대가 오고 있다. 당신도 퀀트가 될 수 있다.

《인공지능 투자가 퀀트》는 총 3부로 나뉘어 있다. 제1부에서는 퀀트의 역사 및 시장을 지배하게 된 알고리즘을 소개한다. 퀀트와 관련된 분야가 수학 및 물리학 → 통계학 → 컴퓨터 및 전자 공학 → 인공지능 순으로 이동하게 된 이유를 퀀트 알고리즘의 트렌드와 사례를 통해 알아본다. 제2부에서는 헤지펀드와 투자은행에서 퀀트 트레이더로 일하면서 직접 경험한 여러 가지 에피소드들을 소개한다. 퀀트는 인공지능의 버그, 정치적 압력, 통계적 오류, 수익률 위험, 다른 금융업체들의 스파이 등과 매일매일 싸운다. 제3부에서는 퀀트와 인공지능 투자 트렌드를 짚어보고 앞으로 어떻게 변화할지 분석함으로써 국내 금융업계 및 개인 투자자들이 미래에 대한 안목을 가지고 대책을 세울 수 있도록 한다.

금융과 수학 관련 지식이 전무한 분들도 재미있게 읽을 수 있도록 전문용어나 수식을 최대한 배제하고 다양한 예시로 풀어냈다. 퀀트의 역사와 원리를 쉽게 이해할 수 있길 바라는 마음으로 이 책을 펴낸다.

2017년 8월

권용진

QUANT

알고리즘 전쟁의 시대

2014년 봄. 월스트리트는 그 어느 때보다도 치열한 전쟁터였다. 총도, 피도, 고성도 없었지만 그들은 광케이블과 마이크로파 통신을 이용한 이름 모를 인공지능들로 소리 없는 치열한 전투를 벌이고 있었다. 주식 거래의 85%는 이미 인공지능이 차지하고 있고, 세계 최고의 투자가 자리는 어느새 워런 버핏Warren Buffett이 아닌 르네상스테크놀로지스의 제임스 사이먼스가 차지했다. 일반 사람들이 투자 타이밍과 감각에 대해 논할 때 그들은 양자역학, 인공위성, 음성인식, 암호해독 혹은 머신러닝 기술을 이용해 금융시장을 지배하기 시작했다. 그들의 배경은 다양했다. 심리와 확률에 능통한 도박가도 있었고 우주를 연구하던 천문학자노 있었다. 해킹에 도가 튼 프로그래머도 있었고 통신 사업을 하던 전자회로 전문가도 있었다.

이렇듯 인공지능을 이용해 투자하는 사람들을 퀀트라 부른다. 퀀트는 모든 것을 숫자로 바꿔서 생각하는 사람이란 뜻을 가진다. 그림이나 사물마저 0과 1로 인식하는 영화 〈매트릭스〉를 떠올리면 좀 더 쉽게 이해할 수 있을 것이다. 퀀트는 발생 가능한 사건을 확률적으로 계산하고, 상황을 데이터와 숫자로 표현한다. 브랜드의 가치, 셰프의 능력, 뉴스의 영향, 태풍으로 인한 공포심, 심지어 CEO의 신뢰도까지도 숫자로 표현했다. 그리고 추출한 데이터를 토대로 투자를 행하는 인공지능을 설계하였다. 특히나 투자 인공지능의 두뇌 역할을 하는 알고리즘은 퀀트에게 가장 중요한 부분이다.

이전에는 정교하게 만들어진 알고리즘을 이용해 시장을 장악해나가는 퀀트란 존재가 많이 알려져 있지 않았다. 몇몇 사람의 이야기나 영화에서 전설 속 존재처럼 등장하기는 했지만, 월스트리트 사람들 입장에선 그저 수학을 잘하는 골방 괴짜들일 뿐이었다. 하지만 세계 10대 헤지펀드 중 9개가 어느새 퀀트와 알고리즘으로 이루어지게 되었고 주식, 환율, 채권, 금속 그리고 농작물까지 그들의 손이 닿지 않은 곳은 없었다. 퀀트들은 고수익의 강력한 인공지능을 만들기 위해 치열하게 경쟁하고 있었다. 경쟁사의 알고리즘 설계도를 알아내기 위해 스파이를 보내거나 기존 직원을 매수해서 코드를 알아내려고도 했다. 퀀트 헤지펀드인 시타델 ^{Citadel LLC} 사무실은 웬만한 국방시설보다 보안이 심해서 보안장치를 5번이나 통과해야 메인 서버실에 도달할 수 있다고 한다. 물론 주식시장은 외관상 10년 전과 다를 것이 없어 보였다. 그러다 2014년 봄, 마이클 루이스 ^{Michael Lewis}가 불법적으로 돈을 버는 퀀트들에 대한 책 《플래시 보이스 (Flash Boys)》[3]를 출판하면서 세상은 떠들썩해졌다. 《플래시 보이스》는 초고속 인공지능들과 사설로 설치한 광통신망을 이용해서 다른 사람의 거래를 미리 파악한 뒤 가격을 바로 올려버리는 불법 행위인 선행 매매에 대해 고발한다. 물론 실제 시장에서는 합법적인 인공지능들이 대부분이었지만, 금융시장을 지배한 초고속 인공지능에 대한 이야기는 사람들

---

3) 마이클 루이스 지음. 이제용 옮김. 《플래시 보이스》. 비즈니스북스. 2014.

의 공포심을 자극하기에 충분했다.

◇ ◇ ◇

"186번 알고리즘의 설계도만 알아내준다면 이 사태 이후에도 자네 뒤를 톡톡히 봐주겠네."

"알겠습니다. 시도는 해보겠습니다만…… 쉽진 않을 것 같습니다."

2014년 봄, 나는 메릴린치$^{Merrill Lynch}$ 투자은행 3년차인 신참 퀀트였다. 당시 나는 기본적인 데이터 분석 작업을 겨우 벗어나 나만의 알고리즘을 만들기 시작하던 참이었다. 플래시 보이스 사태로 상황이 복잡해지자 퀀트 그룹 대표인 제이크가 나를 조용히 불러서 이런 제안을 한 것이다.

그때 메릴린치에는 수십 명의 퀀트들이 만든 300가지 알고리즘이 유기적으로 작동하고 있었다. 이들의 수익이 상당히 높아 은행 내에서도 영향력이 꽤 컸고, 경쟁업체에서는 알고리즘을 알아내기 위해 혈안이 되어 있었다. 186번 알고리즘은 그 중에서도 수익이 가장 높은 알고리즘이었다. 186번 혼자서 나머지 알고리즘을 다 합친 수익의 반을 내고 있으니 많은 사람들이 눈독을 들일 만도 했다.

186번의 원작자는 펜실베이니아대학교를 나온 통계학 교수였는데

2013년 여름에 해고되었다. 해고된 이유는 2012년부터 시행된 새로운 규제 때문이었다. 은행이 돈을 크게 잃을 수 있는 공격적인 투자를 전면 금지하는 도트 프랭크법$^{Dodd-Frank Act}$이 바로 그것이다. 고객들의 돈을 지나치게 잃어서 나라 전체를 휘청거리게 했던 2008년 금융 위기 같은 사태를 방지하고자 하는 처사였다. 이후 공격적인 투자를 했던 100개의 알고리즘은 금지 처분을 받았고 퀀트 팀원은 절반도 남지 않았다. 그는 은행을 떠난 뒤 규제를 받지 않는 헤지펀드로 이직하였고 186번도 자연스레 반년 정도 작동을 멈춘 채 먼지 쌓인 로봇 신세가 되었다.

이런 상황에서 186번의 설계도를 알아내고 싶어 하는 것은 당연한 일이었다. 그 원리를 응용해 새로운 알고리즘을 만들 수도 있고, 이 알고리즘의 거래 타이밍을 포착해 역으로 잡아먹는 '알고리즘 저격수 인공지능'으로 수익을 낼 수도 있기 때문이었다. 아마도 제이크는 186번의 설계도를 이용해 파트너 자리를 합의하거나 다른 회사로 가서 좋은 대우를 받으려는 심산인 것 같았다.

그는 186번 알고리즘의 코드를 공개하면서까지 나에게 이런 부탁을 하고 싶지는 않았을 것이다. 그러나 남이 만든 인공지능의 코드와 데이터를 읽고 설계도를 추출하는 작업은 쉽지 않다. 코드를 보더라도 그 수학적인 의미를 이해하기 어렵고, 최고의 속도가 필요한 퀀트 알고리즘은 대부분 복잡하게 최적화돼 있어서 이해하는 데 굉장히 많은 시간이 필요했다. 설령 설계도를 이해했다 하더라도 똑같이 복제하고 주어진 데이터에 맞게 변형한 다음 비슷한 결과물을 얻게 만드는 작업은 웬만한 해커도 쉽게 할 수 없는 일일 것이다. 이렇게 시간이 오래 걸리는 마당에 플래시 보이스 사태로 모든 언론의 화살이 전국의 퀀트업계에게 쏠린 것이다. 우리 팀의 300개 알고리즘은 플래시 보이스에서 말하는 불법적인 선행 매매가 아니었다. 그렇지만 언론을 의식해 조만간 나머지 알고리즘도 더 이상 작동시키지 못하게 할 것이고 퀀트 팀은 해체될 가능성이 높아 보였다. 그래서 제이크는 상대적으로 이해관계가 적고 신뢰할 만하다 생각한 나에게 손을 내민 것이다.

나도 전적으로 제이크만 믿고 있었던 것은 아니다. 나에겐 6개월 전에 나름대로의 기술을 집약한 알고리즘 288번이 있었다. 도트 프랭크법 이후에 만든 알고리즘이라 그다지 공격적이진 않았지만 꾸준한 수익을 안겨주는 나의 첫 인공지능이었다. 288번의 설계도 자체는 내가 직접 제작한 것이라 머릿속에 대부분 입력되어 있었다. 하지만 대부분의 알고리즘은 다른 알고리즘과 유기적으로 작동하기 때문에 연계되어 있거나 전처리를 해주는 베이스 알고리즘들의 설계도를 차근차근 뜯어보아야 전체 구조를 이해할 수 있었다. 이러한 기초 알고리즘들은 186번 알고리즘과도 공유하는 부분이었기 때문에 시간 낭비는 아니었다.

종종 코드들을 보다 보면 프린트하거나 복사하고 싶은 충동이 든다. 그러나 제이크가 코드를 프린트하거나 백업하지 않고 나에게 설계도 해석을 지시한 이유가 있었다. 월스트리트 내에서 수익을 내주는 알고리즘에 대한 보안은 상상을 초월한다. 알고리즘의 코드를 추출하게 된다면 수익 기밀이 노출된 것과 마찬가지이기 때문이다. USB를 꽂기만 해도 보안 팀에 연락이 가고, 복사-붙여넣기 명령도 모두 추적이 된다. 2011년 소시에테 제너럴 은행의 한 퀀트는 회사 내 알고리즘 설계도를 프린트했다가 맨해튼 법원에서 3년형을 받았다. 2013년에는 한 프로그래머가 시타델에서 코드를 하드디스크에 넣었다가 10년형을 받았다. 이 때문에 프린트할 생각은 꿈도 꾸지 못하고 사무실 의자에 기댄 채 밤늦도록 머릿속에 설계도를 집어넣었다.

◇ ◇ ◇

플래시 보이스 사태로 많은 거대 퀀트 회사들이 문을 닫거나 수사를 받는 등 난관에 처했다. 그러나 소규모 트레이딩 회사나 헤지펀드에겐 오히려 기회였다. 알고리즘 거래 시장의 경쟁이 치열해지면서 새로운 인공지능을 제작해줄 퀀트를 영입하는 것이 모든 업체들의 최우선 과제였다. 베일에 싸여 있던 알고리즘들이 조금씩 밝혀지고 있었고 난세를 타개할 인재들이 쏟아져 나왔다. 각 회사의 책략가들은 더듬이를 곤두세우기 시작했다.

"여보세요?"

"네. 인공지능 전문가 헤드헌터 빌이라고 합니다. 32조 정도의 자산을 운용 중인 헤지펀드에서 새로운 파생상품 알고리즘 퀀트를 영입 중입니다. 최소 30%의 연봉 상승이 있을 것이고 유수의 상급 박사들, 엔지니어 들과 함께 일하실 수 있는 기회입니다. 머신러닝[4]을 공부하셨던데 현재 거래 알고리즘에도 머신러닝 기술을 쓰시나요?"

"아, 제안은 감사합니다만 괜찮습니다. 안녕히 계세요."

아주 솔깃한 제안이었다. 그러나 헤드헌터가 좋은 조건을 제시한다고 해서 마냥 넋 놓고 있어선 안 된다. 각종 헤지펀드들은 다른 업체들이 어떤 알고리즘과 기술로 수익을 내는지 알아내려고 혈안이 되어 있기 때문이다. 면접을 본다는 명목으로 기술을 세세하게 물어본 뒤 탈락을 통보하는 경우도 많다. 그 후 비슷한 알고리즘을 구현한다는 소문이 들려온다. 물론 구체적인 수치나 연구 내용 없이 똑같이 복제하는 건 어려운 일이지만 최소한 업계 동향이나 상대 알고리즘을 잡아먹는 '저격수 알고리즘' 정도는 구사할 수 있다. 심지어 국제적으로 유명한 모 헤지펀드는 유망한 알고리즘을 가진 퀀트를 고용한 다음 그 알고리즘이 거래하는 회선에 일부러 랙을 걸리게 만들어 실적 악화를 유도해 퇴사시키고는 그대로 전략을 베껴 수익을 낸다는 뒷이야기도 있다.

여러 가지를 고민해 보았지만 아직까진 이 팀에서 할 일이 꽤 있다고 판단했다. 186번을 이해한 뒤에 제이크와 협력해 새로운 수익 모델을 꾀

---

4) Machine Learning, 기계 학습이라 불리는 인공지능 기술. 프로그래머가 알고리즘을 일일이 작성하지 않고 컴퓨터가 데이터를 기반으로 학습하면서 스스로 알고리즘을 만드는 기술.

할 수도 있었고, 나의 288번 알고리즘도 조금씩 다듬어 성장시킬 수도 있기 때문이었다. 이미 많은 퀀트들이 해고되거나 퇴사하였고 아직 경력이 길지 않지만 설계와 코드를 읽을 수 있는 퀀트라는 나의 입지는 나쁘지 않았다. 비록 186번의 구조는 50% 정도밖에 파악하지 못했지만 말이다.

딩동.

블랙베리에서 '법무팀으로부터 새 메일'이라는 알림이 떴다. 법무팀은 좀처럼 메일을 보내지 않는데, 의외다 싶었다.

> 안내 말씀 드립니다. 최근 퀀트와 알고리즘, 초고속 거래에 대한 언론의 집중도가 높아지고 있습니다. 만약 접촉을 시도하거나 질문을 한다면 '잘 모르겠습니다'라고 하지 마시고 '저는 권한이 없으므로 저희 법무팀과 연락을 하시기 바랍니다'라고 대답해주시기 바랍니다. '잘 모르겠습니다'라는 답변 또한 언론에 인용될 가능성이 있고 법적 효력을 가지는 답변이 될 수 있습니다. 아무쪼록 많은 협조 부탁드립니다.
>
> — 법무팀 드림

확실히 그날따라 사무실 전화벨도 자주 울렸다. 워낙에 나는 전화를 잘 받지 않는 편이었기 때문에 급한 일은 블랙베리로 직접 전화가 오거나 메일로 오곤 했다. 사무실도 어수선하고 전화벨 소리도 시끄러워서 일찍 퇴근해 집에서 쉬기로 했다. 그렇게 로비를 빠져나가려는데 입구에 수많은 기자들이 진을 치고 있는 것이 아닌가. 분위기가 이상했다.

"저기요! 내일부로 퀀트팀이 해체된다고 하는데, 역시 불법 선행 매매가 있던 것입니까?"

"현재 내부 수사 상황에 대해 아시는 것이 있습니까?"

"해체된 이후 남은 퀀트들의 동향을 알고 계십니까?"

해체라니? 그런 이야기를 듣지 못했다.

"아니, 해체라뇨? 저는 모릅…… 아, 권한이 없습니다. 법무팀에 문의하세요."

나는 서둘러 제이크와 다른 팀원들에게 메일을 보냈다. 그들은 미리 말해주지 못해 미안하다면서, 해체가 맞다고 전해주었다.

◇ ◇ ◇

퀀트팀의 알고리즘 코드와 데이터는 모두 폐기 처분되었다. 은행에서는 평판이 나빠질 것에 대비하기 위해 이 사실을 언론에 발표하였다. 제이크는 해고되었고 회사는 나에게 기술지원 부서로 발령시켜주겠다고 제안했다. 말만 발령이지 사실상 해고인 셈이다.

뉴스에서 이 소식을 접했는지 알고리즘과 수익에 대해 묻는 헤드헌터들의 각종 메일이 쏟아졌다. 어떻게 알았는지 개인번호로 문자 메시지도 보내왔다. 제이크는 자신이 새로운 회사를 설립할 예정이니 186번 알고리즘을 재현해보지 않겠냐고 제안하였다. 하지만 그의 입지가 그다지 탄탄해 보이지는 않았다. 나는 그동안 연락 왔던 헤드헌터 중 믿을 만한 이에게 내 인공지능의 새로운 보금자리가 되어줄 좋은 회사를 추천해달라고 부탁했다. 그리고 며칠이 채 지나지 않아 면접 일정을 잡게 되었다.

면접장에 들어서자 편한 복장의 매니저 두 명이 나를 반겼다.

"반갑습니다. 자기소개를 부탁합니다."

나는 최대한 간략하게 배경소개를 하되 포부나 취미 따위를 구구절절 설명하진 않았다. 어차피 이들이 관심 가지는 것은 단 하나라는 것을 알고 있었기 때문이다.

바로 나의 알고리즘.

"어떤 전략을 구사하십니까? 어떤 통계 기술과 인공지능 알고리즘을 사용합니까? 거래는 어떤 식으로 합니까? 수익 레벨과 최대 리스크는 어느 정도지요?"

찬찬히 답변을 하였다. 퀸트의 면접은 직원을 뽑는 느낌보다도 투자 설명회에 가깝다. 회사는 자신들이 투자할 알고리즘을 찾는, 퀸트는 자신의 알고리즘이 탄탄하고 경쟁력 있음을 논하는 자리인 것이다.

"나쁘지 않군요. 수익률도 훌륭하고 기존의 알고리즘과 차별화되는 점도 있어요."

괜찮은 피드백에 내심 기분이 좋아졌다.

"마지막으로 하나만 더 물읍시다. 알고리즘에 이름이 있나요?"

나는 288번이라고 대답하려다 관뒀다. 은행을 떠난 이상 코드네임을 따를 필요는 없기 때문이다. 퀀트업계에서 역사적으로 대단했던 알고리즘에는 모두 이름이 있었다. 아마겟돈, 스타쉽, 루비, 네오 등등 대부분 진취적인 이름들이었다. 그간 코드네임만 따르다 보니 내 알고리즘의 이름에 대해서 생각해본 적은 없었다.

"예. 물론 있습니다."

잠시 고민한 뒤에 대답했다.

"지니(Genie)라고 합니다. 소원을 이루어주죠."

그렇게 나 또한 알고리즘 전쟁에 참여하게 되었다.

THE RISE OF QUANT

제1부

퀀트의 탄생

그들은 어떻게 시장을 지배하게 되었는가

제1장

카지노를 굴복시킨 알고리즘

📊 위대한 도박사의 탄생

1961년 뜨거운 어느 날 밤, 라스베이거스에서 한 남자가 수십 명의 구경꾼들에게 둘러싸인 채 블랙잭 게임을 하고 있다. 6시간째 침착하게 게임을 이어나가고 있었지만 커다란 뿔테 안경과 뻘뻘 흘리는 땀을 보면 그는 전문 도박사가 아님이 분명했다. 관중들은 그가 몇 게임이나 더 버틸지 내기를 하고 있었다. 대부분의 사람들은 그가 앞으로 몇 번의 운 나쁜 게임을 거치고 파산할 것이라 생각했다. 그도 그럴 것이 굉장히 불리해 보이는 상황에서도 멈추지 않고 카드를 받거나, 누가 봐도 유리한 상황에서 멈추거나 하는 등 블랙잭 초보자 같은 모습을 보였기 때문이다. 옆자리에서 그 모습을 지켜보던 사람들은 비웃으며 게임을 시작했다. 수많은 게이머들이 패배하고 자리를 떠날 동안 그는 여전히 자리를 지키고 있었다. 궁지에 몰려서 파산할 것 같으면 어느새 다시 승을 거두며 되살아나곤 하였다. 관중들은 대단히 운이 좋은 사나이가 나타났다면서 흥미진진한 대결을 지켜보고 있었다. 그러나 딜러는 이 남자에 대한 기묘한 느낌을 떨쳐버릴 수가 없었다. 승기를 확실히 잡았다고 생각한 순간 행운의 여신이 남자의 편을 들어주면서 다시금 긴장감이 팽팽한 대결 구도로 돌아왔기 때문이었다. 결국 9시간이 지나고 나서야 그는 고작 8달러 정도를 잃고 일어났다. 그는 조용히 '시스템 검증은 끝났다'라고 혼잣말을 하며 카지노를 빠져나갔다. 많은 관중들이 그의 체력과 굉장한 운에 대해 박수를 쳐주었지만 딜러만큼은 무언가에 홀린 듯 멍하니 그의 뒷모습을 바라보고만 있었다. 그는 바로 퀀트의 시작이자 후대 퀀트에게 지대한 영향을 끼친 알고리즘 전쟁의 시발점, 1900년대 중반 최고의 투자가 에드워드 소프^{Edward O. Thorp}였다.

에드워드 소프는 1932년 가난한 참전 용사의 집에서 태어났다. 아버지는 은행 경비원으로 취직했지만 대공황이 계속되는 상태였기 때문에 집안 사정이 여전히 좋지 않았다. 그 덕에 금융 지식과 절약에 대한 본능이 일찌감치 생겼다. 어렸을 때부터 그는 돈을 버는 법을 빨리 터득했다. 주스 분말가루를 5센트에 사서 6잔으로 나눠 만든 다음 1잔당 1센트씩 팔면 돈을 벌 수 있다는 사실을 깨닫고 실행에 옮기기도 하였다. 그의 나이 고작 10살이었다. 또한 승부와 게임을 좋아해 주유소 주인아저씨, 슈퍼 카운터 아줌마 등과 종종 여러 가지 내기를 했다. 한번은 금전 등록기보다 빨리 암산할 수 있다고 슈퍼 주인과 내기해 아이스크림콘을 딴 적도 있었다.

특히 그는 일상생활에서의 현상을 설명하는 물리와 화학에 관심이 많았다. 차고에서 화학 재료를 모아 폭발 실험도 하고, 전자 장치들을 연결해 비밀통신 장치도 만들었다. 그는 물리학을 공부하면서 얻은 이론으로 여러 가지 현상들을 계산하고 실험해보는 데 푹 빠졌다. 하루는 '카지노에선 절대 돈을 벌 수 없다. 손을 대선 안 된다'라는 고등학교 선생님의 말에, 승부욕이 강한 소프는 카지노 게임도 게임인 이상 이길 수 있는 방법이 있을 것이라고 생각하였다. 예를 들어 룰렛 게임의 경우, 공의 움직임을 계산해서 떨어질 확률이 높은 숫자에 건다면 이길 수 있으리라 생각한 것이다. 그러나 어려운 가정형편에 비싼 룰렛으로 실험한다는 것은 꿈도 꿀 수 없었다. 결국 그는 카지노에 대한 열정을 뒤로한 채 물리학 경시대회에서 최우수상을 받으며 UCLA 물리학과에 전액 장학금으로 진학하게 된다.

대학교에 진학했어도 그는 룰렛에 대한 생각을 떨쳐버릴 수가 없었다. 장학금 생활을 하느라 형편이 넉넉지 않았던 소프는 돈을 벌 수 있는 여러 가지 부업을 생각하게 되었는데, 카지노야말로 승부에 강한 그가 할 수 있는 최고의 방법이라 생각했다. 그는 종종 학교 동료들과 세계의 여러 가지 게임들 이를테면 복권, 경마, 포커, 바둑 등에서 유리한 게임을 하는 것이 가능한지 토론하였다. 동료들 대부분은 룰렛이 가장 불리한 게임이라고 했다. 룰렛에는 1부터 36까지의 숫자와 0,00이라는 어디에도 포함되지 않는 특수 문자가 있다. 그렇기 때문에 짝수에 걸더라도 짝수가 나올 확률이 절반이 아닌 49%이다. 마찬가지로 검정색에 걸어도 절반이 아닌 49%의 확률이다. 즉, 1%의 불리함 때문에 장기적으로 플레이

어는 무조건 질 수밖에 없는 것이다. 물론 룰렛에 결함이 있어 특정 숫자
가 더 잘 나온다면 유리하게 베팅할 수도 있다. 그러나 라스베이거스에
있는 대형 카지노 룰렛은 워낙 정교하기 때문에 모든 숫자가 무작위로
나와 어떤 숫자가 나올지 예측하는 일은 거의 불가능에 가까웠다.

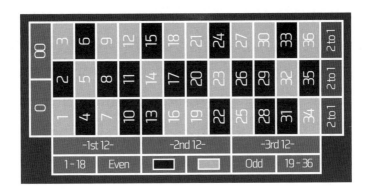

하지만 소프는 다르게 생각했다. 물리학자는 룰렛과 같은 바퀴의 움직
임을 계산하는 전문가 아닌가. 정교한 원판 위에서 돌아가는 공의 움직
임을 계산하는 것은 초기 위치와 속도만 있으면 고등학교 수준의 물리학
으로도 계산 가능한 일이었다. 룰렛 같은 경우에는 딜러가 공을 굴린 뒤
에 어느 정도 시간이 지나도 베팅할 수 있기 때문에 초기 위치와 속도를
알아내고 나서 돈을 거는 것이 가능했다. 소프는 바로 아이디어를 실험
하기 시작하였다. 300달러 정도 하는 싸구려 룰렛판을 산 다음 고속사
진촬영기를 빌려 공을 굴리는 순간을 촬영했다. 그리고 공의 초기 위치
와 속도를 측정한 뒤에 떨어질 위치를 확률분포로 나타냈다. 실험은 순
조롭게 이루어지는 것 같았다. 그는 공의 초기 위치와 속도, 룰렛 마찰 계

수 등을 모델화해 공식으로 나타냈다. 어떤 현상을 설명하는 공식을 만드는 것은 물리학과인 그에게 매우 익숙한 일이었다. 그러나 두 가지 문제점이 결국 소프를 좌절시켰다. 싸구려 룰렛판이 너무 조잡해 결과가 일정하지 않다는 게 첫 번째 문제였다. 어떤 부분은 거칠어서 마찰력이 너무 강하고 어떤 부분은 너무 미끈거리는 등 판이 고르지 않았고, 가끔 공이 튀기도 했다. 카지노에서 쓰는 정교한 룰렛을 구하기 위해선 월 생활비 2배 이상인 1,000달러 정도가 필요했으나 소프에겐 그럴 만한 여력이 없었다. 두 번째 문제는 카지노에서 직접 공의 초기 위치와 속도, 떨어지는 위치를 계산하려면 소형 컴퓨터와 인식 장치가 필요하다는 것이었다. 하지만 그런 장비는 굉장히 비쌌고 성능도 그다지 좋지 않았다. 아쉽지만 소프는 룰렛 연구를 그만두고 박사과정을 밟기로 결정했다.

빨리 졸업하고 돈을 벌고 싶었던 소프는 상대적으로 필수 과목이 적었던 수학과를 선택했다. 박사과정에서도 승부와 확률에 대한 관심은 줄지 않았다. 1958년 박사과정을 졸업할 즈음 그는 신규 수학 박사들에게 가장 명예로운 교수직인 MIT CLE 무어 교수직을 제안 받았다. 영화 〈뷰티풀 마인드〉와 게임 이론으로 유명한 존 내쉬[John Nash]도 MIT CLE 무어 출신이었다. 그리고 소프가 박사과정을 마무리하던 해에 우연히 학교 동료에게서 한 저널을 건네받았다. 그것은 미국통계협회저널이었는데 미 육군 본부 소속 수학자 로저 볼드윈이 발표한 〈블랙잭 전략〉이라는 논문이 수록되어 있었다. 블랙잭을 통계적으로 분석해 승률을 최고로 이끄는 전략을 담은 이 논문은 소프의 관심을 끌기에 충분했다. 무작위로 결과가 나오는 룰렛과 다르게 블랙잭은 플레이어가 여러 가지 전략을 구사할 수 있기 때문에 '카지노 측이 완벽히 유리하다'고 증명된 적이 없는 게임이었다.

블랙잭 혹은 21이라고 하는 이 게임의 룰은 간단하다. 카드를 원하는 만큼 뽑아서 합이 21점에 가까울수록 이기는 게임이다. 만약 카드를 너무 많이 뽑아서 21점을 넘게 되면 자동으로 패배한다. 각각의 카드는 숫자대로 계산하고 J, Q, K처럼 사람이 그려진 카드는 10점으로 계산한다. 에이스는 1점 혹은 11점으로 계산할 수 있다. 이외에도 세세한 룰이 있지만 기본적인 골자는 이렇다. 플레이어는 21점 이하이면 얼마든지 카드를 더 받을 수 있다. 딜러는 16점 이하면 카드를 계속 받아야 하고 17점 이상이면 카드를 더 받을 수 없다. 사람들은 딜러가 가진 카드와 자신의 카드를 비교해서 더 받을지 혹은 받지 않고 끝낼지 정한다. 이기면 건 돈의 두 배를 받고, 지면 건 돈을 잃는다.

그동안 블랙잭의 승률은 상황에 따라 적절히 플레이하면 45% 정도라고 알려져 있었다. 승률이 50% 이하기 때문에 플레이어에게 불리한 게임이고 계속하면 파산에 이른다. 블랙잭에 대한 다양한 전략이 나왔지만 몇 천만 가지가 넘는 천문학적인 가짓수 때문에 그 확률을 계산하려는 엄두도 내지 못했다. 그런데 컴퓨터의 등장으로 계산이 가능해졌고, 육군 수학자들이 이를 이용해 18개월간 각 상황에 따른 확률을 하나하나 계산해 논문에 정리해 놓은 것이다. 예를 들어 현재 내 카드의 합이 16이고 딜러의 카드가 9일 때, 카드를 받는다면 52.1% 확률로 이기고 받지 않으면 46.1% 확률로 이긴다. 즉, 카드를 받는 게 좋은 것이다. 논문대로 따른다면 총 49.4%의 승률을 얻게 된다. 카지노 게임 중에서 승률 50%에 가장 가까운 게임인 것이다. 비록 50% 이하라 여전히 플레이어가 불리하지만, 운이 좋으면 돈을 딸 확률이 가장 높은 게임이기도 했다.

소프는 논문을 읽은 뒤에 흥분을 감추지 못했다. 만약 이러한 전략이 가능하다면 조금 더 연구해서 카지노보다 유리한, 즉 50% 이상의 승률을 가지는 알고리즘을 만들 수 있을 것 같았다. 그는 MIT로 가기 전에 당장 볼드윈의 논문을 시험해보고 싶었다. 바로 짐을 싸들고서 라스베이거스의 카지노로 달려갔다. 그는 볼드윈의 논문에 있는 내용을 간단하게 표로 정리해서 손에 붙여갔다. 카지노에서는 신의 계시나 부적처럼 종이에 무언가를 써오는 사람들이 많았기 때문에 딜러는 크게 신경 쓰지 않았다. 결국 소프는 9시간 동안 100달러 중 8달러만 잃으면서 논문의 시스템이 제대로 작동한다는 것을 몸소 증명했다.

소프는 이렇게 몸으로 전략을 시험해보면서 문제점 또한 파악하였다. 볼드윈의 전략은 항상 52장의 카드로 게임한다는 가정 하에 계산하는 확률이었고, 이에 따른 최적의 움직임을 산출해냈다. 그러나 실전에서는 한 게임 뒤에 바로 섞는 것이 아니었기 때문에 지금까지 나온 카드와 남은 카드에 따라서 확률이 변했다. 만약 지금까지 에이스 3장이 나왔다면 앞으로 에이스가 나올 확률은 급격하게 줄어든다. 에이스가 4장 나왔다면 앞으로 에이스가 나올 확률은 0%다. 즉, 지금까지 나온 카드를 추적한 뒤에 유리한 상황이 되었을 때 베팅하면 되는 것이다. 이것이 영화 〈21〉으로 유명한 카드 카운팅 기법이다.

그는 MIT에 도착한 뒤에도 MIT 계량 센터에 있는 IBM-704 컴퓨터와 프로그래밍 언어인 포트란을 이용해서 블랙잭에 관하여 끊임없이 연구했다. 소프는 볼드윈에게 각 상황마다 확률을 계산한 데이터를 요청하였다. 얼마 뒤에 숫자가 가득한 메모지로 꽉 찬 상자 하나가 그의 사무실에 도착했다. 이를 이용해 소프는 다양한 블랙잭 상황에서 승리 확률이 어떤지 계산해내기 시작했다. 그러나 52장의 카드로 나올 수 있는 상황만도 몇 백만 가지가 넘었고, 이미 카드가 몇 장 나누어진 상황까지 고려하면 수십억 가지가 넘어 모든 확률을 계산할 수는 없었다. 여러 가지 확률 패턴을 유심히 보던 소프는 카드 5가 승부에 가장 큰 영향을 미친다는 것을 깨달았다. 카드 5가 많을수록 딜러에게 유리했고 카드 5가 적을수록 플레이어는 우위를 점할 수 있었다. 그리고 마침내 이 사실을 이용해서 카지노를 격파할 전략, 에드 소프의 알고리즘을 완성하게 된다.

에드 소프의 첫 알고리즘인 카드 5 카운팅 알고리즘은 간단하다. 덱에 남은 카드의 숫자를 카드 5가 나온 숫자로 나누어서 13보다 크면 소액 베팅을, 13보다 작으면 거액 베팅을 하는 것이다. 카드 5가 덱에 하나도 없을 경우 플레이어의 승률은 53.6%까지 오르기 때문에 거액 베팅을 한다면 플레이어가 승리하는 구조인 것이다.

에드 소프가 특별했던 점은 '단순히 게임이 유리하다, 불리하다는 판단 하에 베팅'하는 것이 아닌 '매 순간 정확하게 확률을 측정하고 어느 정도 유리한지 확인한 후에 베팅'했다는 데에 있다. 13보다 작으면 작을수록 유리한 정도가 커졌고, 베팅 금액도 그만큼 늘릴 수 있었다. 또한 상황이 변화했을 때 새로운 경우에 대한 확률을 재빠르게 판단하는 방법을 개발해 적용하였다. 사실 카드 카운팅이나 블랙잭 확률에 대한 이론은 이전에도 굉장히 많았지만, 속도가 빠르고 기계의 사용이 금지된 카지노에서 적용하기엔 무리가 있었다. 그렇기에 간편하게 우위를 계산할 수 있는 소프의 아이디어는 획기적인 것이었다.

그의 알고리즘을 이용하면 짧은 시간 내에 우위를 계산할 수 있고 덱에 남은 카드에 따라 어떤 게임은 20%까지 우위가 생길 수 있다. 이는 카지노에 비해 평균 1.2% 정도의 우위를 지니는 것이다. 약 51.2%의 승률이다. 에드 소프는 즉시 이 아이디어를 적용해보고 싶었으나 여전히 몇 가지 문제가 남아 있었다. 먼저 소프의 자금 사정이 그다지 좋지 않았다. 집안이 어렵고 연구소 월급도 그다지 많지 않았다. 설령 자금을 구한다 하더라도 베팅을 어떤 방식으로 해야 할지 알고리즘을 완성하지 못한 상태였다. 만약 현재 게임의 승률이 55%이고 수중에 100달러가 있다고 하자. 유리한 게임이라고 100달러를 올인해야 할까? 여전히 45%라는 패배할 확률이 있고, 패배할 경우 전 재산을 잃게 될 것이다. 반대로 10달러씩 10번을 건다고 해도 10번 모두 패배하면 파산할 수도 있고, 9번을 승리하더라도 베팅 금액은 여전히 10달러로서 변화가 없기 때문에 더 벌 수 있는 기회를 놓치는 것이므로 비효율적이다. 미세하게 유리한 확률로 승리하기 위해서는 결국 파산하지 않고 오랫동안 게임을 해야 했다. 이러한 자금 문제와 베팅 문제를 해결키 위해 소프는 MIT 수학계의 거장, 클로드 섀넌^{Claude Shannon} 교수를 찾아가기로 결심했다.

■ 승리를 위한 드림팀

　　　　　　　　　　에드 소프는 클로드 섀넌 교수를 찾아가기 한 달 전부터 매일 거울을 보며 목소리를 가다듬는 연습을 하였다. 섀넌 교수는 벨 연구소 출신으로 20세기 가장 위대한 진보로 꼽히는 두 가지 이론을 정립한 천재였다. 하나는 비트와 바이트로 알려진 정보의 기초 단위를 만들어 컴퓨터의 탄생에 기여한 것이고, 나머지 하나는 디지털 개념을 수학적으로 정립해 통신이라는 것이 가능하도록 하는 정보 이론을 만든 것이었다. 이 정보 이론으로 우리가 사용하는 인터넷, MP3, 휴대전화, 인간 지각 연구 등에 엄청난 영향을 미쳤다. 비록 구현하지는 못했지만 체스 인공지능을 처음으로 만든 인물이기도 했다. 소프는 섀넌에게 조언을 듣는 한편으로 수학계의 저명한 저널인 미국수학협회에 논문을 내는 데 그의 도움을 받고 싶었다. 당시 섀넌은 MIT에서 유일한 미국수학협회 회원이었고, 그곳에 논문을 기고하기 위해선 회원의 추천을 받아야 했다. 섀넌 교수의 비서는 그가 워낙 바쁘기 때문에 15분만 내줄 수 있다고 하였다. 게다가 섀넌은 관심 없는 이야기를 늘어놓으면 1분 만에 나가라고 한다는 소문이 파다했다. 그런 까닭으로 소프는 자신의 블랙잭 아이디어를 최대한 간략히 소개할 수 있도록 연습했다.

하지만 소프의 불안은 기우였다. 섀넌 교수는 카지노를 상대하는 전략이라는 것에 큰 관심을 보였다. 그도 여러 가지 게임과 승부에 대해 관심이 많아서 연구를 진행하고 있었던 참이었다. 섀넌 교수는 블랙잭 아이디어에 대해 굉장한 위업이라고 칭찬하면서 동료 캘리 주니어와 함께 개발했던 '캘리 공식(Kelly Criterion)'에 대해 가르쳐주었다. 캘리 공식은 '최대 수익률은 정보의 확실성과 비례한다'는 이론이었다. 투자나 도박에 적용하면 게임에서 유리한 위치에 있을 때 얼마를 베팅해야 최적화된 수익을 얻는지 알려주는 마법의 공식이었다.

당시 도박사들에게 가장 인기 있는 베팅 방법은 '마팅 게일 방식'이었다. 마팅 게일 방식은 처음에 1을 걸고 패배하면 2를 걸고, 또 패배하면 4를 베팅하면서 한 번만 이기면 원금을 회복하는 방법이었다. 돈을 잃으면 잃을수록 베팅을 크게 해서 원금 손실을 만회하려는 것이었다. 그러나 이 방법에는 큰 문제가 있었다. 바로 카지노의 베팅 최대 금액이다. 카지노 대부분에서는 최대로 걸 수 있는 금액이 정해져 있어서 언젠가 그 금액에 다다르곤 파산해버리는 것이었다. 게다가 승리했을 때의 고작 1을 벌기 위해 파산이라는 큰 위험을 안고 베팅하는 것은 효율적이지 못했다.

효율적으로 베팅하는 것은 굉장히 어려운 문제였다. 〈불확실한 상황에서의 합리적인 판단)[5]이라는 논문에서는 61명의 젊고 수학 교육을 받은 참가자들에게 25달러를 주고 앞면이 나올 확률이 60%인 동전 던지기 게임에 베팅하게 하였다. 이론적으로 승률이 60%이기 때문에 기대 수익은 무한대이고 게임을 하면 할수록 부자가 될 것이었다. 이 실험에서는 최대로 가져갈 수 있는 돈을 10배인 250달러로 정하였다. 놀랍게도 참가자 중 28%는 파산하였고 평균 지급액은 고작 91달러였다. 이미 60 대 40으로 굉장히 유리한 게임을 하는데도 베팅을 효율적으로 하지 못하면 이렇듯 파산에 이를 수 있는 것이다.

샤넌 교수는 이런 점을 간파해 현재 가지고 있는 재산의 일정 비율만 베팅하는 방법을 개발했다. 절대 파산하지 않고, 승리했을 시에는 베팅의 양을 늘려 수익률을 증가시켰으며 총액이 줄었을 시에는 베팅의 양을 줄여 리스크를 축소시키는 방법이었다. 위 연구의 참가자들이 캘리 공식을 이용해 게임마다 전 재산의 20%를 베팅했다면 대략 13번의 게임 만에 파산 없이 250달러를 가져갈 수 있었을 것이다.

샤넌이 제시한 캘리 공식에 따르면 게임에서 유리할수록, 그리고 배당률이 좋을수록 높은 비율로 베팅해야 최고의 수익을 올릴 수 있다.

베팅 비율 = (배당 × 승리확률 − 패배확률) / 배당

---

5) Haghani, "Victor and Richard Deway". Rational Decision-Making under Uncertainty. 2016.

예를 들어 승률이 60%이고 이기면 2배, 지면 잃는 게임을 한다면

베팅 비율 = (1 × 60% − 40%) / 1 = 20%

즉, 20%의 금액을 베팅하면 되는 것이다. 더불어 승률이 50%보다 아래인 불리한 상황이면 아예 베팅을 하지 말아야 한다. 블랙잭을 할 경우 승률이 계속 변하기 때문에 유리할 때는 베팅 금액을 늘리고 불리할 때는 베팅 금액을 줄이면서 파산 없이 장시간 안에 승리할 수 있는 것이다. 이 캘리 공식은 훗날 자산관리와 투자비율의 정석으로 워런 버핏, 빌 그로스$^{Bill\ Gross}$ 등의 투자자들이 사용하면서 큰 인기를 끌게 된다.

캘리 공식은 소프의 알고리즘을 완성시키는 마지막 조각이었다. 카지노를 상대로 우위를 점한다 치더라도 베팅으로 그 우위가 실현되어야만 돈을 벌 수 있었다. 소프와 섀넌은 미국수학협회에 이러한 내용을 발표한 뒤에 투자를 받아 직접 이 시스템을 검증하고 싶었다. 블랙잭 논문을 함께 준비하기로 약속하고 소프가 자리에서 일어나 문 밖을 나서려는데 섀넌이 그를 불러 세웠다.

"혹시 카지노와 관련된 다른 아이디어는 없는가?"

잠시 망설이다 소프는 조심스레 대학 시절에 실험했던 실패한 룰렛 아이디어 이야기를 꺼냈다. 카지노의 움직임을 예측하는 기계라는 점에서

섀넌의 눈이 반짝였다. 그는 기계 마니아였던 것이다. 섀넌은 비서를 불러 오늘 약속을 모두 취소해달라고 하였다. 밤새 소프의 이야기를 듣던 섀넌은 소프와 함께 팀이 되기로 결정한다.

◇ ◇ ◇

블랙잭 논문 〈21 - 승리의 전략〉을 준비함과 동시에 둘은 비밀스럽게 룰렛에 대한 연구를 시작했다. 섀넌의 도움으로 1,500달러짜리 실제 카지노 룰렛과 상아로 된 공을 구입하였고 초고속 영사기와 담뱃갑만한 휴대용 컴퓨터를 이용해서 공의 움직임을 계산했다. 몇 달간의 실험 끝에 그들은 초기 위치를 입력하고 첫 바퀴를 도는 속도를 알면 룰렛을 균등하게 나눈 8개의 구역 중에 어디로 떨어질지 60% 확률로 예측할 수 있게 되었다. 어차피 어디로 떨어질지 정확하게 예측하는 것은 불가능에 가깝고, 이 정도의 정보만 아는 것으로도 원래 44.84%인 룰렛의 승률을 60%까지 끌어올릴 수 있었다.

어느 정도 예측 프로그램이 완성되자 그들은 시스템을 실제로 실험하기 위한 준비에 돌입했다. 먼저 소형 컴퓨터를 신발 밑에 숨기고, 얇은 선으로 스위치와 이어폰을 연결했다. 그리고 공을 굴릴 때 작은 스위치로 어느 구역에서 굴리기 시작했는지 입력했다. 한 바퀴 돌고 나면 다시한 번 스위치를 눌러서 속도를 계산할 수 있도록 하였다. 그렇게 입력하면 공이 8개 구역 중 어디에 떨어질지 이어폰을 통해 '도레미파솔라시도'

8개의 음정으로 알려주었다. 처음에는 공이 한 바퀴 돌 때 스위치를 누르는 타이밍이 잘 맞지 않아 결과가 자주 틀렸다. 섀넌의 사무실에서 살다시피 하며 스위치 누르는 타이밍을 일주일간 연습하고서야 원래 계산했던 것과 어느 정도 가까운 결과를 얻었다.

이제 카지노에 가서 진짜 실험을 해볼 차례였다. 소프는 두꺼운 옷을 입고 풀로 얇은 전선을 몸에 붙인 다음 보이지 않도록 피부와 머리칼과 비슷한 색으로 칠하였다. 굽이 높은 구두를 구입해 소형 컴퓨터가 숨겨져 있어도 자연스러워 보이도록 했다. 그렇게 1961년 6월, 소프 부부와 섀넌 부부는 라스베이거스로 출발하였다.

소프는 블랙잭 시스템을 실험할 때보다 훨씬 더 긴장했다. 룰렛 예측 시스템은 기계를 사용했고, 이 때문에 행여나 발각되면 빼도 박도 못하는 증거가 되었기 때문이다. 그들은 도청이나 수색을 당할까 싶어 호텔이 아닌 근처의 모텔에서 묵었다. 섀넌이 먼저 카지노에 들어가서 적당한 휠과 의심하지 않을 만한 딜러가 있는 룰렛 게임장을 탐색했다. 그런 후에 나머지 일행들에게 눈짓을 줘서 합류하게 하였다. 섀넌은 종이에 숫자를 적으며 마치 무언가 계산하는 플레이어인 것처럼 행동해서 관심을 끌었고 그 사이에 소프가 기계 장치를 이용해 베팅하였다.

기계 장치는 잘 작동했다. 소프는 귓속에 울려퍼지는 음을 듣고서 8개 구역 중 하나에 해당하는 숫자에 골고루 베팅하였다. 생각보다 시스템이 잘 맞아서 금세 2천 달러를 벌 수 있었다. 룰렛 휠의 숫자는 연속된 숫자가 아닌 여러 숫자가 뒤섞여서 이루어져 있다. 예를 들어 1번 구역에는 4 옆에 21, 21 옆에 2…… 이런 식인 것이다. 즉, 다른 사람 눈에는 소프가 어떤 규칙성도 없이 아무 숫자에나 무작위로 베팅하는 것처럼 보였다.

　단점이 하나 있다면 선이 자주 끊겼다는 것이다. 눈에 띄지 않도록 얇게 만들다 보니 전선이 약해서 약간의 움직임만으로도 끊어졌다. 끊어질 때마다 방에 돌아와 4명이 함께 전선을 수리하다 보니 하루 동안 베팅하면서 10번 이상씩 방을 들락날락거렸다.

　예측이 어느 정도 맞아 수익을 냈지만 자꾸 끊어지는 전선에 짜증이 난 소프는 켈리 공식의 베팅 비율보다 더 높게 베팅하기 시작했다. 몇 번의 거듭된 성공으로 베팅액을 2배, 3배 높이던 소프는 더욱 자신감이 높아져서 베팅액을 최대로 늘렸다. 그러나 시스템은 게임에서 유리한 지점에 데려다만 줄 뿐 100% 예측을 해주는 것은 아니었다. 그는 연속해서 3번 패배하게 됐고 하루 종일 번 돈의 대부분을 잃게 되었다.

엎친 데 덮친 격으로 옆에서 게임하던 여자가 갑자기 소리를 질렀다. 전선이 끊어지면서 소프의 피부색과 같은 선이 대롱대롱 얼굴 주변에 달려 있었던 것이다. 소프 일행은 황급히 전선을 수습하고 카지노를 도망치듯 빠져 나왔다. 다행히 카지노에서는 알아채지 못한 것 같았다.

섀넌과 소프는 더 좋은 통신 방법과 기술이 나오기 전까지 룰렛 아이디어를 보류하기로 결정했다. 현재의 분장 기술과 기계로는 베팅에 집중하기 어려워 보였고, 카지노에 발각되는 순간 심각한 위험에 처할 수 있기 때문이었다. 특히나 소프는 이번 라스베이거스 여행에서 많은 것을 깨달았다. 아무리 우위에 있는 상태여도 캘리 공식을 따르지 않고 무리하게 베팅하면 순식간에 파산할 수도 있는 것이었다. 이 경험은 소프가 후에 전설적인 투자자가 되는 밑거름이 된다. 아쉬움과 안도감을 뒤로한 채 소프와 섀넌은 다시 MIT로 돌아오게 된다.

딜러를 이겨라

한편 소프의 논문은 미국수학협회에 통과되어 발표됐다. 처음에는 사람들이 반신반의해 그다지 큰 반향이 없었다. 그러나 그의 알고리즘이 혁신적이라고 차츰 알려지기 시작하면서 AP 통신 기자가 그를 소개한 후 소프는 일약 스타덤에 올랐다. 전국의 도박사들이 수학과 사무실에 전화해 논문을 구할 수 없는지 물었다. MIT에는 소프의 블랙잭 전략에 대한 편지로 꽉 차서 업무가 마비될 지경이었다. 어떻게 알았는지 소프의 집으로 전화와 음성메시지가 끊임없이 와서 그의 아내가 전화선을 끊을 지경에 이르렀다. 소프는 1961년 1월 워싱턴에서 열리는 미국수학협회 겨울 모임에서 처음으로 논문에 대한 강연을 하기로 했다. 지루하고 고고했던 수리학회는 기자들과 학자들 심지어 마피아들까지 소프의 이야기를 듣기 위해 참석한 수많은 인원들로 북적거렸다. 강연이 끝나자 수많은 사람들이 그에게 여러 가지 제안을 하고자 한꺼번에 몰려들었다. 어떤 사람은 시스템을 거액에 사겠다고 했고, 어떤 사람은 개인 교습을 해주면 돈을 지불하겠다고 했다. 라스베이거스의 큰 카지노인 사하라는 홍보 차원에서 소프에게 숙식을 무제한으로 제공한다고 하였다. 물론 다른 도박사들처럼 그의 이론도 환상에 불과하다 믿고 제안한 것이다. 소프는 다양한 사람들의 제안이 썩 내키지 않았지만 자신의 시스템을 시험해보고 싶은 마음이 컸다. 게다가 블랙잭은 연봉 7,000달러인 그의 자금으로는 알고리즘이 채 작동하기도 전에 파산할 정도로 택도 없이 빠르게 진행되는 게임이었다. 결국 소프는 수많은 사업가 중 한 명의 제안을 받아들이기로 했다.

　그는 임마뉴엘 킴멜Emmanuel Manny Kimmel이라는 중년의 뉴욕의 사업가였다. 상장 예정인 키니파킹컴퍼니Kinney Parking Company라는 주차장과 장례업계의 큰 손이었다. 처음에 뉴저지 뉴어크 공항 옆에 있는 작은 주차장으로 시작한 그는 탁월한 사업수완과 자금력으로 뉴욕 전체의 주차업계를 주름 잡고 청소, 설비, 심지어 배트맨과 슈퍼맨으로 유명한 DC코믹스와 탤런 트 에이전시까지 인수하였다. 이후 1969년에 워너브라더스를 인수하고 타임워너와 합병하면서 세계 최대의 미디어 기업이 된다.

킴멜은 사실 도박과 술장사로 재산을 축적한 사람이었다. 전설에 의하 면 그가 처음 시작한 뉴저지 주차장도 거액의 주사위 내기에서 이긴 돈 으로 샀다고 한다. 키니파킹컴퍼니가 성공을 거둘 수 있던 것도 주차하려 는 고객 외에 불법 도박장 사업에도 관여하면서 여러 가지 도움을 받았 기 때문이었다. 심지어 킴멜은 금주법 시대에 조직폭력과 연계해서 주류 운반으로 큰돈을 벌었다. 1965년 FBI의 보고서에 따르면 킴멜은 국제적 인 갱들과 평생 형제 조약을 맺을 만큼 친했다고 한다. 이렇게 축적한 부 로 그는 여러 가지 도박을 즐겼고 블랙잭에 대한 조예도 깊었다. 소프의 논문에 관심이 생긴 그는 뉴욕에서부터 5시간 가까이 차를 몰아 찾아온 것이었다.

킴멜은 소프에게 수익의 90%를 가져간다는 조건에 10만 달러를 주기 로 약속했다. 소프는 연봉의 15배가 넘는 거액으로 베팅할 경우 이성적 으로 하지 못하고 사람들의 이목을 끌 것을 염려해 1만 달러만 받는다고 하였다. 물론 킴멜이 소프를 전적으로 신뢰한 것은 아니었다. 킴멜은 수 학적 이론 따위는 잘 모르지만 자신의 블랙잭 경험에 관해서라면 누구 에게도 뒤지지 않는다고 굳게 믿고 있었다. 그는 블랙잭에서 소프가 자신을 이겨 논문의 내용을 증명해주길 바랐다.

킴멜은 능숙한 손놀림으로 패를 돌리기 시작했다. 그날 저녁 내내 소프와 킴멜은 블랙잭을 했다. 다음날에도, 그 다음 날에도 하루 종일. 소프는 주말마다 뉴욕에 있는 킴멜의 집으로 차를 몰고 가서 게임을 하였고, 약 한 달 만에 킴멜은 소프의 알고리즘이 효과 있으며 사용 가능하다는 것을 신뢰하기 시작했다. 소프는 자신감에 차서 자신이 패배할 유일한 변수는 카지노가 속임수를 쓰는 것이라 하였다. 킴멜은 웃으며 말했다.

"나는 카지노의 속임수를 적발하는 데 도가 터있으니 걱정하지 마시게."

◇ ◇ ◇

그들은 리노로 갔다. 리노는 작은 카지노 도시로 소프와 킴멜은 이곳에서 먼저 테스트를 해보기로 했다. 라스베이거스는 세간의 이목도 많이 끌고 킴멜을 알아보는 사람도 많기 때문이었다. 원래 계산에 따르면 승률이 50% 미만일 때는 아예 베팅을 하지 않고 유리할 때만 베팅을 하는 것이 맞지만, 남들이 게임하는 것을 유심히 보다가 필요할 때만 베팅하면 눈에 쉽게 띄기 때문에 소프는 매판 참여하며 최소한의 금액을 베팅하기로 했다.

소프는 천천히 카드 카운팅을 하며 자신에게 유리한 상황이 오기를 기다렸다. 계속해서 최소 베팅 금액을 걸었지만 운이 나쁘게도 유리한 상황이 오지 않았다. 그는 계속해서 베팅 금액을 잃었고 마침내 100달러까지 잃은 상황이 왔다. 소프는 화가 나서 딜러에게 두 게임을 동시에 하게 해달라고 했지만 거절당했다. 딜러는 그가 카드를 유심히 보면서 계산하고 있다는 것을 느끼고 패를 빠르게 돌리기 시작했다. 소프도 질세라 빠르게 카운트를 하였다. 덱에 유리한 카드가 남게 되었고 승률을 계산한 소프는 점점 베팅 금액을 올리기 시작했다. 마침내 15% 이상 유리해지자 20달러를 베팅하였다. 판이 끝나면서 그는 잃었던 돈을 모두 회수하고 약간의 수익을 얻은 채 자리에서 일어났다.

소프와 킴멜은 실전에서도 그의 알고리즘이 통한다는 것을 확인하자 신이 나기 시작했다. 이번엔 킴멜이 소프의 시스템을 이용해 베팅하기 시작했다. 최소 베팅 금액이 무려 500달러인 곳이었다. 소프와 연습한 대로 유리한 정도를 계산해 그에 맞게 베팅 금액을 올리고 그 외에는 최소 베팅만 했다. 킴멜은 30분 후에 5천 달러를 벌었고, 1시간이 지나자 1만 3천 달러를 벌게 되었다. 결국 카지노 측은 1시간 뒤에 딜러를 바꾸었다.

새로 온 딜러는 차가운 인상의 40대 여자였는데 카지노에서 전문적으로 키운 사기꾼 '타짜'였다. 그들은 패를 섞으며 카드를 미리 보고 패가 마음에 들지 않으면 맨 위 장이 아닌 아래 장을 주었다. 킴멜은 몇 번 돈을 잃고서 딜러가 속임수를 쓴다는 것을 깨달았지만 자존심이 상해 게임을 계속했다. 그는 소프의 카드 카운팅을 이용하면 타짜조차도 이길 수 있다고 생각했다. 킴멜은 다시 2만 달러를 잃고 나서야 그만두고 자리에서 일어났다. 분노에 찬 킴멜은 딜러가 속임수를 쓴다고 카지노에 항의했지만 증거가 없고 다른 손님들은 이 딜러를 상대로 돈을 벌고 갔다면서 넘어갔다. 소프와 킴멜은 잃은 돈을 만회하기 위해 전날 벌었던 카지노로 다시 갔다. 그들은 소프 일행을 알아보았다. 650달러쯤 따고 유리한 상황이 되어가면서 베팅 금액을 올리자 딜러는 갑자기 카드를 섞기 시작했다. 카드를 섞어버리는 바람에 유리한 상황이 모두 초기화된 것이다. 두 사람은 결국 자리를 뜰 수밖에 없었다.

실전은 이론과 달리 훨씬 어려웠다. 카지노는 언제나 돈을 따는 플레이어를 주시하고 있었으며 필요하면 속임수를 쓰거나 카드를 섞는 등의 개입을 하기 때문이었다. 그들은 최대한 눈에 띄지 않고 우연히 돈을 딴 것처럼 보여야 했으며 적당한 수익을 냈을 때 자리를 떠서 다른 카지노로 이동해야 했다.

실전에 익숙해진 소프는 리노를 제패하기 시작했다. 도심 밖에 있는 작은 카지노에서 2시간 만에 1만 7천 달러를 벌고, 옆에 있는 카지노로 가서 다시 6천 달러를 벌었다. 그는 모든 카드를 기억하는 것이 아닌, 카드에 점수를 매겨 계산하는 간단한 방식을 사용했다. 그렇기 때문에 딜러가 아무리 패를 빨리 돌려도 승리에 도달할 수 있는 확률이 계산 가능했다. 여러 명이 게임하는 테이블에서도 다른 사람의 패까지 같이 카운트해 유리한 때를 쉽게 파악하여 베팅할 수 있었다.

　그러나 소프는 엄청난 스트레스와 피해망상에 시달리고 있었다. 딜러가 언제 어떻게 속임수를 쓸지 신경 써야 했고, 일반 플레이어가 아니라는 게 발각되면 쫓겨나기 일쑤였다. 소프의 얼굴과 행색이 알려지면서 카지노로부터 출입금지를 당하는 경우가 종종 생겼다. 카드 카운터를 몰래 끌고 가 두들겨 팬다는 이야기도 들어서 소프는 게임을 하면서도 조심해야 했다. 게다가 킴멜은 소프가 얼마나 잘하고 있는지 수시로 확인하였고 숨기는 칩이 없는지 몸을 수색하기도 했다. 킴멜은 종종 소프의 제안을 무시하고 베팅하기도 했는데 이 때문에 돈을 잃거나 이목을 끌기도 했다. 한번은 도심 카지노에서 소프와 킴멜이 2만 2천 달러를 벌었다. 소프는 '피곤해서 카운팅이 힘들다'고 거듭 말했음에도 불구하고 킴멜은 카드가 좋다며 게임을 강행해 1만 1천 달러를 잃은 적도 있었다.

　리노에서 돌아온 소프는 알고리즘을 확실히 검증했으며 실제 카지노에서의 경험으로 많은 것을 깨닫게 되었다. 그는 더 이상 큰 자금이 필요치 않았다. 애초에 시스템 검증이 목적이었으므로 킴멜과 결별하게 된다. 그 후 소프는 연봉 50% 상승과 함께 뉴멕시코주립대학으로 이직하면서 자신의 블랙잭 전략과 카지노를 상대로 이긴 이야기를 담은 책 《딜러를 이겨라》(1962)를 출간하게 된다. 이 책은 출간되자마자 모든 도박사들의 필독서가 되면서 큰 이슈가 되었다. 수많은 카드 카운터들이 생겼고, 카지노들은 비상대책회의를 하는 지경에 이르렀다. 카지노에서는 '카드 카운터를 잡아다 협박을 해야 한다', '타짜의 비율을 높여야 한다'는 식의 대책을 내놓았으나 모든 카드 카운터들을 적발하는 일은 현실적으로 불가능했다.

소프의 책 내용대로 시도한 사람은 많았지만 그의 이론을 체계적으로 사용한 사람은 그리 많지 않았다. 특히 사람들은 카드 카운팅에만 집중하였고 그보다 훨씬 중요한 베팅 개념인 캘리 공식은 그다지 중요하게 생각하지 않았다. 카드 카운팅으로 유리한 상황을 맞이한 사람들은 항상 베팅 금액을 크게 올리고 싶은 충동이 들었고 그로 인해 많은 이들이 돈을 잃었다.

에드 소프는 《딜러를 이겨라》 출간 이후에도 종종 라스베이거스를 찾았다. 너무 유명해진 탓에 그는 안경을 바꾸거나 가발을 쓰는 등 여러 가지 변장을 시도했다. 그러나 금세 그의 존재가 밝혀지고 카지노들은 그를 출입금지 조치하였다. 1966년에 라스베이거스만 10번 정도 들렀던 소프는 자신이 유명해져 더 이상 블랙잭을 할 수 없음을 깨달았다. 그해 여름에는 턱수염을 기르고 카지노를 찾았는데, 모든 카지노에 소문이 돌아 턱수염을 기른 모든 손님들이 의심받았다고 한다. 소프는 라스베이거스에서 멀리 떨어진 카지노를 방문했는데 거기에서조차도 턱수염에 대한 이야기를 알고 있었다.

카지노는 장고 끝에 카드 카운터들을 막기 위해 새로운 규정을 발표했다. 여러 벌의 카드를 한꺼번에 섞는 '교수 탐지기'라는 기계를 도입하는 것이었다. 이렇게 하면 카드를 추적하기 힘들고 쉽게 섞을 수 있어서 카드 카운터들의 승률을 대폭 낮출 수 있었다. 물론 여기서 교수는 소프를 가리켰다.

소프가 마지막으로 카지노에 갔던 날, 지나가던 서빙 요원에게 커피 한 잔 달라고 요청하였다. 그리고 커피를 한 모금 마시는 순간 집중력이 흐트러지고 눈앞이 희미해짐을 느꼈다. 커피 안에 마취제가 들어 있었던 것이다. 그는 테이블에서 비틀거리며 일어나 방으로 갔고 8시간이 지나고 나서야 겨우 깨어났다. 만약 커피를 다 마셨다면 어떻게 됐을지 모른다고 회고했다. 계속해서 카지노에 갔다간 더 위험해질 수 있겠다는 생각이 든 소프는 안전하고 합법적인 카지노로 무대를 옮기기로 결정한다. 그것은 바로 월스트리트의 주식시장이었다.

그렇게 소프는 최초의 퀀트가 되었다.

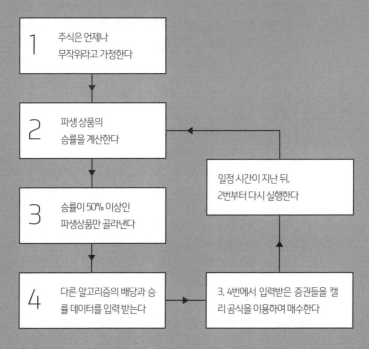

QUANT NOTE

제33번
알고리즘 설계도

-

에드 소프식 베팅 알고리즘

1	주식은 언제나 무작위라고 가정한다
2	파생 상품의 승률을 계산한다
3	승률이 50% 이상인 파생상품만 골라낸다
4	다른 알고리즘의 배당과 승률 데이터를 입력 받는다

일정 시간이 지난 뒤, 2번부터 다시 실행한다

3, 4번에서 입력받은 증권들을 캘리 공식을 이용하여 매수한다

에드 소프식 베팅 알고리즘은 캘리 공식을 이용해 적절한 매수 비율을 알려준다. 예를 들어 파생상품[6]의 승률과 데이터가 다음과 같다고 가정하자.

---

6) 워런트처럼 기초상품(주식)의 가격에 파생되어 거래되는 상품.

출처: Ron Shonkwiler - Kelly's Criterion for Option Investment(http://people.

math.gatech.edu/~shenk/OptionsClub/kellyOptionTalk1.pdf)

이때 우리는 이 크레딧 스프레드 옵션의 승률을 계산할 수 있다.

> 거래 횟수: 75번
>
> 승리 거래: 66번
>
> 패배 거래: 9번
>
> 승률 = 66/75 = 88%
>
> 승리 거래 평균 수익: $659.12
>
> 패배 거래 평균 손실: $1,799.06
>
> 배당: 659.12/1,799.06 = 0.366
>
> 캘리 공식
>
> = (배당 × 승리확률 − 패배확률) / 배당 = (0.366 X 0.88 − 0.12)
>
> / 0.366 = 0.552 = 55.2%

즉, 이 옵션이 다시 시장에 등장한다면 최대 리스크의 55.2%를 매수하면 된다.

또한 제33번 알고리즘은 다른 알고리즘에게서 승률 데이터과 배당 데이터를 받아서 캘리 공식을 계산해주는 보조 알고리즘으로서의 역할을 할수 있다.

제2장

세계 최대 카지노, 주식시장

주식의 승률은 50 대 50

사실 소프는 주식시장에 대한 아픈 기억을 가지고 있다. 소프가 블랙잭과 룰렛을 연구하던 초창기에 은의 수요가 급증하고 있다는 소식을 뉴스에서 접했다. 1960년대 전반에는 은의 수요가 치솟고 있었고 동전에도 섞어 사용했기 때문에 소프는 은에 투자하는 것이 안전하고 괜찮은 방법이라고 생각했다. 마침 소프는 블랙잭으로 벌어들인 2만 5천 달러와 책 인세 1만 5천 달러를 저축하고 있었다. 은은 상승하기 시작했고 신이 난 소프는 대출까지 하면서 은에 투자하게 된다. 그러나 온스당 2달러 하던 은은 1.3달러까지 추락하였고 담보인의 회수 요청에 따라 가지고 있던 은을 강제로 팔아 연봉의 반인 6천 달러를 손해 보았다. 이후 온스당 2.5달러까지 상승했다가 다시 1.5달러까지 떨어졌다. 소프는 뉴스에서 얻은 정보로는 투자 우위를 얻을 수 없다는 교훈을 얻었다.

소프는 자존심이 상했다. 그는 도박과 수학의 전문가 아닌가? 섀넌의 정보 이론과 블랙잭 경험에서 배웠듯이 정보의 질은 확률로 표현할 수 있고, 이 확률의 우위가 있으면 주식 베팅에서 성공할 수 있으리라 믿었다. 소프는 블랙잭에서 했던 것처럼 각각 시나리오마다 어떤 식으로 주식이 움직이는지 컴퓨터에 입력하고 그 확률을 하나씩 산출해내기 시작했다. 동시에 여러 가지 주식의 수학적 확률 접근에 대한 책과 논문을 탐독하면서 여름방학을 보냈다.

당시 유진 파마Eugene Fama 시카고대학 교수와 폴 새뮤얼슨Paul Samuelson MIT 교수가 정립한 '효율적 시장 가설'이라는 것이 유행하던 시기였다. 이 세상의 모든 정보가 이미 주식시장에 다 적용되어 있다는 이론이었다. 비밀스러운 정보를 가진 사람들은 이익을 내기 위해 거래를 할 것이고, 거래를 하면 가격이 움직이면서 해당 정보가 시장에 적용되고 사라져버린다는 것이다. 결국 우리가 일반적으로 얻을 수 있는 모든 정보는 이미 주식시장에 적용돼 있으며, 주식이 오를지 내릴지 아무도 모르는 50 대 50의 무작위 상태라는 주장이었다.

소프는 이 부분에 의구심을 갖고 주식의 움직임에 대해 시뮬레이션 해보았다. 그러나 주식의 움직임은 도저히 가늠할 수가 없었다. 유망하다고 생각한 주식이 폭락하기도 했고, 갑자기 폭등하기도 했다. 여러 가지 확률 계산 끝에 효율적 시장 가설대로 주식은 50 대 50, 즉 우위를 가져갈 수 없는 게임이라고 결론을 내렸다. 우위가 없는 상태에선 아무리 해도 돈을 벌 수가 없었다. 소프는 실망하고 다시 강의와 교수 생활에 몰두하게 되었다.

물론 소프가 주식시장에 대한 관심을 완전히 저버린 것은 아니었다. 그는 여러 가지 금융 정보 잡지들을 보면서 재미있는 기사나 광고를 스크랩해 놓고서 일과 후에 체크하곤 하였다. 하루는 RHM워런트서비스의 광고가 소프의 눈에 띄었다.

"여러분, 오늘 당장 워런트로 인생 역전을 해보세요!"

'워런트(Warrant)'는 치킨 10마리를 시켜먹으면 치킨 1마리로 교환해주는 쿠폰처럼, 가지고 있으면 주식으로 바꿔주는 쿠폰이다. 유효기간이 있고 교환가도 적혀 있다. 예를 들어 'GE 10달러 워런트 — 1970년 5월 20일까지'라고 표시돼 있으면 1970년 5월 20일 전에 10달러를 주고 GE 1주로 교환할 수 있는 것이다. 만약 GE 주식이 10달러보다 낮은 8달러라면 이 쿠폰은 아무 쓸모도 없는 휴지조각이다. 하지만 GE 주식이 40달러라면 이 쿠폰으로 10달러와 주식을 교환한 다음에 되팔면 30달러라는 이익을 얻는다.

당시 기업들은 투자자들이나 직원들에게 여러 가지 혜택이나 보상을 주기 위해서 워런트를 지급했다. GE 직원에게 10달러짜리 워런트를 주면 그들은 워런트가 휴지조각이 되지 않도록 열심히 일을 해서 GE의 가치를 10달러 이상으로 만들려고 노력할 것이다. 또한 투자자에게 워런트를 주면 지금 당장 자금이 들지 않으면서도 추가 보상을 해줄 수가 있다. 주식 가격이 충분히 올랐다면 그만큼 회사가 성장했다는 뜻이니 워런트로 생기는 손해는 메꿀 수 있다는 계산이다.

이렇게 사람들에게 지급된 워런트가 시장에서 거래되기 시작했다. 주식으로 교환할 수 있는 가치가 있기 때문이었다. 워런트를 사는 것은 도박과 비슷했다. GE 주식이 10달러가 넘으면 엄청난 돈을 벌 수 있고, 10달러 아래라면 워런트를 구입한 돈 모두를 날리기 때문이다. 잡지에는 워런트로 인생 역전한 다양한 사람들의 이야기가 실렸다. 카센터 직원에서 건물주가 된 사연, 가난한 홀어미가 최고급 자동차를 몰게 된 사연 등등. 더불어 현재 시중에 나와 있는 워런트 시세표도 수록되어 있었다.

[1970년 3월 10일	GE	10달러 워런트]	─0.8달러
[1970년 5월 11일	AT&T	22달러 워런트]	─1.7달러
[1963년 9월 15일	Sperryland	25달러 워런트]	─1.2달러

소프는 워런트의 시세표가 신문에 매일 게시되는 경마 우승확률과 비슷하다고 느꼈다. 결국 워런트는 적힌 가격만큼 주식이 오르느냐 마느냐 내기하는 것이었고, 워런트의 값은 주식이 그만큼 상승할 것이라는 기대, 즉 확률을 뜻하고 있기 때문이었다. GE 주식이 10달러를 넘으면 워런트가 가치를 가지게 되고, 10.8달러를 넘는 순간 이익을 내기 시작한다.

소프는 그 즉시 펜을 들고 컴퓨터 앞으로 가서 계산하기 시작했다.

'어차피 주식은 무작위로 움직인다. GE의 현재 가격은 7.8달러, 그렇다면 1970년 3월까지 10달러를 넘을 확률은?'

구식 IBM이 거대한 냉각 팬 소음을 내면서 하루하루 확률 분포를 그리며 시뮬레이션하기 시작했다.

1961년 3월까지 확률은 12%
1963년 5월까지 확률은 28%
1966년 3월까지 확률은 35%

…

10달러를 넘을 확률이 점점 높아지다가 1970년 3월이 되자 계산이 끝나고 화면에 결과가 나왔다.

43%.

즉, GE가 10달러를 넘길 확률은 절반도 채 되지 않았다. 기대값으로 환산을 하였더니 0.5달러 정도 되었다. 소프는 잡지에 있는 다른 워런트 가격도 시뮬레이션하였다. AT&T 워런트가 22달러를 넘을 확률은 38%,

Sperryland 워런트가 25달러를 넘을 확률은 47%였다. 시장에 있는 많은 워런트들이 과대평가되어 있었던 것이다. 도박에서 확실한 근거 없이 이길 거라고 믿는 것처럼 다수의 사람들이 워런트를 사면서 뚜렷한 이유도 없이 주가가 상승할 거라고 기대했다.

승률이 50%도 되지 않는 워런트라는 게임은 해서는 안 되는 도박이다. 그러나 소프는 반대로 생각했다. 승률이 50%도 되지 않기 때문에 오히려 워런트를 팔면 되는 것이었다. 만약 주식이 충분히 오르지 않으면 워런트를 판 돈은 고스란히 수익이 된다. 물론 주식이 너무 많이 오르면 주식으로 교환해주고 손해를 볼 수도 있다. GE가 10달러를 넘지 못할 확률은 57%다. 기대값과 실제 가격의 차이는 0.3달러. 소프에게 유리한 게임이었다.

소프는 과대평가된 워런트를 사람들에게 빌려서 팔기로 하였다. 워런트를 가진 사람들은 어차피 팔 생각이 없었고 빌려주면서 이자 수익까지 얻을 수 있으므로 기꺼이 빌려주었다. 소프는 워런트를 팔고 적힌 가격까지 주가가 오르지 않으면 고스란히 그 수익을 얻었다. 그 다음에 휴지조각이 된 워런트를 사서 갚으면 됐다.

한동안 그는 워런트로 실험을 계속했다. 소프의 예상대로 반 이상의 워런트는 교환가에 한참 미치지 못하고 유효기간이 만료되었다. 워런트의 가치는 0이 되었고 소프의 수익은 점점 늘어갔다. 그러나 이러한 워런트 판매 알고리즘에도 몇 가지 문제점이 있었다.

먼저 이익의 변동 폭이 너무 컸다. 만약 주식시장이 급격히 상승한다고 해보자. 모든 워런트의 가치가 급상승하고 소프는 크게 손실을 입게된다. 반대로 주식시장이 평이하거나 하락하면 많은 워런트가 이익을 낸다. 또한 각각 주식이 교환가를 넘느냐 넘지 않느냐에 따라 자금이 크게 변하는 것 또한 불안 요소였다. 소프가 이용하려는 것은 워런트가 평균 가치에 비해 비싸게 책정되어 있다는 것일 뿐이었지 워런트의 승패에 영향을 받고 싶진 않았다. 운이 나빠서 모든 주식이 워런트 쿠폰 가격을 한꺼번에 넘으면 파산할 수도 있기 때문이다.

소프는 캘리 공식을 떠올렸다. 캘리 공식은 결국 유리한 만큼만의 리스크를 골고루 배분해서 베팅하는 방법을 알려준다. 그는 워런트를 파는 것이 60% 승률이라면 100번의 게임을 했을 때 60번 이기고 40번 지는 것(즉, 20의 이익)이 아닌, 매 게임 0.2의 수익을 얻고 싶었다.

곰곰이 생각하다가 소프는 패배했을 때의 시나리오를 계산해 보았다. 워런트를 팔았을 때 어떤 경우에 패배하게 될까? 패배를 한 경우는 주식이 상승하였을 때이다. 주식이 상승하면 손해를 보며, 크게 상승할수록 손해의 양 또한 엄청나게 커진다. 이러한 위험을 줄이기 위해서는 적정량의 주식을 함께 가지고 있으면 된다. 만약 주식을 사고 워런트를 팔면 주가가 떨어지는 경우 비싸게 책정된 워런트로 돈을 벌 것이고 주가가 오를 경우 주식으로 번 돈이 워런트에서 기인한 손해를 상쇄시킬 수 있기 때문인 것이다. 이렇게 하면 모든 시나리오에서 우위만큼의 이익을 얻을 수 있었다.

이를테면 [GE — 10달러 워런트]를 0.8달러에 팔고 GE 주식 1주를 8달러에 샀다고 하자. GE가 11달러가 된다면 워런트에서 0.2달러의 손해를 본다. 그러나 주식에서 3달러 이익이기 때문에 합해서 2.8달러 이익이다. 만약에 GE가 7.3달러로 하락했다고 치자. 주식에서 0.7달러 손해 보았지만 워런트 판매로 0.8달러 벌었다. 총 0.1달러 이익을 얻게 된다. 이렇듯 어떤 시나리오에서도 큰 손해를 보지 않고 안정적인 이익을 내는 것이다. 소프는 어떤 상황에서도 크게 손해 보는 상황을 막는 울타리 전략 바로, 헤지(Hedge)를 처음 시도하게 된다.

워런트 헤지(또는 델타 헤지) 알고리즘으로 소프는 안정적이고도 꾸준한 수익을 얻을 수 있었다. 2년 정도 혼자 연구와 투자를 거듭하던 그의 삶에도 변화가 찾아왔다. 뉴멕시코대학교 수학과에서는 돈과 관련한 실용적인 수학만 연구하는 소프가 못마땅했던 참에 엎친 데 덮친 격으로 학교 재정 상황도 악화되었다. 소프는 어쩔 수 없이 새로운 일자리를 찾아보다 UC어바인대학교의 교수직을 제안 받았다. 소프 부부 모두 남부 캘리포니아의 화창한 날씨에 대해 좋은 기억을 가지고 있어서 흔쾌히 받아들였다.

UC어바인 출근 첫날, 소프는 뜻밖의 인연을 만난다. 어바인의 경제학 교수 쉰 카수프$^{Sheen\ Kassouf}$였다. 그는 콜롬비아대학교에서 박사학위 논문으로 워런트 가격에 관해 쓸 정도로 워런트에 대해 많은 관심을 가지고 있었다. 두 사람은 시장의 워런트 가격을 좀 더 빠르게 평가하는 방법을 고안해내기 시작하면서 여러 가지 복잡한 상황에 대한 대안을 만들었다.

애당초 소프의 워런트 헤징 시스템은 완벽하지 않았다. 워런트 자체의 물량이 많이 없었고 수수료도 비쌌다. 게다가 아무리 변동 폭을 줄여놨다고 해도 예상외로 주가가 심하게 변동하면 손해를 볼 수 있어서 조정해줘야 했다. 가끔씩 기업이 워런트 조건을 임의대로 변경할 때면 큰 혼란을 일으키기도 했다. 소프와 카수프는 이러한 변화를 시스템이 자동으로 읽어들여 어떻게 조정해야 할지 출력하는 방식으로 업그레이드하였다. 비록 출력한 것을 토대로 수동으로 입력해줘야 했지만 시장에 따라 대응하는 인공지능 알고리즘의 시초가 등장하는 순간이었다. 소프는 1967년 한 해에만 4만 달러를 10만 달러로, 약 150%의 수익을 얻게 된다.

■ 시장을 이겨라

소프는 1965년 말에 UC어바인대학 정교수직 후보에 올랐다. 소프는 새넌에게 추천서를 부탁하는 편지를 썼다. 편지 내용은 다음과 같다.

몇 차례의 실패 끝에 주식시장에서 광맥을 발견했습니다. 나는 주식시장의 한 '작은' 영역을 위한 완벽한 수학적 모델을 구축했습니다. 이 모델로부터의 기대수익이 연 33%라는 점, 이 모델이 상황에 따라 다양하게 변화할 수 있음에도 불구하고 33%의 수익에 크게 영향을 미치지 않는다는 점을 증명할 수 있었습니다. 그러나 이 시스템의 세세한 부분은 아직 미완성입니다. 선생님도 주식시장을 공략해왔는지요? 소식이 궁금합니다.[7]

소프와 카수프는 자신과 친척들의 자금을 운용하며 매년 30% 정도의 큰 수익을 얻고 있었다. 그러나 가족들의 자금과 규모로는 한계가 있었기 때문에 공인된 전문 투자회사 설립이 필요했다. 이는 워런트 헤징 시스템에 대한 이야기를 담은 책을 내는 데 결정적인 계기였다.

세계 투자시장 트렌드를 완전히 바꾸고 수많은 과학자들이 퀀트가 되기 위해 월스트리트로 오게 만든 책 《시장을 이겨라》(1967)는 이렇게 탄생하게 되었다. 이 책의 인세로 선금 5만 달러를 받았는데 카수프 교수 연봉의 5배 가까이 되는 큰돈이었다.

《시장을 이겨라》는 주식으로 돈을 벌어야 한다는 당시의 관행과는 너무 다른 주장을 펼쳤기 때문에 처음엔 이슈가 되지 못했다. '웬 교수가 헛소리를 한다'며 많은 사람들이 무시하였다. 설령 자세히 읽어 봤다 한들 대부분의 사람들이 컴퓨터가 없어 따라 하기 힘들었다.

윌리엄 파운드스톤 지음. 김현구 옮김.《머니 사이언스》. 동녘사이언스. 2006. P.202.

한편 당시 주식 중개인이었던 리건은 《시장을 이겨라》를 읽고 크게 감명받았다. 그는 소프를 찾아가 자신이 자금책을 맡을 테니 함께 파트너가 되자고 제안했다. 그 후 소프는 워런 버핏의 조언으로 리건과 함께 컨버터블헤지어소시에이츠^{Convertible Hedge Associates} [8]라는 헤지펀드를 만들고 1998년까지 20년 넘게 25%가 넘는 수익률을 보여주게 된다. 그는 워런트 알고리즘뿐만 아니라 퀀트의 기본이 되는 여러 가지 알고리즘을 시도해 꾸준히 수익을 냈다. 무엇보다도 그가 추구했던 것은 '캘리 공식과 정보 이론에서 배운, 리스크를 최소화하며 파산 위험이 있는 투자는 하지 않는다'였다.

> *"컴퓨터 공식으로 한 남자가 시장에서 거둔 성공의 비밀"*

1974년 월스트리트 저널의 첫 헤드라인이었다. 그렇게 소프의 성공담과 책이 알려지면서 전국 각지의 과학자들이 주식시장이라는 금맥에 관심을 보였다. 그들은 제2의 소프가 되기 위해 컴퓨터 앞에 앉기 시작했다.

---

[8] 나중에 프리스턴 뉴포트 파트너스(Princeton Newport Partners)로 기업명을 변경했다.

QUANT NOTE

제47번
알고리즘 설계도
-
델타 헤징 알고리즘

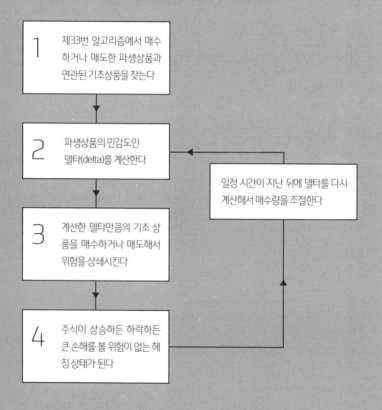

1. 제33번 알고리즘에서 매수 하거나 매도한 파생상품과 연관된 기초상품을 찾는다

2. 파생상품의 민감도인 델타(delta)를 계산한다

3. 계산한 델타만큼의 기초 상품을 매수하거나 매도해서 위험을 상쇄시킨다

4. 주식이 상승하든 하락하든 큰 손해를 볼 위험이 없는 헤징 상태가 된다

일정 시간이 지난 뒤에 델타를 다시 계산해서 매수량을 조절한다

델타 헤징은 모든 파생상품의 기본적인 위험 관리 전략이다.

아래 워런트를 제33번 알고리즘으로 계산하였더니 고평가되어 있어서 1,000주를 매도했다고 가정하자.

삼성 SDI 워런트(2006년 9월 22일 기준)
행사 가격: 75,000원
현재 주식 가격: 75,700원
델타: 0.56
워런트 가격: 800원
만기일: 2007년 2월 9일

이 경우 설령 워런트가 고평가되어 있어도 만약 주식 가격이 3,000원 상승한 78,700원이 된다면 워런트의 가치가 2,480원이 되어서 (2480 - 800) X 1,000주 = 1,680,000원의 손해를 보게 된다. 이를 방지하기 위해서 적절한 양의 기초상품인 삼성 SDI 주식을 함께 매수한다. 매수량은 델타를 이용해 계산할 수 있다. 현재 델타가 0.56이므로 주가가 1 변할 때 워런트의 가격은 0.56이 변한다는 뜻이다. 그러므로 주가의 움직임에 면역이 되려면 0.56 X 1,000주 = 560주를 매수해야 한다. 이렇게 되면 주가가 상승하더라도 560주의 주식이 워런트의 손해를 상쇄시키기 때문에 주가의 움직임에 면역이 된다. 워런트가 실제로 고평가되어 있다면 만기에 가까워질수록 고평가된 만큼 이익을 얻을 것이다. 다만 주가가 변할 때마다 워런트의 민감도인 델타도 변하기 때문에 주기적으로 델타 헤징량을 갱신해줘야 한다.

제3장

월스트리트로 떠나는 NASA 과학자들

◼◼ 냉전시대의 끝

물리학의 인기가 초절정이었던 때는
바야흐로 1960년대였다. 제2차 세계대전 동안 레이더와 원자폭탄의 발
명, 암호 해독, 신형 무기, 무선 통신 등 다양한 분야에서 물리학의 위상
은 하늘을 찔렀다. 정부와 기업은 물리학자들에게 극진한 대우를 해주었
고, 젊은 과학자들은 자연의 섭리를 설명하는 동시에 최첨단 기술을 다
루는 물리학자가 되기 위해 학계로 몰려들었다. 그들은 무질서한 자연계
의 입자들에서 패턴을 찾아내 수학 공식으로 나타내는 모델링을 통해
무엇이든 설명할 수 있는 초월적인 힘을 얻었다.

그러나 좋은 시절은 오래가지 못했다. 1969년 달 착륙에 성공하면서
미국 전체 GDP의 1%, 현재 가치로 1,800억 달러(한화 200조 원)에 가까
운 예산이 든 것이었다. 그 여파로 1970년대 초 NASA의 예산이 40% 삭
감되었다. 급격한 재정난에 우주 과학자들은 대거 해고되거나 대우가 나

빠졌다. 더욱이 베트남 전쟁이 끝날 무렵에는 미국 경제 사정이 더 나빠졌고 물리학이 무기와 전쟁에 이용된다는 비판을 받으면서 지원 또한 대폭 줄었다. 연구에 일평생을 바치려 했던 이론 물리학자들은 살 길을 찾기 위해 다른 일을 알아볼 수밖에 없는 신세가 되었다. 어떤 이는 태양에너지 연구에서 대체에너지 연구로, 어떤 이는 텍사스의 석유 채굴 관련 연구로 눈을 돌렸다. 통신연구소의 프로그래머로 전향한 사람도 많았다. 이조차도 운이 좋은 사람들이었고 대부분 연구소 임시직 신세를 면치 못했다.

◇ ◇ ◇

"안녕하세요. 입자 물리 모델링에 관한 인턴 공고를 보고 연락 드렸는데요."

"죄송합니다. 어제 30명 정도가 지원해서 마감되었습니다."

물리학을 공부하던 피셔 블랙^{Fischer Black}은 한숨을 내쉬었다. 대학 졸업 후 아인슈타인과 같이 세상의 이치를 설명하는 이론을 만들 줄 알았던 블랙은 변변찮은 연구소의 실험보조 자리조차 얻지 못하고 있었다. 블랙은 어릴 때부터 자연의 이치를 몇 가지 숫자와 공식으로 표현하는 물리학의 매력에 푹 빠져 있었다. 아무런 규칙이 없을 것 같았던 세상이 사실은 정교하게 상호작용하며 움직인다니 얼마나 멋진가? 그런 꿈에 이끌려

1959년 하버드 물리학과를 졸업했으나 물리학과 관련된 일자리를 찾지 못하고 결국 응용수학 박사 학위에서 공부를 이어가게 되었다.

아무리 꿈이 좋아도 물리학연구소 문만 계속 두드릴 수는 없었기에 도움이 될 만한 일이라도 해보자는 심정으로 이곳저곳 지원하기 시작했다. 그리고 학교 신문 공고를 통해 아르바이트로 첨단기술 컨설팅회사 BBN에서 일하게 되었다. 그곳에서 도서 데이터베이스 검색 인공지능을 만들며 시간을 보냈다. '대한민국의 수도는 어디인가?'라고 질문을 입력하면 적절한 데이터베이스를 찾아서 '서울'이라고 출력해주는 인공지능이었다. 그러나 블랙은 도서 데이터베이스 검색 인공지능을 만드는 일을 평생 동안 하고 싶지 않았다. 좀 더 물리학 본질에 가까운 일, 즉 세상의 움직임을 설명하는 일을 하고 싶었다.

박사 졸업 후에는 상황이 더 나빠졌다. NASA를 필두로 물리학연구소들의 규모가 급격히 감소했고 물리학 박사생들은 쏟아져 나왔다. 그는 하는 수 없이 BBN에서 일했던 경력을 살려 기술 컨설팅회사인 아서디리틀 ^{ADL; Arthur D. Little, Inc.}에 컴퓨터 전문가로 취직하였다. 컴퓨터를 능숙하게 다룰 줄 아는 블랙은 재빠르게 일처리를 하고 사내 도서관에 있는 책들을 읽기 시작했다. 블랙은 그곳에서 《시장을 이겨라》를 읽게 된다.

> "주식이 어디로 움직일지는 완전히 무작위이다. 그러나, 그들의 움직임 분포를 확률로 나타낸다면 거대한 장(Field)을 이루게 된다."

그는 불확실성과 확률로 가득 채워진 금융이 물리학과 비슷하다는 점에 큰 매력을 느꼈다. 게다가 소프가 미지의 세계였던 워런트 가격 계산을 개척하며 큰 수익을 얻은 것에 감명을 받았다. 아무도 시도할 엄두조차 내지 못한 복잡한 상품인 워런트를 설명했다는 것을 보건대 다른 상품들의 가격 또한 계산 가능하며 더 나아가 이 모든 것을 설명할 수 있는 궁극의 이론도 만들어낼 수 있으리라 생각했다. 물리학에서 다양한 힘의 이론들이 결국 몇 가지 공식으로 전부 설명 가능한 것과 같은 아름다움을 만들 수 있을 것만 같았다.

'나도 소프처럼 아직까지 밝혀지지 않은 금융의 비밀을 해결하고 싶어. 워런트뿐만 아니라 모든 금융상품들을 설명할 수 있는 이론을 만들수 있지 않을까?'

블랙은 보험의 일종인 '옵션'을 타깃으로 잡았다. 옵션은 밀가루나 옥수수 같은 농산물을 재배하는 농민이 주로 구입하던 상품이었다. 농민들은 밀가루를 수확해서 판 값으로 생계를 유지했는데, 만에 하나 수확철에 밀 가격이 폭락하면 생계가 크게 위협을 받았다. 이런 상황이 두려웠던 농민들은 밀가루가 아무리 폭락해도 최소 가격을 보장받는 계약을 찾기 시작했다. 이를테면 '올해 8월 수확철에 밀가루 가격이 아무리 낮아도 포대당 최소 10달러에 사주는 계약' 같은 것이다. 이것이 바로 '옵션'이다. 농산물업자는 밀가루 옵션을 통해 밀가루 가격이 폭락해 생계가 위험해지는 일에 대비하였다. 물론 밀가루 가격이 폭락하지 않는다면 이 계약은 아무 소용이 없다. 그러나 보험 차원에서 계약을 사두는 것이 위험한 상황을 막는 데 효과적이었다. 이렇게 물건을 팔 수 있는 권리를 주는 보험을 '풋옵션'이라고 한다.

마찬가지로 선박 제조업체에선 강철 가격이 폭등할까봐 걱정이었다. 선박의 납품 가격을 이미 정해뒀는데 강철 가격이 폭등하면 고스란히 큰 손해를 입을 수밖에 없었다. 그래서 선박 제조업체에선 강철 가격이 폭등해도 일정 가격에 살 수 있는 계약을 찾기 시작했다. 그들은 '1년 후에 강철 가격이 아무리 높아져도 1kg당 80달러에 살 수 있는 계약' 같은 옵션을 사두었다. 이렇게 물건을 살 수 있는 권리를 주는 보험을 '콜옵션'이라고 하였다. 선박 제조업체는 콜옵션을 통해 강철 가격이 갑자기 오르는 일에 대비하며 안전하게 사업할 수 있었다.

금융회사들은 옵션을 팔면서 수익을 얻고 싶었지만 옵션의 가격을 정하는 것이 굉장히 어려웠다. 만약 밀가루 풋옵션을 팔았다가 밀가루가 실제로 폭락하게 되면 금융회사는 어마어마한 손해를 보기 때문에 쉽사리 싸게 팔지 못하고 비싼 가격에 거래되었다. 옵션이 비싸기 때문에 거래도 많이 되지 않았고 자신이 원하는 조건으로 정확히 옵션을 파는 금융기관도 거의 없어서 위험에 노출되어 있는 농민이나 업체들이 많았다.

많은 사람들이 옵션의 가격, 즉 보험료를 어느 정도로 책정하면 좋을지 논의하였다. 그러나 옵션의 가격 책정은 물건 값을 정하는 일처럼 간단하지 않았다. 옵션은 눈에 보이는 상품이 아닌 데다가 두 사람 사이의 계약이기 때문에 가격 또한 합의하에 정해졌다. 게다가 옵션은 금이나 주식처럼 단일화된 상품도 아니고 종류가 매우 다양하며 조건도 계약마다 제각각이었다.

2017년 5월에 밀가루 1만 포대를 10달러에 사는 권리

2018년 3월에 밀가루 2만 포대를 12달러에 사는 권리

2019년 1월에 밀가루 15만 포대를 5달러에 사는 권리

20XX년 X월에 밀가루 X만 포대를 X달러에 사는 권리

각 옵션끼리 어떤 관계가 있는지, 옵션 가격과 밀가루의 관계는 어떠한 지, 시간의 흐름에 따라 어떤 관계가 있는지 모든 것을 고려하다 보니 가격 계산은 더더욱 어려워졌다. 오늘은 가치가 거의 없던 밀가루 옵션이 내일 태풍으로 갑자기 엄청나게 비싸질 수도 있었다. 경제학자들은 수요와 공급에 의해서 가격이 어떻게 결정되는지 알아내려고 했지만 애초부터 필요에 의해서 만들어지는 계약이라 수요와 공급을 측정하기가 쉽지 않았다. 똑같은 옵션인데 어떤 때는 1달러에 팔리고 어떤 때는 10달러에 팔리기도 하니 경제학자로서는 미칠 노릇이었다. 그래서 대부분이 옵션 가격 계산을 포기하였다.

피셔 블랙은 옵션 연구를 하기 시작했다. 입자 물리학에서처럼 옵션의 구성 요소를 하나하나 쪼개기 시작했다. 옵션에서 가장 중요한 것은 기

초 상품의 가격이다. 밀가루 옵션이면 밀가루 가격, 감자 옵션이면 감자 가격이 중요하다. 시간도 중요하다. 내일 만기인 옵션은 가치가 없다. 반대로 5년 후까지 보장해주는 옵션의 가격은 비쌌다. 보장 액수도 중요하다. 10달러를 보장해주는 옵션과 15달러를 보장해주는 옵션의 가격은 차이가 있었다. 블랙은 여러 가지 구성 요소와 옵션 가격과의 관계를 하나씩 정리하기 시작하였다.

하지만 밀가루 가격이 움직일 때마다 옵션 가격이 변하는 것을 계산하기가 생각보다 어려웠다. 밀가루 가격이 어디로 움직일지 모르는 상태에서 옵션은 휴지조각이 될 수도 있었고 금 덩어리가 될 수도 있었다. 하루가 지난 다음에 또 가격 분포가 바뀌면 다시 계산을 해줘야 했다. 결국 블랙은 옵션 가격에 대한 진리를 찾지 못한 채 아서더리틀을 떠났다.

블랙은 그 이후 시카고대학교로 자리를 옮겼다. 시카고대학에 갔을 때 지인의 소개로 당시 경제학 박사였던 마이런 숄즈$^{\text{Myron S. Scholes}}$를 만나게 된다. 숄즈는 블랙과 다르게 유쾌하고 수다스러운 사람이었다. 인간관계도 넓어서 다양한 분야의 사람들과 교류를 하는 타입이었다. 한두 가지 일에 조용히 몰두하는 것을 좋아하고 소심한 블랙과는 정반대였다. 그러나 28살과 30살로 비슷한 또래였던 둘은 금세 친구가 되었다. 때마침 숄즈도 옵션 이론에 대해 연구하고 있었다. 둘은 팀을 이루어서 옵션 가격을 계산할 수 있는 모델을 찾기 위해 밤을 새가며 시카고대학의 카페 불을 밝혔다.

숄즈는 색다른 방법을 제안하였다. 옵션 가격을 계산하는 식을 한번에 만들려고 하지 말고, 지금까지의 구성재료들 간 관계식을 하나씩 밝혀보고, 이를 조금씩 조금씩 합치면서 전체 식을 만들어보자는 거였다. 분자물리학에서 각 분자의 움직임을 먼저 정의하고 키우면 큰 흐름을 알아낼 수 있다는 방식과 비슷했다. 그들은 먼저 각 재료들을 미분방정식으로 나타내고 합쳤다. 소프와 비슷하게 기초상품인 밀가루, 감자 가격의 움직임은 전부 무작위라고 가정한 뒤 브라운 운동[9]을 이용하였다. 마침내 1971년, 어떤 경우에도 쓸 수 있는 옵션 가격 방정식을 만들어낸다. 현대 금융사에서 뉴턴 방정식이나 아인슈타인 상대성 이론에 비견되는 가장 위대한 발견, 바로 블랙-숄즈 방정식이 완성되는 순간이었다.

블랙-숄즈 방정식은 어떤 종류의 옵션이라도 조건을 집어넣으면 가격을 알려주는 마법과도 같은 공식이었다. 블랙과 숄즈는 자신들의 공식을 논문으로 발표했다. 블랙-숄즈 방정식의 발견은 원자의 발견에 버금갈 정도로 엄청난 영향력을 미쳤다. 금융기관들은 더 이상 옵션을 터무니없이 비싸게 팔지 않아도 됐다. 가격대와 시세가 알려지자 사람들은 활발하게 옵션을 사고팔기 시작했다.

여기서 끝이 아니다. 블랙-숄즈 방정식은 가격뿐만 아니라 옵션에 포함돼 있는 구성 성분, 즉 재료들을 알려주었다. 예전에는 옵션이 기존의

---

9) 물리학에서 연기나 꽃가루가 흩날리는 것처럼 액체 혹은 기체 안에 떠서 움직이는 작은 입자의 불규칙한 운동을 공식화한 것이다.

여러 가지 증권들과 아예 종류가 다른 상품이었기 때문에 이를 팔기 위해서는 똑같은 조건의 옵션을 사고자 하는 사람을 찾아야만 했다. 예를 들어 어떤 사람은 9월 만기인 밀가루 옵션을 사고 싶어 하는데 어떤 사람은 12월 만기인 밀가루 옵션을 팔고 싶어 한다면? 안타깝게도 둘의 거래는 성사될 수가 없었다. 그런데 블랙-숄즈 방정식의 등장으로 옵션을 분해해 재료로 만들어 9월 옵션과 3개월짜리 채권으로 조합해서 팔 수 있게 된 것이다. 오렌지 주스만 팔 수 있었던 주스 가게가 고객들에 맞게 포도 주스, 자몽 주스, 심지어 배추 주스 같은 것도 만들 수 있게 된 것이나 다름없었다. 일부만 거래하던 옵션 세계에 수많은 사업가, 농민, 투자가들이 적은 가격으로 위험 상황을 없애기 위해 뛰어들었다.

블랙-숄즈 방정식의 원리 자체는 공개됐지만 실제 시장에서는 그대로 적용하기 어려운 부분들이 많았다. 블랙-숄즈 방정식 자체가 비현실적인 가정을 많이 했기 때문이었다. 그러나 피셔 블랙은 이를 자유자재로 변형해 실제 시장에 적용시켰다. 이는 엄청난 무기가 되었다. 남들은 보지 못하는 물건의 가격을 자동으로 보여주는 마법의 유리구슬 같은 것을 가진 것이나 마찬가지였다. 블랙은 유리구슬을 통해 저평가된 옵션은 사고 고평가된 옵션은 팔았다. 이는 에드 소프와 비슷한 방식이었지만 규모가 작은 워런트에 비해 파괴력이 훨씬 강했다.

블랙-숄즈 방정식에 힘입어 1971년 10월 14일 시카고에서 역사상 최초로 옵션시장이 개장했다. 옵션은 수백 년 전부터 거래되었지만 규격화하기 어렵고 가격과 수요가 너무 제각각이라 공개 시장을 여는 것은 엄두도 내지 못했다. 그러나 블랙-숄즈 방정식의 등장으로 사람들은 적절한 시세에서 가격대를 형성하게 되었고 결국 철광석, 농수산물 등을 주로 거래하던 시카고 상품거래소 옆에 옵션거래소를 열 수 있었다. 거래 첫날, 주식과 농산물을 포함한 16개 품목에서 900건의 옵션 거래가 체결되었다. 거래량은 이내 급격히 증가해서 1973년 한 해에만 100만 건이 넘는 옵션 거래가 이루어졌고, 1974년 10월에는 하루 거래량이 4만 건이 넘는 날이 많았다. 1980년에는 하루 거래량이 50만 건으로 늘어났다.

옵션은 상품뿐만 아니라 주식에까지 영향력을 끼쳤다. 만약 애플 주식에 많은 돈을 투자한다면 최악의 상황을 막는 용도로 애플 풋옵션을 사놓음으로써 안전하게 투자할 수 있게 했다. 옵션 거래가 가능해지자 사람들은 투자나 주식 거래를 훨씬 쉽게 할 수 있게 됐고 기업 또한 자금 조달을 빨리 할 수 있어 경제는 계속 성장했다. 옵션의 규모가 커질수록 블랙의 수익률과 위상 또한 점점 커졌다. 이렇게 되자 월스트리트는 금융업계로 몰려온 물리학자들을 주목하기 시작했다. 그리고 추후에 골드만삭스의 회장이 되는 루버트 루딘Robert Rubin은 1984년 피셔 블랙을 골드만삭스로 초빙하게 되었다.

골드만삭스에서 블랙은 이미 전설적인 인물이었다. 세계 금융 패러다임을 바꾼 그는 옵션에서 멈추지 않고 금융시장에 존재하는 가격이 불분명한 각종 파생상품들의 공식을 만들기 시작했다. 이들은 블랙-숄즈 방정식의 원리를 약간만 변형하면 전부 계산이 가능했다. 블랙은 벨 연구소에서 분자 물리학을 연구하다 골드만삭스로 이직한 부하직원 이매뉴얼 더만$^{Emanuel Derman}$과 함께 블랙-숄즈 방정식을 변형해서 채권 가격을 계산하는 방법도 만들었다. 이 또한 영향력이 커서 블랙의 수익과 명성은 드높아져만 갔다. 이에 다급해진 월스트리트의 다른 금융회사들은 다양한 파생상품을 계산하고 수익을 내기 위해 서로 앞 다투어 물리학자들을 찾기 시작했다.

심지어 그들은 금융시장에 존재하지 않는 상품을 설계해서 고객에게 제안하기도 했다. 이를테면 아우디에서 이벤트를 열어서 뉴욕 양키스가 우승할 시 고급차 1,000대를 사은품으로 제공하기로 했다고 가정해보자. 이럴 때 양키스가 우승했을 때 아우디가 크게 지출하지 않도록 하는 옵션 가격을 퀀트들이 계산해 파는 것이다.

수많은 위험 상황을 자유자재로 컨트롤하는 퀀트들은 월스트리트에서 거대한 영향력을 끼치기 시작했다.

QUANT NOTE

제67번
알고리즘 설계도

-

블랙-숄즈 옵션 거래 알고리즘

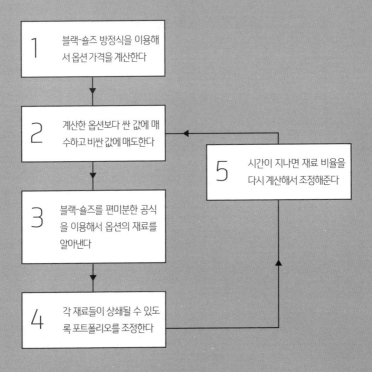

1 블랙-숄즈 방정식을 이용해서 옵션 가격을 계산한다

2 계산한 옵션보다 싼 값에 매수하고 비싼 값에 매도한다

5 시간이 지나면 재료 비율을 다시 계산해서 조정해준다

3 블랙-숄즈를 편미분한 공식을 이용해서 옵션의 재료를 알아낸다

4 각 재료들이 상쇄될 수 있도록 포트폴리오를 조정한다

제67번 알고리즘은 제47번 알고리즘과 원리가 거의 같지만 블랙—숄즈 방정식을 이용해서 가격 계산을 하고 델타만 헤지하는 것이 아닌 다양한 재료들을 모두 관리한다는 데에 차이가 있다. 기본적인 옵션인 바닐라 옵션의 경우, 기초상품과의 민감도인 델타(delta), 델타의 민감도인 감마(Gamma),

시간과의 민감도인 세타(Theta), 이자율과의 민감도인 로(Rho), 변동성과의 민감도인 베가(Vega) 등이 있다. 각 옵션마다 이 재료 수치가 있으므로 헤징을 하기 위해서는 최대한 이 수치들을 0으로 만들어주는 것이 좋다.

예를 들어, 어떤 실시간 옵션 거래 플랫폼에서 IBM 옵션 정보가 다음과 같다고 하자.

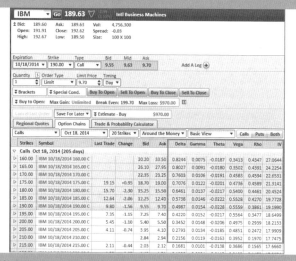

출처: Street Smart Edge 웹사이트

만약 $190 IBM 콜옵션이 $9.8인데 블랙-숄즈 방정식에서는 $9.4로 계산되어서 10주를 매수하기로 결정하였다고 하자. 현재 델타는 0.4987이기 때문에 IBM 주식을 약 5주 매도하면 델타 헤징 상태가 된다. 그러나 여전히 베가나 세타에 대한 노출도가 생기게 된다. 이를 없애기 위해 다른 고평가된 IBM 옵션을 매도하거나 분해하여 노출도를 최소화시키는 방법을 사용한다. 현실적으로 모든 재료에 대해서 위험도 0을 가지긴 어렵기 때문에 복합적인 포트폴리오로 최소화시키는 쪽으로 거래를 유도한다. 이러한 방법은 옵션 마켓 메이킹 회사에서 주로 이용한다.

인간의 광기는 계산할 수 없다

블랙의 활약으로 월스트리트에는 '금융의 모든 상품들은 공식화될 수 있다'라는 강한 믿음이 생겼다. 사실 금융상품이 아무리 복잡하다 하더라도 시간과 가격이 주요소이기 때문에 블랙-숄즈 방정식은 날씨처럼 온도, 구름, 풍향, 기압 등 수많은 요인이 영향을 주는 모델보다는 훨씬 간단하고 정확하다 믿었다. 심지어 각종 옵션의 가격을 산출할 때 컴퓨터를 이용한 시뮬레이션으로 모든 시나리오의 확률을 도표로 보여줄 수 있었다.

"일주일 후에 옥수수 가격이 10% 이상 떨어질 확률은 33%, 20% 이상 떨어질 확률은 14%, 30% 이상 떨어질 확률은 3%, 40% 이상은 0.8%, 50% 이상은 0.00007%입니다. 50% 이상 떨어질 확률은 사실상 0이기 때문에 현재 옥수수 반값 이하의 옵션들은 전부 판매해도 이익입니다. 어차피 가치가 0이기 때문이죠."

영향력이 높아진 블랙은 골드만삭스에서 퀀트 그룹의 대표가 되기에 이른다. 그가 처음에 시연한 그래프와 버튼을 이용한 옵션 확률 프로그램은 5분 만에 고장 났지만 골드만삭스 이사들을 감동시키기엔 충분한 시간이었다. 그들은 블랙을 전적으로 신뢰하면서 파생상품에 대한 전권을 맡기기 시작했다.

1980년대 옵션은 이미 여러모로 인기였다. 일반적인 농수산물에 관련된 옵션 말고도 수많은 종류의 옵션이 만들어졌다. 특히나 자신의 자산이 떨어질 것을 두려워한 투자자들이 옵션을 많이 활용했다. 주식을 가진 사람은 주식 옵션을, 채권을 가진 사람은 채권 옵션을, 부동산을 가진 사람은 부동산 옵션을 사서 자산 가치가 하락하는 것을 막았다. 금융회사들은 이들에게 다양한 옵션을 팔면서 짭짤한 수익을 올렸고, 마침내 블랙-숄즈 방정식을 이용해 여러 가지 위험을 동시에 막아주는 종합 옵션인 포트폴리오 보험이라는 상품을 내놓았다. 포트폴리오 보험만 있으면 내가 가진 상품의 옵션을 하나하나 살 필요 없이 시장 전체에 대한 보장을 해주었다. 옵션을 사느라 많은 수고를 들였던 투자자에겐 혁명이었다.

포트폴리오 보험의 인기는 상상을 초월했다. 적은 보험료로 시장 전체에 대한 위험을 보호해준다니 얼마나 매력적인가? 수많은 투자자들이 포트폴리오 보험에 가입하였고 금융회사들은 포트폴리오 보험을 판매하면서 상당한 이익을 얻었다. 많은 사람들의 수요를 채워주기 위해서 블랙의 지휘하에 포트폴리오 보험팀이 생겼고 이들은 자동 프로그램을 만들어 옵션 재료들을 자동으로 사고파는 거래 인프라를 만들었다. 이제 옵션을 사고 싶은 사람이 나타나면 프로그램이 필요한 재료를 계산해 자동으로 거래까지 해주게 된 것이었다. 포트폴리오 보험은 투자자들 사이에서 자신의 투자 계좌에 무조건 포함해야 할 기본 상품으로 통했다.

한편 블랙의 부하직원인 이매뉴얼 더만은 어딘가 모르게 불안했다. 분명 그는 물리학자로서 블랙과 함께 옵션 및 금융상품들에 대해 설명하는 여러 가지 모델을 발표하고 그로 인해 큰 수익을 올리고 있었다.

"과연 인간의 행동 집합체인 금융시장이 근본적으로 분자의 움직임과 같을까?"

그는 의문이 생겼다. 애초에 블랙-숄즈 방정식은 주식이나 상품 가격이 분자의 움직임, 즉 브라운 운동과 같다고 가정해서 계산한 공식이었다. 서울에 있는 담배 연기 분자가 10초 뒤에 뉴욕에 나타날 확률은 브라운 운동에 의하면 0%에 가깝다. 마찬가지로 브라운 운동에 따르면 10초 내에 시장 가치가 10% 떨어질 경우는 0%에 가깝다. 아직까지 그런 일은 없었지만 더만은 발생 가능성이 있다고 생각했다. 그러나 블랙을 포함한 어떠한 사람들도 이러한 문제를 크게 의식하고 있는 것 같지 않았다. 그도 그럴 것이 추락할 위험을 보험으로 상쇄시킨 상황에서 경제는 계속 발전해왔고 모델은 수년간 안정적이고 완벽해 보였기 때문이다.

1987년도 그런 해였다. 다우존스 지수는 전년도에 비해 40%나 상승해서 사상 최고치인 2722포인트까지 올랐다. 각종 뉴스에서는 경제 전문가들이 등장해 미국 경제의 호황이 뒷받침됐다는 설명이 잇따랐다. 경제 전성기를 맞이한 미국 경제가 추락할 것이라곤 아무도 예상하지 못했다.

10월 19일 월요일 정오 즈음, 블랙은 다급한 전화 한 통을 받았다.

"블랙 박사님! 큰일 났습니다. 시장이 지금 7% 하락해서 심각한 쇼크를 일으킬 위험에 처해 있습니다. 모델 계산 프로그램도 먹통이 되었고…… 도저히 거래를 할 수가 없습니다!"

그저 평화롭기만 한 월요일이 될 줄 알았던 증권시장은 대혼란에 빠졌다. 평소 2%의 움직임도 크다는 전체 시장이 7%가 넘게 떨어지기 시작한 것이다. 다우존스가 7% 하락할 확률은 계산상으로 백만 년에 한 번이었다. 투자자들은 서로 자신이 가진 주식들을 팔려고 증권거래소에서 아우성을 쳤다. 브로커들은 매매 대금을 결제하지 못해서 파산하기에 이르렀고 자살을 시도하는 사람들이 곳곳에서 나왔다. 블랙은 서둘러 자신의 시스템을 켜서 상황을 파악하려 했다. 그의 옵션 계산은 이미 엉망진창이 되어 있었다. 포트폴리오 보험의 재료들 구성요소도 엄청나게 변해 있었고 그대로 거래를 하기 위해 시스템들은 매도 주문을 쏟아내고 있었다. 하지만 끝없이 떨어지는 시장에서 누가 주식을 사고 싶어 할까? 팔려는 주문은 쌓여만 가고 시장은 끝없이 추락했다. 시장에 있던 사람들에다가 포트폴리오 보험을 판매했던 수많은 금융사의 프로그램들까지 주문을 쏟아냈고 시장은 오후 1시에 15%, 오후 3시에 20%까지 하락했다.

끝끝내 시장은 25% 추락하였다. 전 세계 돈의 1/4이 흔적도 없이 증발한 것이다. 단순히 금액으로 환산할 수 없는 충격이었다. 이전까지 한 번도 없던 일이었다. 사실 시장에는 여러 가지 거품과 불안감이 내재돼 있었지만 사람들은 애써 외면해왔던 것이다. 극도로 암울했던 이 월요일은 블랙 먼데이(Black Monday)라고 불린다. 블랙-숄즈 방정식에 의하면 시장이 25% 하락할 확률은 우주가 150억 번 빅뱅이 발생해도 일어나기 힘든, 불가능한 사건이었다. 평소의 증권시장은 분자 운동처럼 질서정연했지만 사람들이 패닉상태에서 광기에 휩싸였을 때에는 전혀 다른 양상으로 작동한 것이다. 아무런 감정이 없는 분자들은 그렇지 않겠지만 이성을 잃은 시장 참여자들은 동시에 매도 주문을 내면서 공식화된 시스템이 이상을 일으켰다.

골드만삭스와 피셔 블랙 또한 블랙 먼데이로 큰 타격을 입었다. 게다가 사람들은 블랙-숄즈 방정식과 통계적 예측에 의문을 품기 시작했다. 불가능한 사건이 실제로 발생했기에 당연한 일이었다. 시간이 지나면서 시장은 다시 안정화되고 블랙-숄즈 방정식이 재작동했지만 옵션 가격은 예전처럼 정확히 맞아 떨어지진 않았다. 사람들은 통계상 일어날 확률이 제로에 가까운 상황에서도 어느 정도 보험료를 받기 시작했다. 블랙 먼데이에 대한 트라우마, 즉 '절대 발생하지 않을 것이라 믿는 일이 실제로 일어날 수도 있다'라는 두려움이 전 세계를 덮친 것이다. 블랙은 자신이 존경하는 뉴턴의 말을 인용하며 이때를 회고하였다.

"나는 천체의 움직임을 계산할 수 있었지만 인간의 광기는 계산할 수 없었다."

▆ 천재들의 실패

　　　　　　　　비록 블랙 먼데이로 옵션시장이 많은 타격을 입었지만 블랙-숄즈의 위상이 죽은 것은 아니었다. 블랙 먼데이에서 회복된 시장은 여전히 옵션을 필요로 하였고, 블랙 먼데이를 교훈 삼아 좀 더 정교한 계산 방식이 등장했다. 블랙 먼데이 이후 피셔 블랙은 옵션보다는 좀 더 큰 사회를 설명하는 이론을 연구하고 싶어졌다. 그는 블랙-숄즈 방정식을 정교화하는 작업을 이매뉴얼 더만에게 맡긴 다음 경제 이론을 연구하는 데 몰두하였다. 물론 골드만삭스에선 수익 연구가 더 중요했기 때문에 달가워하지 않았다. 블랙이 경제에 대해 연구하는 동안 더만과 퀀트들은 블랙-숄즈 방정식을 현실에 맞게 변형시켰다. 블랙 먼데이 이후로 옵션 가격에는 사람들의 불안감이 포함되었는데 이는 퀀트들에게 블랙 먼데이 이전보다 더 좋은 수익 기회였다. 그 전에는 공식에 정확히 맞는 가격으로 거래되는 경우가 많아서 수익 기회가 많지 않았기 때문이다.

　　1987년의 아픔은 금세 잊히고, 옵션시장은 새로이 전성기를 맞이하게 되었다. 에드 소프를 비롯한 수많은 퀀트들이 각자의 방식으로 블랙-숄즈 방정식을 수정했고 그들의 노하우는 큰돈을 버는 기회를 만들어주었다. 블랙 먼데이 같은 상황을 방지하기 위해 극단적인 상황을 철저히 막는 것도 잊지 않았다. 학교에서는 블랙-숄즈 방정식을 이해하고 변형하는 법을 가르치기 시작했다. 비록 블랙 먼데이로 쓴맛을 보았지만 수많은 금융상품들이 몇 가지 기초 재료를 이용해서 만들 수 있다는 획기적인 발명을 한 피셔 블랙은 금융 역사에서 여전히 최고의 영웅이었다. 그러나 안타깝게도 골드만삭스에 재직 중이던 1995년 경제 논문 발표를 앞두고 인후암으로 사망하였다.

한편 블랙의 사망 2년 후인 1997년, MIT 교수 마이런 숄즈$^{Myron\ S.\ Scholes}$와 그의 동료 로버트 머튼$^{Robert\ Merton}$은 블랙-숄즈 방정식으로 노벨 경제학상을 받게 되었다. 로버트 머튼은 블랙과 숄즈가 처음 공식을 개발하던 당시 그들을 도와 완성시킨 인물이다. 노벨상은 고인에게 수여하지 않는다는 원칙이 있어서 블랙은 노벨상을 받지 못했다. 블랙의 절친한 동료였던 이매뉴얼 더만은 '노벨상위원회는 블랙이 골드만삭스라는 상업적인 기업에서 일했다는 이유로 살아생전에 노벨상을 주지 않았다'면서 분개하였다.

마이런 숄즈와 로버트 머튼은 블랙-숄즈 방정식의 창시자로서 상당한 명성을 얻었다. 비록 그들은 경제 전문가였지만 블랙처럼 금융계에서 일하지는 않았다. 당시 학계에선 투자은행 같은 곳에서 일하는 블랙을 고결하지 못하다면서 무시하는 경향이 있었기 때문이다. 그러던 어느 날 그들에게 한 펀드 매니저가 접근하였다. 살로몬브라더스$^{Salomon\ Brothers}$의 전설적인 트레이더 존 메리웨더$^{John\ Meriwether}$였다.

존 메리웨더는 천만 달러 베팅을 성공시켜 젊은 나이에 살로몬의 채권 거래부 대표가 되었다. 그가 살로몬을 지휘하면서 다양한 베팅으로 수익을 어마어마하게 가져다주었지만 그의 부하가 부정행위를 저지르는 바람에 1991년 불명예 퇴임을 하게 되었다. 그는 새로운 기회를 찾다가 최고의 퀀트였던 두 사람을 찾아가게 된 것이었다. 메리웨더는 두 노벨상 수상자에다가 미 연방준비은행의 부의장 데이비드 멀린스[David Mullins]까지 영입해서 1994년에 롱텀캐피털매니지먼트[Long-term capital management], 속칭 LTCM이라는 헤지펀드를 세우게 된다.

월스트리트 최고의 트레이더, 노벨상 수상자이자 물리학 출신 퀀트, 미 연방준비은행 부의장까지 금융계의 슈퍼스타들이 모인 헤지펀드는 단숨에 큰 화제가 되었다. 월스트리트의 대형 은행들과 투자자들은 앞 다투어 그들에게 돈을 맡기고 싶어 했다. 투자를 지나치게 많이 받은 탓에 LTCM은 47억 달러를 강제로 투자자들에게 돌려주기까지 했다. 그만큼 LTCM은 큰 인기였다.

숄즈와 머튼은 블랙-숄즈 방정식의 원리를 이용했지만 블랙과는 다르게 공격적으로 투자하였다. 미국 내 농산물이나 주식 옵션은 이미 경쟁이 심해서 돈을 많이 벌기 어려웠다. 그러자 이들은 세계 시장으로 눈을 돌리기 시작했다. 유럽이나 개발도상국의 채권과 옵션에 집중 투자를 하고 투자자들의 기대에 부응해 1998년까지 400%의 수익률을 냈다. 심지어 돈을 맡기는 것만으로 신용이 좋아질 정도로 LTCM의 위상은 하늘을 찔렀다.

숄즈와 머튼의 전략은 승률 100%에 가까웠지만 한 가지 단점이 있었다. 주식과 다르게 채권, 특히 국가 채권은 가격이 거의 움직이지 않았다. 공식상으로 가격이 차이가 나봤자 0.1% 정도밖에 되지 않았고 눈에 띄는 수익을 내기 위해서는 베팅을 크게 할 수밖에 없었다. 그들은 담보 대출로 100배를 빌려 투자하고 회수하곤 했다. 그렇게 해야 10% 수익을 낼 수 있었다.

1998년 머튼과 숄즈가 노벨상을 받은 지 1년도 채 되지 않았고 피셔 블랙이 사망한지 3년이 되던 날 LTCM은 새로운 수익 기회를 찾고 있었다. 마침 한국을 비롯한 아시아의 국가들과 러시아가 IMF로 저평가되어 있었고 가격은 굉장히 떨어져 있었다. 특히 러시아 채권이 많이 떨어져 있다고 분석한 그들은 러시아 채권을 대량으로 매입하기 시작했다. 그들의 공식에 대입했을 때 러시아 거래는 승률 98%인 필승 베팅이었다. 그들은 수익을 좀 더 극대화하기 위해 몇백 배에 달하는 대출 거래를 추가하였다. 애당초 채권은 많이 움직이지 않고 LTCM의 위상은 엄청났기 때문에 은행들도 큰 걱정 없이 돈을 빌려주었다.

에드 소프와 캘리 공식에 따르면 아무리 승률이 98%라도 베팅은 파산 위험을 최소화할 정도로만 걸어야 한다. 피셔 블랙은 블랙 먼데이를 겪으면서 증권시장은 물리학의 확률처럼 완전무결하지 않다는 것도 경험했다. 그러나 학계에 있었던 머튼과 숄즈는 여전히 공식을 맹신하고 있었다. 게다가 4년간 승승장구하였으니 공식이 잘못될 것이라곤 상상하지 못한 것은 어찌 보면 당연한 일이었다. 러시아 거래가 행여나 자신의 뜻대로 되지 않더라도 채권 자체의 하락률이 적기 때문에 머튼과 숄즈는 크게 돈을 잃을 걱정은 하지 않았다.

그러나 블랙 먼데이처럼 증권 시장에선 통계상 0%인 일도 일어나기 마련이다. 러시아의 사회 상황은 점점 악화되었고 결국 나라 전체가 모라토리엄, 즉 파산을 선언했다. 러시아의 채권은 휴지조각이 되어버린 것이다. LTCM 및 LTCM과 엮여있던 은행들은 패닉에 빠졌다. LTCM이 거래한 규모는 자그마치 1조 2,500억 달러였다. 당시 미국의 전체 경제가 11조 달러였으니 어마어마한 규모였다. 정부는 황급히 긴급회의를 소집하고 LTCM으로 인해 수많은 은행들이 연쇄 파산하면서 금융 위기가 오는 것을 막기 위해 구제 금융을 투입했다. 심각한 사태는 막았지만 이로 인해 수십 개의 금융회사들이 파산했고 미국 재정은 치명적인 타격을 받았다.

머튼과 숄즈는 명성에 상당한 타격을 받고 사람들은 퀀트들을 비난하기 시작했다. 시장은 물리가 아니었고, 그를 다루는 퀀트 또한 인간이었다. 탐욕에 눈이 먼 실수였던 것이다. LTCM 사태 이후 투자은행들은 더이상 물리학자들이 제시하는 공식과 확률들을 그대로 믿지 않았다. 인간들이 사는 세상에는 지금까지 없던 일이 언제든지 갑자기 발생할 수 있었다. 그렇게 월스트리트로 온 물리학자들의 전성기가 저물어가고 있었다.

QUANT NOTE

제81번
알고리즘 설계도
-
전환사채 차익거래 알고리즘

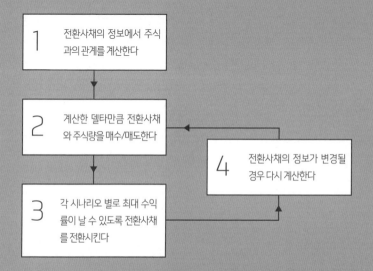

1   전환사채의 정보에서 주식과의 관계를 계산한다

2   계산한 델타만큼 전환사채와 주식량을 매수/매도한다

3   각 시나리오 별로 최대 수익률이 날 수 있도록 전환사채를 전환시킨다

4   전환사채의 정보가 변경될 경우 다시 계산한다

전환사채(Convertible Bond) 차익거래는 에드 소프와 LTCM을 포함한 초창기 퀀트 헤지펀드들이 가장 많이 사용하던 전략이다. 전환사채란 채권 중에서도 주식으로 변환이 가능한 옵션이 포함된 채권을 말한다. 전환사채 차익거래를 잘 설명한 김형식 IFEA 회장의 예제[10]를 참고하자.

---

10) 머니투데이 김형식의 과학적 투자 - http://stock.mt.co.kr/view/mtview.php?no=2006101708513433667&type=1

:: 전환사채 정보
　　현재 가격: 100,000원
　　　5% 이자 지급
　　　전환가: 1000원
　　　주식 현재가: 1,000원
　　　리픽싱 조항: 500원(주가가 500원 이하가 될 경우 전환가를
　　500원으로 변경)
　　　전환사채 프리미엄: 10,000원

이 전환사채는 1,000원당 1주로 주식으로 전환 가능한 연수익률 5% 채권이다. 만약 주식이 500원 이하로 떨어지면 500원당 1주로 전환이 가능하다. 만약 전환을 하지 않는다면 전환사채 프리미엄을 내야 한다.

이런 경우 전환사채를 1주 매수, 주식을 50주 매도하면 안정적인 수익을 얻을 수 있다. 몇 가지 시나리오상의 수익률을 확인해보자.

:: 시나리오 1
　　주가가 1년 후 그대로인 경우(주식 전환)
　　이자 지급액: 5,000원
　　연 수익률: 5%

:: 시나리오 2
　　주가가 1년 후 50% 오를 경우(주식 전환)
　　이자 지급액: 5,000원
　　매도 손실: -50주 X 500원 = -25,000원
　　주식전환 이익: 100주 X 500원 = 50,000원
　　총수익: 30,000원
　　연 수익률: 30%

:: 시나리오 3

   주가가 1년 후 25% 하락할 경우(주식 전환 안 함)

   이자 지급액: 5,000원

   매도 이익: 50주 X 250원 = 12,500원

   전환사채 프리미엄: -10,000원

   총수익 : 7,500원

   연 수익률: 7.5%

:: 시나리오 4

   주가가 1년 후 50% 하락할 경우(리픽싱, 주식 전환)

   이자 지급액: 5,000원

   매도 이익: 50주 X 500원 = 25,000원

   연 수익률: 30%

이처럼 대부분의 상황에서 안정적인 수익을 낼 수 있다. 그러나 주식의 비율을 잘못 결정하면 프리미엄과 수수료만 날리고 손해를 볼 수 있기 때문에 정확한 델타 계산이 필요하다. 그리고 위와 같이 매수자에게 전반적으로 좋은 조건인 전환사채는 흔치 않으므로 지속적으로 프로그램을 이용해 저평가된 전환사채를 찾아야 한다.

제4장

시장의 암호를 해독하라

🎙 찰나의 틈, 알파

　　　　　　　블랙 먼데이로 인해 발생한 트라우
마로 사람들에게 '시장은 물리처럼 완벽하게 재현되지 않는다'는 인식이
생겼다. 시장은 블랙-숄즈 방정식과 여러 가지 자산 이론으로 대부분 설
명이 가능했지만, 언제 어떻게 무슨 일이 발생해 LTCM 사태처럼 파멸을
일으킬지 몰랐기 때문에 섣불리 투자할 수 없었다.

　한편 1980년대 후반에 이르러 컴퓨터와 인터넷이 시작되었고 쪽지와
칠판을 이용해 거래하던 증권시장은 점점 전산화되기 시작했다. 오늘의
가격을 찾아보기 위해 신문이나 잡지를 찾아볼 필요가 없어졌다. 각종
증권사와 은행들은 거래를 좀 더 빠르게, 좀 더 많이, 처리할 수 있도록
다양한 컴퓨터 전문가들을 고용하기 시작했다. 이들은 세계 곳곳의 가격
정보를 받아서 사용자에게 보여주는 프로그램을 만들고 트레이더들이
쉽게 거래할 수 있도록 하는 시스템을 개발하였다.

제럴드 뱀버거Gerald bamberger도 그런 사람 중 하나였다. 콜롬비아대학교에서 컴퓨터 공학을 전공한 그는 모건스탠리Morgan Stanley에서 대형 거래를 처리해주는 소프트웨어를 만들고 있었다. 대형 투자자가 '애플 1만주를 사고 싶습니다'라고 거래를 요청하면 이를 입력 받아 거래소에 보내주는 소프트웨어였다. 거래가 워낙 거대하다 보니 뱀버거는 다양한 거래소와 거래할 수 있도록 연결해야 했고, 그와 동시에 특이한 점을 알게 되었다. 분명 같은 물건인데도 거래소와 국가에 따라서 가격이 다른 것이었다. 시카고에서 금이 1,000달러인데 런던에서는 1,050달러에 거래되고 있었다. 아직 전산화되지 않은 시스템을 가진 사람들은 정보가 느렸기 때문에 이러한 가격 차이가 종종 발견되곤 했다. 이때 뉴욕에서 금을 구입해 런던에 재빠르게 팔면 손쉽게 50달러를 벌 수 있는 것이다. 같은 물건인데 가격이 달라 돈을 벌 수 있는 상황, 즉 아비트라지(arbitrage) 현상이 발생했다.

뱀버거는 이런 현상으로 수익을 내기 시작했다. 미국과 런던에 동시 상장된 주식도 가격이 달라지면 재빠르게 하나를 사고 하나를 팔아 돈을 벌었다. 싱가포르 달러가 어떤 시장에선 70센트인데 어떤 시장에선 73센트인 경우도 있었다. 재빠르게 70센트에 사서 73센트에 팔면 순식간에 돈을 벌 수 있었다. 당시 학계는 에드 소프와 피셔 블랙이 그랬던 것처럼 '시장은 효율적이기 때문에 가격은 아무도 예측할 수 없고 같은 물건은 언제나 같은 값'이라 가정했다. 그러나 실제로 그렇지 않다는 사실을 뱀버거는 몸으로 느끼고 있었다. 시장에는 잠시 잠깐의 틈이 있었고, 이를 이용하면 돈을 벌 수 있었다.

홍분한 뱀버거는 모건스탠리의 상사인 타르탈리아에게 이 사실을 바로 알렸다.

"타르탈리아! 이것 보세요. 짧은 시간이지만 나라별로 가격 차이가 꽤 크게 나는 것을 볼 수 있습니다. 우리의 거래 시스템을 사용하면 순식간에 수익을 올릴 수 있을 거예요."

타르탈리아는 소프트웨어 담당 뱀버거가 시장을 보는 것이 못마땅하였다.

"프로그래머인 너는 잘 모르겠지만, 그건 아직 수수료나 딜레이가 제대로 반영되지 않아서 그런 거야. 트레이더들은 그렇게 멍청하지 않거든? 그런 쉬운 기회가 있다면 당연히 돈을 벌겠지."

"아니요, 수수료와 딜레이 모두 제대로 반영한 모습인 거예요. 저희처럼 빠르게 처리하는 프로그램이 없어서 이 가격 차이가 있는지 모르는게 분명해요. 저희 시스템을 이용해서 거래하면 분명 가능할 거예요!"

하지만 타르탈리아는 끝내 허락하지 않았다. 그는 이미 모건스탠리에서 신뢰를 받고 있었는데 굳이 뱀버거의 제안을 받아들여 위험한 상황을 만들고 싶지 않았다. 게다가 월스트리트에서 보조 부서가 투자나 거래에 대해 말하는 것은 금기였다. 지금은 많이 누그러졌지만, 특히 프로그래머나 수학자들은 괴짜라면서 멸시 당했다. 하지만 뱀버거는 포기하지 않고 결과를 시뮬레이션하는 그래프를 만들어 고위직들을 열렬히 설득했다. 그 결과 뱀버거는 자동 거래 시스템을 만들었고 점점 수익을 내면서 컴퓨터 트레이딩을 하는 조그마한 팀을 맡게 되었다.

물론 뱀버거의 아비트라지 방식은 금세 다른 사람들도 따라 하기 시작했다. 전산화된 회사들도 점점 많아지고 가격 정보가 널리 퍼지면서 누구나 금 가격이 다르다는 것을 알아차리게 되었고 재빠르게 거래하는 회사들도 많아졌다. 수익이 줄어들자 뱀버거는 쉽게 알아차릴 수 없는 시장의 틈을 찾기로 했다. 아비트라지 기회는 많이 줄었지만 시장에는 여전히 여러 가지 틈이 있을 거라 믿었다. 뱀버거는 고객들이 큰 주문을 줄 때 가격이 어떻게 움직이나 관찰하면서 남들이 쉽게 찾을 수 없는 패턴을 찾아보기 시작했다.

"여보세요. 기업 거래팀이십니까? 거래 소프트웨어에 코카콜라 1만주 매수를 입력해 달라고요? 네. 금방 처리하겠습니다."

하루는 코카콜라 주식에 대한 대량 주문이 들어왔다. 뱀버거는 무심코 차트를 보며 소프트웨어를 통해 코카콜라를 대량으로 매수하였다. 그러자 코카콜라 가격이 점점 오르기 시작하였다. 대량 주문이 들어온 주식의 가격이 오르는 것은 당연했지만, 시간이 조금씩 지나면서 이상하게 펩시도 덩달아 가격이 오르는 것이었다. 자세히 보지 않으면 눈치 채기 힘들었지만 코카콜라가 움직일 때마다 펩시도 미묘하게 움직인다는 사실을 알게 되었다.

"코카콜라가 오를 때 펩시가 오른다니? 그럼 코카콜라가 오를 때 펩시를 매수하면 어떨까?"

뱀버거는 다음 코카콜라 대량 주문이 왔을 때 펩시를 매수하였다. 그런데 뱀버거의 예상과 다르게 이번엔 펩시는 움직이지 않고 코카콜라만 잠깐 올랐다가 다시 떨어졌다.

이런 현상을 몇 번 관찰하고 깨달은 사실이 있었다. '펩시와 코카콜라의 가격 차이는 유지된다'라는 것. 코카콜라의 가격이 오르면 펩시와 코카콜라 간에 간격이 발생하므로 코카콜라 가격이 다시 떨어지든 펩시 가격이 오르든 원래 간격으로 되돌아갔다. 간격이 벌어지더라도 평균적인 간격으로 다시 돌아오는 평균회귀(Mean-reverting) 현상이 일어나는 것이다.

뱀버거는 이 짧은 틈을 이용해보기로 했다. 코카콜라와 펩시의 틈이 벌어지면 낮은 쪽을 사고 높은 쪽을 팔았다. 코카콜라가 올랐을 때 펩시가 오를지 코카콜라가 떨어질지 모르기 때문에 두 거래로 성공시키는 알고리즘이었다. 틈이 다시 돌아오면 바로 다시 정리를 하였다. 결과는 대성공이었다. 뱀버거의 프로그램은 코카콜라와 펩시가 벌어진 틈을 재빠르게 탐지해 다시 좁혀지도록 만들었다. 뱀버거는 자신의 프로그램을 고쳐서 코카콜라와 펩시처럼 통계적으로 비슷하게 움직이는 쌍을 찾기 시작했다. 그리고 GM과 포드, IBM과 애플 등등 수많은 쌍을 찾을 수 있었다. 물론 이런 쌍들은 시간이 지나면 관계가 무너지기도 하기 때문에 언제나 데이터를 분석해서 업데이트했다. 뱀버거의 모건스탠리 팀은 무섭게 성장해 큰 수익을 내기 시작했다. 1983년 9월, 팀의 자산은 4백만 달러였고 1984년 1월엔 1천만 달러를 돌파했으며 1985년에는 3천만 달러까지 뛰었다.

뱀버거의 알고리즘은 혁명적이었다. 이전까지는 에드 소프, 피셔 블랙을 포함한 모든 경제학자들이 효율적 시장 가설을 믿고 있었다. 시장에는 모든 정보가 이미 반영돼 있고 무작위로 움직여 예측할 수가 없다고 말이다. 그러나 뱀버거가 거래 상황에 따라 찰나의 틈이 발생할 수 있음을 증명해냈다.

두 주식으로 쌍을 만들어 틈이 발생하면 바로 거래하는 알고리즘, 바로 페어(Pair) 트레이딩의 시초이다. 뱀버거는 그 후 승승장구하며 모건스탠리의 실세가 되었다. 그는 자신의 비밀스러운 퀀트 조직을 APT(Automated Proprietary Trading)라고 명명하고 미국뿐만 아니라 세계 시장에서 생긴 불균형 쌍을 찾아서 거래하기 시작했다.

◇ ◇ ◇

"어이, 타르탈리아. 요즘 자네 밑에 있던 뱀버거인가 뭔가가 엄청난 수익을 내고 있다며? 모건스탠리에서는 차기 디렉터로 뱀버거를 거론하기도 한다던데?"

"하하. 이사님. 제가 다 지시한 사항들입니다. 뱀버거는 프로그래머 출신인데 투자에 대해 뭘 알겠습니까?"

"그래? 그래도 그 정도 수익률을 낼 정도면 어느 정도 실력이 있다는 것 아닌가?"

"음…… 사실 저도 그 부분에 대해서 의논드릴 부분이 있습니다. 뱀버거가 제가 지시한 부분 외에 자기 마음대로 거래를 시도하기 시작하였습니다. 사실 그는 거래를 해서 잃은 적이 없는 프로그래머일 뿐입니다. 잃어보지 않은 투자자의 최후를 알지 않으십니까? 욕심으로 큰 손해를 입게 되지요. 마치 LTCM처럼 말입니다."

"그렇다면 큰일 아닌가?"

"맞습니다. 당장 뱀버거에게 책임을 묻고 떠나게 하는 것이 좋을 것 같습니다."

뱀버거가 승승장구할 동안 타르탈리아가 그를 시기하기 시작했다. 이미 신뢰를 받고 승진을 약속 받았던 타르탈리아의 자리를 뱀버거가 위협

했기 때문이다. 자칫 자신의 자리까지 위험해질 수 있다고 생각한 타르탈리아는 모건스탠리 수뇌부들을 설득했다. 전산처리 출신인 뱀버거에게 큰 거래를 맡기는 것은 위험하다고. 결국 큰 수익을 내던 뱀버거의 퀀트 팀은 타르탈리아의 손에 넘어가고 뱀버거는 자신의 프로그램을 전부 남겨 둔 채 모건스탠리에서 쫓겨나게 되었다.

뱀버거는 자신의 알고리즘의 새로운 보금자리를 찾기 시작했다. 그리고 신문 광고에서 에드 소프가 낸 광고를 보게 되었다.

> *"퀀트를 모집합니다. 확률 베팅에 능하고 리스크 관리가 철저한 사람 환영"*

당시 에드 소프는 자신의 헤지펀드인 '프린스턴 뉴포트 파트너스'에서 워런트 자동화 시스템으로 연평균 22% 정도의 엄청나고 꾸준한 수익을 내고 있었다. 그러나 워런트 시장이 알려지고 포화상태에 이르면서 새로운 알고리즘의 필요성을 느끼기 시작했다. 뱀버거는 소프의 명성은 익히 알고 있었을 뿐만 아니라 워런트 시스템을 직접 만들 정도로 열정이 넘친다면 여느 월스트리트의 투자가들이 그랬듯 자신을 컴퓨터 전문가라고 무시하진 않으리라 생각했다.

"모건스탠리에서 온 뱀버거라고 했던가. 자기소개를 해보게."

"자기소개보다는 인공지능 소개가 더 관심 있지 않으시겠어요?"

"하하. 좋네. 자네의 인공지능 소개를 한 번 들어볼까?"

뱀버거는 트랜스포머의 악당 디셉티콘 장난감을 주머니에서 꺼냈다.

"제 인공지능은 모건스탠리 수뇌부도 두려워할 만한 무시무시한 힘을 가지고 있죠."

면접을 본 소프는 단번에 그가 자신이 찾는 인재라는 것을 알았다. 뱀버거는 키가 크고 유머감각이 뛰어났으며 인상도 좋은 유태계 사람이었다. 소프만큼이나 뱀버거도 특이한 사람이었는데, 그는 6년 동안 점심에 참치 샌드위치만 먹고 살았다고 한다. 소프는 그가 골초라는 사실 외에는 모든 점이 마음에 들었다. 뱀버거의 알고리즘은 소프가 오랫동안 머릿속에 구상하던 아이디어기도 했고 워런트 시스템으로 여러 가지 첨단 기술을 가지고 있었기에 그와 함께 일하기로 결정하고 뱀버거와 소프, 레건의 중간 이름 머리글자들을 따서 뱀버거 오클리 서턴 증권^{Bamberger} $^{Oakley \ Sutton \ Securities}$, BOSS 파트너스를 설립했다. 물론 사무실에서 담배를 피우지 않는다는 조건을 걸고였다.

소프는 BOSS 파트너스를 위해 40평이 되는 컴퓨터실을 만들고 2백만 달러가 넘는 슈퍼컴퓨터들을 설치하였다. 그곳에는 기가바이트급 하드디스크가 몇십 개씩 있었는데 그 크기가 세탁기만 하였다. 당시 가정용 일반 컴퓨터의 하드디스크는 10메가바이트 정도였다. 컴퓨터 CPU는 그보다 더 커서 냉장고만 했다. 소프는 귀중한 컴퓨터실을 보호하기 위해 할로겐 시스템도 설치하였는데, 컴퓨터실이 침수되거나 불이 나면 바로 할로겐 가스가 80초 동안 분사되어 컴퓨터가 손상되는 것을 막아주었다. 흡연자인 뱀버거는 민감한 컴퓨터실에 들어가지 않는 걸로 합의하였다.

뱀버거가 모건스탠리에서 쫓겨나 소프와 손을 잡았던 1985년, BOSS 파트너스는 28%의 수익률을 내면서 엄청난 성공을 거두었다. 슈퍼컴퓨터를 통해 통계적으로 이어져 있는 세계의 수많은 증권들의 쌍을 찾아냈다. 코카콜라와 펩시는 물론 호주 달러와 옥수수 가격 간의 관계까지 계산해서 어느 한 쌍이라도 과거 통계보다 넓어지거나 좁아지면 컴퓨터가 바로 탐지해 거래하였다. 전부 다 통계대로 움직이는 것은 아니었지만 짧은 시간 동안 벌어진 틈만 탐지해 거래했기 때문에 일단 벌어진 틈을 찾기만 하면 확실한 수익으로 돌아왔다. 그들은 이러한 전략을 통계적 차익거래(Statistical Arbitrage)라고 부르기 시작했다. 그리고 2,300개의 가격들을 동시에 측정해 통계적 틈을 찾는 30평짜리 크기의 인공지능 이름을 'STAR'라고 지었다. '통계적(Statistical)'과 '차익거래(Arbitrage)' 앞글자인 St와 Ar을 따서 만든 것이다.

STAR는 1988년까지 큰돈을 벌었다. 수백 억의 자산을 축적한 뱀버거는 더 이상의 돈은 필요가 없다며 인생을 즐기기 위해 BOSS 파트너스를 떠난 후 교수가 되었다. 뱀버거가 활동한 시간은 1980년대 중후반밖에 되진 않지만 그가 만들어낸 통계적 차익거래 알고리즘은 30년이 지난 지금까지도 가장 유명하고 강력한 퀀트 알고리즘으로 전해지고 있다. 뱀버거의 굉장한 수익률과 슈퍼컴퓨터도 훌륭했지만, '모든 주식은 무작위이고 절대로 예측할 수 없다'라는 기존 경제학자들의 통념을 뒤집고 '주식은 잠깐의 정보 차이로 틈이 생기고 이를 찾으면 돈을 벌 수 있다'라는 혁명적인 시각을 보여준 것이 더더욱 대단하였다. 사람들은 이렇게 생긴 틈을 '알파'라고 부르기 시작했다. 이 '알파'를 찾으면 다른 사람이 볼 수 없는 패턴을 찾은 것이고, 이를 이용해서 거대한 부를 얻을 수 있게 되는 것이다. 수많은 퀀트들이 뱀버거의 성공을 보며 '알파'라는 증권시장의 성배를 찾기 위해 뛰어들기 시작했다.

QUANT NOTE

제101번
알고리즘 설계도
-
뱀버거의 페어 트레이딩 알고리즘

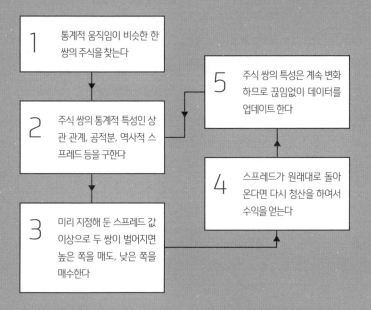

1 통계적 움직임이 비슷한 한 쌍의 주식을 찾는다

2 주식 쌍의 통계적 특성인 상관 관계, 공적분, 역사적 스프레드 등을 구한다

3 미리 지정해 둔 스프레드 값 이상으로 두 쌍이 벌어지면 높은 쪽을 매도, 낮은 쪽을 매수한다

4 스프레드가 원래대로 돌아온다면 다시 청산을 하여서 수익을 얻는다

5 주식 쌍의 특성은 계속 변화하므로 끊임없이 데이터를 업데이트 한다

페어 트레이딩 알고리즘은 역사적으로 움직임이 비슷한 한 쌍의 주식의 가격이 벌어졌을 때 거래하는 통계적 차익거래 전략이다. 대표적으로 펩시와 코카콜라, GM과 포드, 구글과 아마존 등이 있다. 데이터를 통해서 이들 가격 정보의 상관관계(Correlation)와 공적분(Cointegration)을 구한 뒤에 일정 수치 이상이면 움직임이 서로 연관되어 있거나 거의 비슷하다고 가정한다.

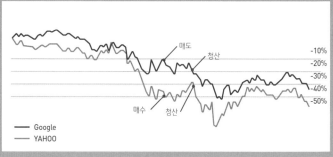

매도
청산
-10%
-20%
-30%
-40%
-50%
매수
청산

— Google
— YAHOO

출처: 야후 파이낸스, 2005년 1월-7월 정규화 수익

이 예제는 구글과 야후의 페어 트레이딩 알고리즘을 보여주는 것이다. 둘의 데이터를 비교하기 위해서는 주가를 직접 비교하는 것보다 시장과의 노출도인 베타나 로그 수익 등으로 정규화를 시킨 뒤에 비교해야 정확하다. 이제 리서치를 통해 결정한 스프레드 역치보다 더 많이 벌어졌을 경우, 떨어진 주식을 매수하고 올라간 주식을 매도한다. 위의 경우 구글을 매도하였고 야후를 매수하였다. 이 경우 다시 스프레드가 일정 수준으로 복귀하면 다시 청산해 수익을 얻을 수 있다. 그러나 이러한 통계적인 특성은 금세 변할 수 있고 항상 스프레드가 유지된다는 보장이 없기 때문에 예상과 다르게 흘러 갔을 때의 시나리오에도 항상 대비해야 한다.

고속 알고리즘의 등장

뱀버거의 은퇴 후 통계적 차익거래 기법은 널리 퍼져나가기 시작했다. 뱀버거의 시스템을 얻게 된 모건스탠리의 타르탈리아는 더 큰돈을 벌기 위해 뱀버거의 알고리즘과 뉴욕 증권거래소에 새롭게 출범한 자동거래시스템 슈퍼DOT에 연결시켜서 거래 속도를 빠르게 만들었다. 타르탈리아의 APT는 이를 통해서 주식 쌍의 통계적 특성을 빠르게 계산하고 그 틈을 발견하는 즉시 거래를 자동으로 보낼 수 있게 되었다. APT의 거래량은 엄청난 속도로 증가해 뉴욕거래소 거래의 5%를 차지한 적도 있다. 뱀버거가 떠난 1985년, APT는 6백만 달러의 이득을 얻었고 1986년에는 그것의 7배인 4천만 달러를 벌면서 타르탈리아의 입지는 견고해졌다. 타르탈리아는 여기서 만족하지 않고 다양한 고속 처리 전문가를 뽑아 APT 알고리즘을 첨단화시키기로 결정했다.

타르탈리아는 콜롬비아대학 교수로 재직 중이던 컴퓨터 천재 데이비드 쇼$^{David Shaw}$ 박사를 영입했다. 쇼 박사는 스탠퍼드에서 빅데이터나 복잡한 문제를 고속 병렬 처리하는 분야를 연구했던 전문가였다. 쇼는 금융에 대해 큰 관심이 없었으나 APT가 거대한 데이터를 이용해 찾아낸 주식시장의 틈으로 돈을 버는 것에 흥미를 느꼈다. 그는 자신의 여러 가지 통계적 지식을 이용해 APT 알고리즘의 수익을 올려줄 수 있는 아이디어를 타르탈리아에게 건의하였다. 하지만 이번에도 역시 타르탈리아는 쇼가 실제 거래 경험이 없는 프로그래머일 뿐이라며 기회를 주지 않았다. 게다가 APT의 기술이 밖으로 유출될 것을 염려한 나머지 거래 기회를 자신과 가까운 극소수에게만 개방했다.

　쇼는 자신이 만든 아이디어를 시험해보고 싶었다. 그래서 계획을 세우게 된다. 1987년 9월 어느 날, 모건스탠리의 고위직들에게 APT의 고속 알고리즘과 병렬 처리에 대해 발표하는 일정이 잡힌 것이었다. 쇼는 평소와 다름없이 그들에게 기술적인 부분을 설명했다.

　"디렉터 여러분, 안녕하십니까? 오늘은 APT의 고속 처리 알고리즘에 대해 설명해드리려 합니다. 현재 APT에는 CPU가 50개가량 있는 고속 컴퓨터가 있습니다. 이들을 효율적으로 관리하기 위해 각 기업의 데이터 크기순으로 정리한 다음 분산시켜서 처리하도록 하고 있습니다……"

　쇼는 잠시 말을 멈추고 크게 숨을 한 번 몰아쉬고는 자신이 만든 통계적 차익거래 전략 아이디어를 갑자기 설명하기 시작했다.

　"이러한 고속 처리 알고리즘을 변형시켜서 기존의 APT 알고리즘인 한 쌍을 거래하는 것이 아닌, 5개나 10개, 20개 단위 묶음으로 거래하기 시작한다면 좀 더 많은 기회를 포착할 것이라고 생각합니다. 제가 계산한 시뮬레이션에 의하면 수익률은 대략……"

　"자, 잠깐 쇼 박사! 지금 뭐하는……"

당황한 타르탈리아와 트레이더들은 그를 제지하려 했으나 워낙에 고위층들이 모인 자리인지라 딱히 막지는 못했고 회의가 끝난 후 쇼에게 분노를 감추지 못하였다. 당시 프로그래머나 시스템 관리자들은 철저히 보조만 해야 했으며 거래에 대한 생각을 하는 것도 금기시될 정도로 그들에게는 벽이 있었다. 그런데 쇼가 이 선을 넘어버린 것이었다.

"쇼 박사. 당신의 거래 아이디어는 잘 들었소. 하지만 여러 개 단위로 묶어서 거래한다면 수수료가 굉장해지기 때문에 불가능한 전략이오. 거래 같은 걸 잘 모르는 프로그래머라 이해는 하지만 앞으론 이런 일이 없었으면 하오."

안타깝게도 모건스탠리 고위층도 타르탈리아와 비슷한 생각이었다. 직접적인 거래 경험이 없던 쇼의 아이디어를 망상에 빠진 어린아이의 말인 양 흘려들었다. 그 뒤에도 쇼는 몇 번의 접촉을 시도하였으나 결국 모건스탠리에서는 더 이상의 미래가 없다고 생각하고서 바로 사표를 던졌다. 쇼를 잠재적 경쟁자로 인식하였던 타르탈리아는 흔쾌히 사표를 받아들였다.

쇼의 저주 때문이었을까? 쇼가 떠난 직후 APT의 시스템에 블랙 먼데이가 찾아왔다. 물론 APT 같은 통계적 차익거래는 짧은 틈을 이용하는 알고리즘이기 때문에 심각한 타격을 받지 않았지만 자금력에 문제가 생긴 모회사 모건스탠리는 APT의 자금을 70% 삭감하였다. 갑작스럽게 수익이 떨어지자 조바심이 난 타르탈리아는 예전과 같은 거래 규모를 유지하기 위해서 8배나 되는 대출 거래를 하게 된다. 이럴 때 캘리 공식은 항상 마수를 뻗쳤다. 제아무리 승률이 70%에 육박하는 통계적 차익거래 전략도 몇 번의 패배가 연속되면 큰돈을 잃기 마련이다. 1989년 돈을 잃기 시작하면서 평정심을 잃은 타르탈리아는 그해 말에 모건스탠리에서 쫓겨나게 됐고 APT는 문을 닫았다.

한편 데이비드 쇼는 자본금을 모아 1988년 자신의 이름을 딴 헤지펀드 D.E.Shaw를 런칭하였다. 그는 뱀버거의 페어 트레이딩 전략을 발전시켜서 한 쌍의 주식뿐만 아니라 5개, 10개, 20개 등의 묶음의 주식 안에서 서로 간의 영향을 분석하고 이들 묶음 안에서 통계적 틈이 발생하면 재빠르게 거래해 수익을 내는 방식을 사용하였다. 예를 들어 스마트폰 산업군에 있는 삼성전자, HTC, 애플을 한데 묶은 다음 서로 간의 영향을 통계적으로 계산하는 것이다. 그리고 삼성전자에 관한 뉴스로 인해 그 관계가 깨졌을 때 재빨리 거래해 수익을 내는 방식인 것이다. 쇼의 방식은 APT의 방식보다 수수료가 비쌌지만 안전하고 다양한 조합으로 큰 수익을 올릴 수 있었다.

쇼는 거기서 멈추지 않고 수많은 과학자와 엔지니어를 고용하여 최첨단 기술을 이용해 거래하였다. 그의 전문 분야였던 분산 처리와 슈퍼컴퓨터를 이용한 고속 계산은 물론 인터넷과 통신망에 대한 빠른 도입도 시도하였다. 그는 자신의 회사가 헤지펀드라고 불리는 것을 매우 싫어했다. 그저 최첨단 기술을 이용한 연구를 하는 연구실이고, 금융은 단지 첫 적용 분야일 뿐이라고 하였다. 그들은 통계적 차익거래를 다양한 방식으로 발전시키기 시작했다.

데이비드 쇼가 뽑은 유명한 퀀트로는 현재 아마존의 CEO인 제프 베조스$^{\text{Jeffrey Preston Bezos}}$가 있다. 베조스는 프린스턴대학교에서 물리학과 전자공학을 공부하고 월스트리트의 몇몇 회사를 거치다 디이쇼로 합류하게 된다. 그는 쇼 박사처럼 굉장히 꼼꼼하고 분석적인 성격을 가졌기 때문에 서로 이내 둘도 없는 친분을 쌓게 되었다. 베조스는 다양한 데이터를 계량화하는 퀀트였는데, 심지어 사교댄스 클럽에서 여자를 만날 확률을 높이는 모델을 만들기 위해 시장의 거래 흐름 모델을 적용시켰다는 유명한 일화도 있다. 그는 디이쇼에 큰 수익을 안겨다주면서 최연소 부사장이 되고 연봉은 100만 달러에 이르게 되었다. 그러다 디이쇼에서 인터넷에 관련한 연구를 하면서 한 해 만에 인터넷 패킷 유입량이 2,300배 증가하는 것을 보고 퀀트 일을 그만두고 아마존을 창업하게 된다.

데이비드 쇼는 큰 틈을 찾기보다는 작은 틈을 조합하는 방식을 선호했다. 고도의 컴퓨터 시스템을 이용해 다양한 틈을 조합하여 다른 사람들은 수수료 때문에 수익이 나지 않을 만한 상황도 모두 수익 기회로 바꾸었다. 데이비드 쇼는 2015년에 약 1조에 가까운 연봉을 받았고 디이쇼는 현재까지도 평균 22%의 수익, 40조의 자금을 운용하는 강력하고 거대한 퀀트 헤지펀드로 남아 있다.

◇ ◇ ◇

컴퓨터 시스템을 이용한 금융시장 분석이 유행하기 시작하자 데이터 통계 분석을 은행이나 연금회사에 제공하는 첨단회사들이 생겨났다. 이들은 회사의 이익이나 매출, 부채, 직원 수 등을 분석해 이용하기 쉬운 앱으로 만든 다음 고객사에게 제공하였다.

1980년대 중후반 이처럼 수학적 분석을 제공하는 회사 중 선구자는 캘리포니아의 BARRA였다. 버클리대학의 교수였던 바 로젠버그[Barr Rosenberg]가 1974년에 설립한 이 회사는 '주식의 움직임은 분명 설명 가능할 것'이라는 믿음에서 비롯되었다. 물론 1970년대까지만 해도 이러한 분석은 그다지 힘을 얻지 못했다. 당시 주식시장은 이미 효율적이어서 움직임을 예측하는 일은 불가능하고 완전히 랜덤이라는 이론이 득세했기 때문이다. 움직임을 예측하기보다 적정 가격을 책정하는 블랙-숄즈 이론이 훨씬 더 유행하고 있던 시기였다.

그러나 1980년대 중반부터 뱀버거의 통계적 차익거래가 유행하면서 시장의 틈을 알아내기만 하면 짧은 움직임을 예측할 수 있다는 사실이 퍼지기 시작했다. 처음에는 이 틈을 알아내기 위해 두 쌍의 주식을 묶어 서로의 관계를 살펴보았다. 그러다가 쇼 박사처럼 여러 개의 주식을 묶어서 관계를 보는 방법까지 발달한 것이다.

바 로젠버그는 조금 다르게 접근하기로 했다. 그는 모든 움직임엔 원인이 있다고 믿었다. 오늘 월마트 주식이 5% 상승했다면 여러 가지 원인이 복합적으로 작용했기 때문일 것이었다. 우연이란 것은 없다. 그는 지난 과거 데이터를 기반으로 주식이 어떤 요인에 영향을 받는지, 얼마나 민감하게 반응하는지 체크하기 시작했다.

월마트는 거대 기업이기 때문에 뉴스에 민감하게 반응하지 않는다. 그러나 유통업계의 선구자기 때문에 유통업계가 상승하면 함께 상승했다. 엄청난 직원 수에 부채가 적지 않은 편이라 금리와 관련된 요인에도 민감하게 반응했다. 과거 데이터를 이용해 이러한 점을 체크하고 민감도를 정확하게 수치화시켰다. '유통업계 비율 12%, 금리 5%, 미국 경제 상황 22%, 월마트 자체 매출 38%……' 이런 식으로 말이다. 이렇게 분석을 하면 월마트 주식이 10% 상승했을 때, 유통업계의 호재로 상승한 부분이 1.2%라는 사실을 알 수 있는 것이었다.

BARRA의 요인 분석은 수많은 은행과 연금회사에서 환영 받았다. 은행은 리스크를 최대한 분산시키고 싶어 하기 때문이었다. 같은 산업의 주식을 너무 많이 가지고 있다가 산업이 위기에 빠지면 은행 또한 마찬가지로 큰 위험에 빠진다. BARRA는 이러한 상황을 막을 수 있도록 각 주식이 정확히 어느 정도 영향을 받는지 알려주었다. 예전에는 전자제품 시장과 자동차 시장에 반씩 투자하고 싶으면 대충 HP 반, GM 반 샀지만 BARRA의 분석이 등장한 뒤로 38:62와 같은 식으로 민감도에 비례해서 샀다. BARRA는 자신들이 가진 빅데이터 기술을 이용해 요인별 민감도 표를 빠르게 만들었다. 다른 회사들이 따라올 수 없을 정도의 선진 기술이었다.

1986년 BARRA에 한 신입사원이 등장했다. 피터 멀러$^{Peter\ Muller}$라는 이 프로그래머는 프린스턴을 졸업한 수재였다. 멀러는 고등학교 3학년 때 보드게임 프로그램을 만들었는데 너무 잘 만든 나머지 수학 선생이 다른 사람의 프로그램을 베낀 것이 아니냐고 다그칠 정도였다. 그는 여행과 음악을 좋아해 어렸을 때부터 유럽이나 남미 등을 자주 여행했고 재즈 클럽에서 피아노를 연주하기도 했다. 10살 때는 '런던에서 독일 마르크화를 산 다음 독일에서 다시 달러로 바꾸면 돈을 벌 수 있지 않느냐'며 아버지에게 물어보기도 했다. 아비트라지에 대한 직관력이 있었던 것이다.

1985년 대학을 졸업했다. 멀러는 차를 몰고 뉴욕에서부터 캘리포니아까지 대륙 횡단을 하였다. 독일 소프트웨어 회사에 이미 취직한 상태였지만 캘리포니아의 따뜻한 날씨와 여유로움에 빠져 출근을 계속해서 미루던 때였다. 그는 캘리포니아 바닷가에서 비치발리볼을 하는 여자들에게 둘러싸여 전자피아노를 치는 삶에 흠뻑 빠져 있었다. 결국 소프트웨어 회사 입사를 취소하고 리듬체조 팀의 음악 감독으로 취직해 배경음악을 연주하는 일을 즐기게 되었다. 하루하루 음악과 함께하는 일이 즐거웠지만 현실적으로 집세와 숙식비를 감당하기 힘들었다.

도저히 생활비를 감당할 수 없었던 멀러는 돈을 벌 만한 일을 찾아서 지역신문 광고를 둘러보다가 BARRA가 낸 공고를 보게 되었다. 그들은 컴퓨터 언어인 포트란을 잘 다루는 프로그래머를 구하고 있었는데 연봉이 상당했다. 멀러는 포트란과 BARRA에 대해 아는 것이 없었지만 금방 배울 수 있다는 자신감으로 바로 지원했다. 그리고 면접에서 그의 자신감 넘치는 태도에 감명 받은 BARRA 측에서는 그를 바로 채용하기로 결정했다.

멀러는 BARRA 생활이 만족스러웠다. IT회사나 다름없이 청바지에 면티를 입고 출근할 수 있었고 점심시간에는 호숫가에서 동료들과 샌드위치를 먹곤 했다. 퇴근 후에는 재즈 클럽에 나가 피아노를 연주했고 주말에는 버클리의 멋진 술집이나 아이스크림 가게에서 시간을 보냈다. 포트란의 고수가 된 멀러는 얼마 되지 않아 BARRA의 핵심 인물이 되어 1991년에는 연봉이 억대 이상이었다. 부족할 것 없는 삶이었다.

여느 날과 마찬가지로 여러 가지 프로그램을 개발하던 멀러는 문득 BARRA의 주식 요인 분석에 대해 궁금해졌다. 그는 잠시 음악에 대한 열정을 접고 남는 시간에 피셔 블랙, 로버트 머튼, 유진 파마 등 금융 거장들에 대한 서적들을 탐독하면서 주식 분석에 대한 지식을 쌓기 시작했다. 그동안 개발되었던 여러 가지 프로그램들의 원리를 이해하게 되었고 많은 고객사들이 이 프로그램을 원하는 이유 또한 알게 되었다. 그들은 자신이 투자한 주식에 대한 위험을 관리하기 위해서 요인 분석을 이용하고 있었다.

멀러는 이러한 요인에 따른 움직임을 위험 관리에 사용하지 않고 통계적 차익거래 방식과 합치면 큰돈을 벌 수 있을 거라고 확신했다. 뱀버거나 쇼 박사의 통계적 차익거래 방식은 다른 주식과의 관계에서 틈을 찾았다. 그러나 멀러는 다른 주식과의 관계만을 보는 것이 아니라 좀 더 커다란 영향, 즉 요인들을 분석해서 통계적으로 벗어난 틈이 보일 때 거래하는 방식을 고안해냈다. 멀러는 이러한 기법으로 수익을 내는 비즈니스를 상부에 제안했다. BARRA가 다른 회사를 위해 분석 자료를 제공해주는 것뿐만 아니라 수익까지 내는 헤지펀드로 거듭날 수 있는 장대한 계획이었다. 멀러는 이미 머릿속으로 어떤 사람들과 함께 비즈니스 팀을 이끌어 나갈지 정해놓기까지 했다.

그러나 BARRA는 그의 제안을 거절했다. 이미 그들은 탄탄대로를 걷고 있었고 곧 상장을 할 예정이었기 때문에 굳이 위험한 비즈니스를 하고 싶지 않았던 것이었다. 상장을 준비하면서 회사는 활력이 많이 줄어들었다. 더 이상 창의적인 일도 하지 않았고 투자자들에게 잘 보이기 위해 복장도 관리하기 시작했다. 멀러는 BARRA를 그만두었다. 그리고 그의 거래 알고리즘을 시도해볼 만한 회사를 물색했다. 때마침 타르탈리아와 쇼 박사가 떠난 모건스탠리가 그에게 응답하였다.

1991년 멀러는 몇 년 전까지만 해도 뱀버거와 타르탈리아가 있었던 그 빌딩으로 출근하게 된다. APT는 사라졌지만 고성능 컴퓨터들과 유닉스 서버들이 여전히 그곳에 자리하고 있었다. 모건스탠리 생활은 BARRA와 완전히 달랐다. 모두들 정장을 차려 입고 숨 가쁘게 일하고 있었고, 한시도 한눈파는 것을 용납하지 않았다. 전화기를 서로 쓰겠다고 싸우는 일도 잦았다. 멀러는 자신의 팀 이름을 프로세스 중심 트레이딩$^{Process Driven}$ ^{Trading}, 줄여서 PDT로 정하고 BARRA에서 고안해낸 요인 분석 요법을 이용한 알고리즘을 실제로 개발해 거래를 시작했다.

그의 알고리즘 원리는 이러했다. 먼저 어떤 주식의 움직임을 다양한 데이터와 고성능 컴퓨터를 이용해 요인 분석을 한다. 이를테면 애플의 주식 움직임은 데이터에 따르면 통계적으로 시가 총액, 직원 수, 전자기기 시장, 미국 수출 현황에 영향을 받는다. 현재 애플 주식이 10% 상승했는데 요인 분석에 의하면 시가 총액에 의해 6%, 직원 수에 의해 1%, 전자기기 시장에 의해 -4%, 미국 수출 현황에 의해 8% 정도 상승해야 한다는 분석 결과가 나왔다고 가정하자. 통계적 요인 분석에 따르면 6% + 1% - 4% + 8%로 11% 상승해야 한다. 그러나 현재 10%만 상승하였다. 즉, 1%가 아직 덜 상승한 것이다. 이런 상황에서는 애플 주식을 사는 것이다.

모건스탠리에는 고속 컴퓨터 외의 시스템이 거의 없었다. 멀러는 백지 상태에서 사업을 구축해야만 했다. 그는 MIT 산업 공학 석사를 마친 킴 엘세서$^{Kim Elsesser}$라는 프로그래머를 채용한 뒤 함께 시스템을 구축하기 시작했다. 빅데이터를 이용한 요인 분석 알고리즘을 작성하고 세계 각지의 증권사 및 거래소의 전산망과 연결했다. 멀러가 대부분의 알고리즘을 설계하였고 엘세서는 프로그래밍을 도맡았다. 미국에서부터 거래를 시작하고 일본과 런던 그리고 마지막으로 파리를 추가하였다.

처음엔 아무것도 작동하지 않았다. 이론적으로는 굉장했지만 현실 거래는 혹독하였다. 요인 분석을 하는 속도가 너무 느려서 거래하려고 하면 시장의 상황이 이미 변한 경우가 많았다. 게다가 거래 비용이 너무 커서 수익은 1% 낼 수 있는데 수수료가 2%라 오히려 손해일 때도 있었다. 설사 수익을 내더라도 시스템 곳곳에서 오류가 발생해 다시 손실을 내곤 하였다. PDT는 1년이 지나도록 제대로 된 수익조차 내지 못했다.

1993년 PDT를 해체시키려는 고위직을 열심히 설득해가며 멀러는 알고리즘을 열심히 고쳤다. 모건스탠리에게 밉보이지 않기 위해 평소에는 잘 입지도 않던 정장을 입고 일했다. 요인 분석 시스템을 좀 더 철저하게 바꾸고 데이터의 정밀도도 신경을 썼다. 다른 회사에게 대략적인 숫자만 제공하는 BARRA에서는 숫자가 정밀할 필요가 없었기에 데이터도 아주 깨끗하지는 않았지만, 직접 거래를 하려면 1%의 오차도 허용하면 안 됐다. 멀러와 엘세서는 요인 데이터를 정립하는 데 엄청난 노력을 쏟았다. 그리고 마침내 노력이 결실을 맺어 그해 말, 최초로 1백만 달러를 벌어들였다. 큰 수익은 아니었지만 최초의 수익이라는 점에서 그들은 싸구려 와인으로 사무실에서 축하 파티를 열었다.

1994년 초, 멀러는 PDT를 좀 더 키우기로 결심한다. 그는 수학 과학 천재들을 불러들여서 자신의 알고리즘을 더욱 향상시킨다. 프린스턴 전기공학 박사 마이크 리드[Mike Reed], 스탠포드 산업 공학 박사 켄 닉커슨[Ken Nickerson], 프린스턴 프로그래밍 고수 샤킬 아메드[Shakil Ahmed] 및 MIT 전기공학 석사 에미이 웡[Amy Wong] 등이 PDT에 합류하였다. 이 작은 퀀트팀은 곧 모건스탠리에서 가장 수익이 좋은 팀이 된다.

멀러의 드림팀은 거래 기회를 포착하는 일에서부터 수익률 계산까지 모두 자동으로 하는 트레이딩 시스템을 만든다. 이 인공지능의 수익률은 엄청나서 매일매일 돈을 찍어내는 기계 같았다. 그들은 이 인공지능에게 손만 대면 금으로 변하는 신에서 유래한 '마이다스'라는 이름을 지어주었다. APT의 사례에서 교훈을 얻어 절대 무리하게 거래하지 않았고 즉흥적인 결정은 자제하였다. 한번은 마이더스의 계산 결과를 무시하고 즉흥적으로 거래했다가 큰돈을 잃은 뒤로 아무리 계산 결과가 마음에 들지 않더라도 그대로 따르게 되었다. 처음에는 이상하게 보여도 결국엔 옳은 경우가 많았다.

PDT의 수익률이 엄청나지자 이 수익 기법을 알아내려는 스파이들이 나타났다. 몰래 6층에 들어와서 둘러보고 가는 상위층 인물도 있었고 신입사원 중에 수상한 사람도 있었다. 멀러는 철저하게 직무를 분류해서 자신의 업무 외에는 다른 부분을 알 수 없게 하였고 핵심적인 알고리즘은 자신이 직접 관리했다.

PDT의 성공은 그룹원들을 부유하게 만들었다. 멀러는 맨해튼 트라이

베카에 최고급 아파트를 구입했고 코넥티컷 주 웨스트포트에 해변 별장을 사들였다. 세계 곳곳을 여행하며 호화 파티를 열었고 심지어 PDT 사무실에 인공폭포를 설치하기도 하였다.

그는 전설적인 인물이 되었다. 2000년까지 멀러는 모건스탠리에 10억 달러를 벌어다 주었고 PDT는 퀀트전국시대의 선구자 중 하나로 이름을 날리게 됐다. 다양한 회사에서 그의 요인 분석형 통계적 차익거래 알고리즘을 사용하기 시작했지만 자신만의 정교한 요인 모델을 가진 PDT는 여전히 승승장구하고 있다.

QUANT NOTE

제124번
알고리즘 설계도
-
다변인 모델 통계적 차익거래 알고리즘

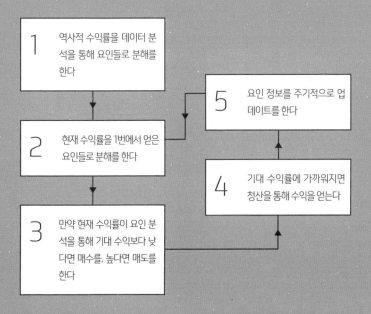

1 역사적 수익률을 데이터 분석을 통해 요인들로 분해를 한다

2 현재 수익률을 1번에서 얻은 요인들로 분해를 한다

3 만약 현재 수익률이 요인 분석을 통해 기대 수익보다 낮다면 매수를, 높다면 매도를 한다

4 기대 수익률에 가까워지면 청산을 통해 수익을 얻는다

5 요인 정보를 주기적으로 업데이트를 한다

다변인 모델(Multi-factor model), 혹은 팩터 모델이라고 부르는 방식은 자산 관리에서 많이 쓰이는 방식이다. 세가지 요인을 사용하는 파마-프렌치의 3 팩터 모델(Fama-french 3 factor model)이 가장 유명하다, 현재 주가에 영향을 주는 여러 가지 위험 요인(Risk factor)들을 데이터 분석을 통해 알아내고 이 위험 요인 분석에서 통계적으로 벗어났을 경우 알파로 간주하고 수익을 내는 구조이다. 요인 분석에는 주로 주성분 분

석(PCA Analysis) 같은 것을 이용한다. 또한 위험 요인표를 다른 곳에서 받아와 사용할 수도 있는데, 대표적인 업체가 바로 BARRA이다. 아래는 McKinley Capital Management라는 회사의 BARRA 요인 분석 표이다.

BARRA 요인 분석표

	2013	2012	2011	2010	2009	2008	Average
총 수익률	24.39	9.09	8.17	27.11	27.54	-30.12	8.85
러셀 1000	33.11	16.42	1.50	16.10	28.43	-97.60	8.18
초과수익률(러셀 1000)	-8.72	-7.33	6.67	11.01	-0.89	7.48	1.37
S&P 500	32.39	16.00	2.11	15.06	26.46	-37.00	6.24
초과수익률(S&P 500)	-8.00	-6.91	6.06	12.05	1.08	6.88	2.61
위험 요인별 분석							
이율(Yield) 노출도	2.21	2.22	2.30	2.34	2.09	2.09	2.21
수익 기여도	-3.33	-7.26	-0.14	4.86	-1.70	2.98	-0.77
모멘텀(Momentum) 노출도	0.25	0.24	0.33	0.34	0.21	0.21	0.26
수익 기여도	-0.35	-0.35	1.18	1.00	-6.21	-0.29	-0.84
성장(Growth) 노출도	0.25	0.30	0.28	0.07	-0.07	-0.05	0.13
수익 기여도	-0.23	-0.57	-0.12	0.05	-0.48	0.04	-0.22
가치(Value) 노출도	0.27	0.13	0.09	-0.05	-0.06	0.08	0.08
수익 기여도	0.18	0.04	-0.22	-0.18	0.10	-0.29	-0.06
규모(Size) 노출도	-1.53	-1.22	-1.33	-1.11	-1.02	-1.27	-1.25
수익 기여도	1.32	-1.40	1.81	6.59	6.14	4.64	3.18
규모 오류 부분(Size Nonlinearity) 노출도	-0.64	-0.45	-0.50	-0.33	-0.31	-0.45	-0.45
수익 기여도	-0.07	0.10	-0.42	-1.23	-2.02	1.04	-0.43
레버리지(Leverage) 노출도	0.97	0.72	0.70	0.66	0.66	0.61	0.72
수익 기여도	2.67	2.43	-0.16	1.04	0.01	-4.19	0.30
유동성(Liquidity) 노출도	-0.30	-0.68	-0.75	-0.66	-0.66	-0.56	-0.60
수익 기여도	0.02	-0.32	1.77	-0.73	-3.33	1.97	-0.10
산업 요인별 분석							
산업 노출도	-4.33	0.49	-0.98	1.23	9.72	-1.16	0.83
증권 노출도	-3.40	-0.22	6.55	2.45	-4.50	2.42	0.55

출처: Barra UB3, Mckinley Capital Management, llc., 5/24/2014

이 표에서 보면 2013년 McKinley의 수익률은 24.39%였고 시장 수익률은 32.39%였기 때문에 초과 수익은 −8%라고 나와 있다. 이를 다양한 요인에 의해 분해한 것을 볼 수 있다. 이를테면 성장(Growth) 요인에는 −0.23%, 규모(Size) 요인에는 1.32% 등이 표시되어 있는 것처럼 말이다. 이렇게 요인별로 합친 수익률이 원래 평균 수익인 −8%로 나온다. 그런데 만약 2014년 수익률이 −3%인데 이러한 요인별 분석을 똑같이 하면 −1.3%가 나왔어야 한다고 가정하자. 그렇다면 통계적으로 아직 1.7%의 수익이 반영되지 않았을 확률이 높다. 이럴 때는 매수를 하는 것이다. 통계적으로 영향을 받는 요인들을 분석해 현재 수익률의 알파를 찾을 수 있는 것이다. 그러나 위에서 알 수 있듯이 요인은 끝없이 변화하고 몇 가지 요인을 쓰냐에 따라 특성이 변화할 수 있으므로 신중한 데이터 분석이 요구된다.

헤지펀드 매니저 연봉 순위(2015)

◎ 케네스 그리핀(시타델)	17억 달러(한화 약 2조원)	$1.7billion
◎ 제임스 사이먼스(르네상스)	17억 달러(한화 약 2조원)	$1.7billion
◎ 레이몬드 달리오(브릿지워터)	14억 달러(한화 약 1.7조원)	$1.4billion
데이비드 테퍼(아팔루사)	14억 달러(한화 약 1.7조원)	$1.4billion
이스라일 잉글랜더(밀레니엄)	12억 달러(한화 약 1.4조원)	$1.2billion
◎ 데이비드 쇼(디이쇼)	8억 달러(한화 약 1조원)	$0.8billion
◎ 존 오버덱(투시그마)	6억 달러(한화 약 6천억원)	$0.5billion
◎ 데이비드 시겔(투시그마)	6억 달러(한화 약 6천억원)	$0.5billion

◎ 표시는 퀀트를 뜻함

출처: 매거진 Institutional Investor's Alpha(기관 투자자들의 알파)

1990년대에 들어서 시장이 완벽하게 효율적이라는 가설이 깨지고 어러 가지 알고리즘으로 큰 수익을 내는 퀀트들이 속속들이 등장하자 다양한 과학자들이 금융시장에 뛰어들기 시작했다. 개인용 컴퓨터가 등장하면서 집에서 여러 가지 데이터 분석을 할 수 있게 되었고 확신이 든 사람들이 투자에 뛰어드는 것이었다. 물리학자, 전기공학도, 심지어 방위산업체에서 일하던 암호해독가들까지 금융시장에서 큰돈을 벌기 위해 월스트리트로 몰려들었다. 각자 자신이 가진 방식과 지식으로 시장에 생긴 알파를 찾아내 큰돈을 벌었다.

하버드 출신 컴퓨터 천재 켄 그리핀$^{Ken\ Griffin}$은 에드 소프의 도움을 받아 시카고에 거대 헤지펀드인 시타델을 세웠다. 그는 대학시절 자신의 기숙사에 안테나를 세워 실시간 주가를 받는 시스템을 만들고 가격의 틈이 생겼을 때 거래하는 방식으로 큰돈을 벌었다. 거기서 멈추지 않고 만 19살 때 월스트리트의 여러 가지 은행 고위층들을 찾아다니면서 투자를 요청했고 결국 1백만 달러의 투자 자산으로 헤지펀드를 세우게 된 것이다. 시타델은 첫 해에 70%의 수익을 얻고 세계 최고의 헤지펀드가 된다.

유펜와튼스쿨에서 재무와 컴퓨터 공학을 공부한 클리프 에스네스Cliff Asness는 28살이었던 1994년, 골드만삭스 퀀트 그룹에 입사하였다. 피셔 블랙과 마이런 숄즈에게서 여러 가지 이론을 배운 에스네스는 1998년 자신의 헤지펀드인 AQR을 세운다. 그 또한 자신의 통계적 차익거래 방식으로 많은 수익을 내고 현재 70조 가량으로 세계에서 가장 큰 자산을 운용하는 헤지펀드로 성장했다.

그러나 무엇보다도 가장 특이하고 베일에 싸여 있는 퀀트는 제임스 사이먼스James Simons다. 그는 미국 정부의 암호해독가로 일하던 사람이었다. 사이먼스는 신발공장 사장의 아들로 태어나 MIT에서 수학 학사를 한 뒤 버클리에서 수학 박사 학위를 받았다. 숨겨진 규칙을 찾는 패턴 인식과 암호 해독의 전문가였는데 베트남전쟁 당시 미 국방연구원에서 암호해독가로 활동하였다. 그러나 전쟁을 반대하는 발언을 하는 바람에 일을 그만두게 되었고, 뉴욕 스토니브룩대학의 수학과 학과장으로 취직을 하게 되었다. 거기서 그는 물리학과 수학에 큰 영향을 준 초끈이론

(super-string theory)에 대한 이론을 발표하면서 명성을 얻고 기하학계의 최고 영예 중 하나인 베블렌 상을 수상하기도 하였다. 그러나 사이먼스는 교수 봉급으론 만족할 수 없었다. 금융시장에서 알파를 찾는 전략들이 유행하기 시작하자 그는 자신의 특기인 패턴 인식을 이용한 투자를 시도해보기 위해 1978년 르네상스테크놀로지라는 헤지펀드를 설립한다.

사이먼스는 기존의 방식처럼 주식 쌍을 찾거나 멀러처럼 요인 분석을 하기보다는 자신의 특기인 패턴 인식을 이용해서 주기적으로 일어나는 데이터 패턴을 찾아내기 시작했다. 신호 처리와 음성 인식에서 주로 사용하는 인공지능 기술을 적극 도입해 잡음을 제거하고 진짜 패턴을 찾아내려고 노력하였다. 신호 처리와 전자통신 및 음성 인식 엔지니어를 대거 고용하기도 했다. 정장을 입고 분주히 움직이는 월스트리트 맨들 대신에 구부정한 노인들이 앉아서 연구하는 광경이 헤지펀드보다는 대학에 가까워서 르네상스 캠퍼스라 불렸다.

주식시장은 길게 보면 유진 파마의 이론처럼 효율적이지만 짧게 보면 대부분 패턴이 존재했다. 그는 소프와 비슷하게 고속 컴퓨터와 대용량 처리 시스템으로 실시간 데이터를 입력 받아 잡음을 제거하고 패턴을 분석했다. 사이먼스는 테니스구장만 한 방 3개에 컴퓨터 서버를 꽉 채우고 이를 99% 자동으로 거래할 수 있는 인공지능 시스템을 만들었다. 네온, 하울러3, 래더스네이크…… 그가 만든 인공지능들의 이름이다.

인공지능에 사용된 가장 대표적인 기술은 히든 마코프 모델(Hidden Markov Model)이라는 것이었다. 서로 관계없는 현상들에서 숨겨진 패턴을 찾는 데 최적화된 기술로서 음성 및 얼굴 인식, 암호 해독, 필체 분석, 인공지능 등의 핵심 기술이었다. 어떤 것의 움직임에 대한 관측이 어려울 때 보이는 현상을 가지고 숨겨진 것의 움직임을 예측하는 방식이다. 한 블로거가 소개한 좋은 예[11]를 참고해보자.

예를 들어 어떤 도시의 현재 날씨에 따른 다음날 날씨 변화 확률표가 다음과 같다고 하자.

전날 \ 다음날	맑음	흐림	비
맑음	0.5	0.2	0.3
흐림	0.3	0.3	0.1
비	0.2	0.5	0.6

이때 날씨에 따른 철수의 아이스크림 소비량 확률은 다음과 같다고 해보자.

아이스크림 소비량 \ 날씨	맑음	흐림	비
1	0.1	0.2	0.7
2	0.2	0.5	0.1
3	0.7	0.3	0.2

---

11) Untitle의 블로그 http://untitledtblog.tistory.com/97

그리고 철수는 매일 자신이 소비한 아이스크림을 기록했다. 그런데 기상청에서 날씨 데이터를 잃어버려 철수의 아이스크림 소비량 데이터를 받아서 원래 날씨를 추측하려고 한다.

히든 마코프 모델이 힘을 발휘하는 순간은 바로 이때다. 날씨 데이터는 숨겨져 있지만 아이스크림 소비량의 패턴을 통해 날씨가 어땠는지 추측할 수 있는 것이다. 만약에 철수가 1, 3, 3, 2의 아이스크림을 소비했다면 날씨는 흐림, 맑음, 맑음, 흐림순으로 흘렀을 확률이 83%다. 보이는 것, 즉 아이스크림 소비량을 이용해서 숨겨진 패턴인 날씨 데이터를 추측할 수 있는 것이다. 음성 인식의 경우 보이는 데이터는 음파이고 숨겨진 패턴은 말을 한 문장이 될 것이다. 사이먼스는 이런 히든 마코프 모델을 이용해 주식시장의 보이는 요인들의 확률 관계를 통해 보이지 않는 가격 패턴을 찾아내는 방식을 사용하였다.

르네상스 안에는 여러가지 세부 펀드가 있었다. 장기 투자를 하는 펀드도 있고 뱀버거의 방식을 이용한 펀드도 있었다. 그러다 1988년 사이먼스는 그동안 투자하며 모인 노하우와 인공지능들을 총 집합해 자신의 메달리온펀드Medallion Fund를 설립하였다. 메달리온은 현재까지도 매년 45%의 수익률을 내고 1999년 1분기에 0.5%의 손실을 낸 것 외에는 단 한 번도 잃은 적이 없는 괴물 펀드가 된다. 조지 소로스나 워런 버핏도 명함을 내밀기 어려울 만큼 굉장한 수익률이었다. 물론 짧고 규모가 작은 알파를 주로 거래하기 때문에 규모가 그들보단 작았지만 말이다.

사이먼스는 여기서 멈추지 않고 패턴 인식의 인재들을 지속적으로 찾아다녔다. 1993년에는 나중에 르네상스의 후계자가 되는 음성 인식의 대가 밥 머서[Bob Mercer]와 피터 브라운[Peter Brown]을 데려왔다. 카네기멜론대학에서 컴퓨터 공학 박사를 한 브라운과 일리노이대학의 박사 머서는 IBM에서 음성 인식 기술을 세계 최초로 개발한 인재였다. 그들은 음성 인식뿐만 아니라 번역을 하는 인공지능을 만들고 있었다. 금융시장에는 당연히 관심이 없었다. 사이먼스는 둘을 끌어들이기 위해 미국 국방성에서 머서, 브라운과 암호 해독 프로젝트를 같이했던 르네상스 연구원 닉 패터슨에게 부탁해 회사 방문 초청장을 여러 번 보냈다. 회사의 진취적인 분위기와 연구원들의 모습을 보면 그들도 관심 있어 할 것이라는 계산이었다. 브라운은 초청장을 바로 쓰레기통에 버렸지만 머서는 궁금한 마음에 한 번 찾아가보기로 하였다.

머서는 자신의 음성 인식 기술과 시장의 행동을 예측하는 방법이 기술적으로 비슷하다는 사이먼스의 설명에 매료되었다. 그는 IBM으로 돌아와서 함께 르네상스에 가자고 브라운을 열심히 설득했고 결국 이 둘은 1993년 르네상스가 가진 큰 무기 중 하나가 되었다.

머서와 브라운은 인공지능 Nova를 개선하는 프로젝트를 맡았다. 그들의 음성 인식 기술을 최대한 투영한 Nova는 시장의 잡음을 제거하고 패턴을 찾는 데 성공하였고 그들이 가지고 있던 머신러닝 기술, 즉 컴퓨터가 스스로 자신의 문제점을 찾아서 개선하는 현대적 인공지능 기술을 도입했다. 원래는 음성 인식 기술에서 인식을 잘 하지 못했을 때 수정하기 위하여 사용하던 기술이었다. Nova 프로젝트가 성공적으로 끝나자 메달리온펀드로 융합되었고 이들은 사이먼스 다음으로 신뢰받는 르네상스의 2인자가 되었다.

사이먼스는 현재 300명의 공학자와 수학자들과 함께 맨해튼으로부터 약간 떨어진 롱아일랜드에서 시장의 암호를 해독하고 있다. 최근에는 위성사진 판독 천문학자도 고용했다고 한다. 위성사진으로 판독한 월마트의 주차장 차량 증감률로 월마트의 매출을 예측한다고 한다. 2000년대 초가 되자 이들을 모방해 시장의 틈을 찾으려는 헤지펀드들이 우후죽순처럼 생겨났다. 뱀버거가 시장의 틈을 찾으려던 시도는 PDT, 시타델, AQR, 디이쇼, 르네상스, 투시그마 등도 뛰어들어 '누가 먼저 알파를 발견하는가'의 싸움으로 번지고 있었다. 이들 모두는 현재 전 세계 TOP 10에 드는 거대한 헤지펀드로 성장하였고, 퀀트의 명성은 하늘을 찌르게 된다.

퀀트전국시대가 온 것이다.

QUANT NOTE

제161번
알고리즘 설계도
-
히든 마코프 패턴 인식 알고리즘

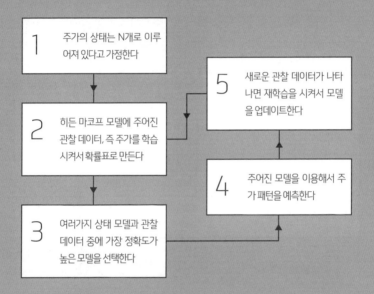

1 주가의 상태는 N개로 이루어져 있다고 가정한다

2 히든 마코프 모델에 주어진 관찰 데이터, 즉 주가를 학습시켜서 확률표로 만든다

3 여러가지 상태 모델과 관찰 데이터 중에 가장 정확도가 높은 모델을 선택한다

4 주어진 모델을 이용해서 주가 패턴을 예측한다

5 새로운 관찰 데이터가 나타나면 재학습을 시켜서 모델을 업데이트한다

Nguyet, Nguyen의 논문 〈Stock Price Prediction using Hidden Markov Model〉(2016)에서는 히든 마코프 모델을 이용한 구글, 페이스북, 애플 주식 패턴 예측 알고리즘 제작 과정을 쉽게 설명하였다. 그는 먼저 주가의 상태가 2, 3, 4가지 중 하나라고 가정하였다. 대략적으로 2가지 상태 모델이라면 주가가 상승하는 상태와 하락하는 상태로 나눌 수 있을 것이다. 3가지나 4가지는 여기에 몇 가지 상태를 더한 것이다. 그는 2015년 1월 16일부터 100일의 주가 데이터를 매일 종가(Close price)만

학습시키거나 종가(Close), 최고가(High), 최저가(Low), 시작가(Open) 4가지 데이터를 학습시키는 2가지 모델 중에 비교를 하였다. 무조건 데이터가 많다고 해서 학습이 잘 되는 것은 아니다. 이후에 하루씩 옮겨가며 100일 데이터를 새로 학습시켜보고 모델을 조정하였다. 이렇게 2015년 10월 30일까지 총 100번의 학습 조정 과정을 거쳤다.

이렇게 학습된 모델 중 어떤 히든 마코프 모델이 가장 정확도가 높은지 알기 위해서는 실제 주가 예측력을 보면 된다. 다음 표는 실제 주가와 예측 주가 사이의 평균적인 차이를 보여준다.

종목	학습 가격	2 상태	3 상태	4 상태
AAPL	1 4	0.017 0.013	0.019 0.009	0.016 0.009
GOOGL	1 4	0.018 0.009	0.017 0.010	0.021 0.010
FB	1 4	0.021 0.015	0.020 0.015	0.018 0.013

표 1: 2,3,4 상태 모델과 가격 데이터로 학습시킨 히든 마코프 모델을 이용한 애플, 구글, 페이스북 주가 예측 실험 결과

학습가격이 1인 경우 종가만 학습시킨 모델, 4인 경우 4가지 주가 데이터를 학습시킨 모델이다. 2, 3, 4는 상태 개수를 말한다. 애플(AAPL)의 경우 상태가 4가지인 모델에 4가지 주가를 모두 학습시킨 모델이 가장 정확하였다. 반면 구글(GOOGL)은 2가지 상태만 사용한 것이 정확도가 높았다.

아래 그래프는 실제로 2-상태 마코프 모델로 애플의 주가를 예측한 것

을 보여준다.

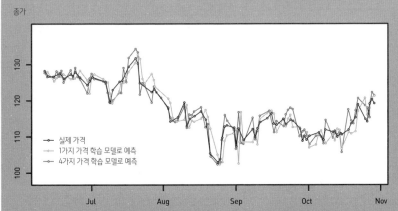

종가

그래프 4: 2 상태와 1가지 혹은 4가지 가격 데이터로 학습시킨 히든 마코프 모델를 이용한 애플 주가 예
측, 6/12/2015 - 10/30/2015

종가만 학습시킨 경우나 4가지 주가 데이터를 모두 학습시킨 경우나 상
당한 예측력을 보여준다는 것을 알 수 있다.

제5장

인공지능이 된 무역상인

시카고의 무역상인들

퀀트들이 다양한 알고리즘 거래로 돈을 벌어들이는 동안 시카고거래소에서도 변화의 바람이 불고 있었다. 시카고는 미국에서 뉴욕 다음으로 거대한 금융의 중심지이지만 월스트리트와는 분위기가 사뭇 다르다. 월스트리트는 투자자들이 중심이 되어 금융을 이끌어나간다면 시카고에서는 무역상인들, 즉 트레이더들이 중심이 돼 금융 산업을 이끌고 있다.

앞서 말했듯이 투자자는 어떤 산업이나 주식, 부동산, 환율 등에 돈을 투자해서 그 가치가 상승하기를 기대하는 사람이다. 삼성에 투자를 했다면 삼성이 성장해 삼성의 가치가 늘기를 기대하는 것이다. 맨해튼 어퍼웨스트에 건물을 산 투자자는 어퍼웨스트의 가치가 상승해서 부동산 가격이 늘기를 기대할 것이다.

반면 트레이더는 물건을 팔아야 하는 사람으로부터 물건을 산 다음, 필요한 사람에게 물건을 팔면서 차액을 남기는 사람이다. 수출입업자, 중고차 딜러, 금은방 주인, 농수산 유통업자, 편의점 주인 모두 트레이더의 일종이라 볼 수 있다. 그들은 물건의 가격이나 가치가 어디로 움직일지에 대해선 관심이 없다. 그저 싸게 사서 비싸게 파는 유통의 업무만 충실히 한다면 안정적으로 돈을 벌 수 있기 때문이다. 이들의 눈에 투자가란 그저 위험한 도박을 일삼는 사람으로밖에 보이지 않았다.

시카고거래소에는 '핏'이라고 부르는 공간이 있다. 경매소의 일종인데 옥수수, 철광석, 감자, 삼겹살 등을 사고파는 곳이다. 이곳에서 농부들과 축산업자들은 자신의 상품들을 팔기 위해 분주했고, 유통업자들과 식품업체 등은 신선한 재료들을 사기 위해서 바쁘게 뛰어다니고 있었다. 트레이더들은 농부에게서 상품들을 적당한 가격에 매입한 뒤 약간의 마진을 붙여 유통업자들이나 식품업체에 판매하였다. 서로 거래를 성사시키기 위해 소리를 지르고 수신호로 가격을 표시했다.

이들이 주로 구사하는 싼 값에 사서 다시 판매하는 유통업자 스타일의 거래 전략을 '마켓 메이킹'이라고 한다. 시장 조성자라는 뜻인데 시장을 조성하는 트레이더는 매우 중요한 역할을 한다. 어떤 사람이 거래를 원할 때 그들에게 유동성을 공급해주는 역할을 하기 때문이다. 마켓 메이커는 이들의 거래를 원활하게 해주고 유통 마진인 산 가격과 파는 가격의 차이, 즉 스프레드를 벌었다.

이를테면 삼겹살 3.2파운드를 사고 싶다고 치자. 그런데 삼겹살 3.2파운드를 파는 농부가 없다면 살 수 없는 것이다. 반대로 금 1.3온스를 팔고 싶으면 1.3온스에 딱 맞는 금을 사고자 하는 사람을 찾아야 한다. 1.3온스에 꼭 맞춰 금을 사려는 사람을 찾을 확률은 얼마나 될까? 그리 높진 않을 것이다. 마켓 메이커는 이때 삼겹살을 1파운드당 4달러에 매입하고 5달러에 판매하거나 금을 1온스당 1,000달러에 매입하고 1,100달러에 판매하는 전략을 취해 유통하면서 차액을 벌 수 있다.

중고차 딜러나 금은방 주인도 비슷한 방식인데, 중고차 딜러는 차를 팔고자 하는 사람에게 그들이 만족할 만하지만 비교적 싼 가격을 제시해 차를 매입하고 그 차를 필요로 하는 사람에게 비싼 값에 팔아 수익을 얻는다. 금은방 주인도 비슷한 원리로 팔고 싶어 하는 사람에게서 금을 구입하고 이를 좀 더 비싼 값에 판매해 수익을 얻는다. 우리 주변에서 가장 쉽게 찾을 수 있는 마켓 메이커로는 공항 환전소를 떠올려 보면 된다. 달러를 1,100원에 사서 1,160원에 팔아 1달러당 60원의 차액을 버는 것이다.

만약 마켓 메이커가 없다면 어떨까? 물건을 팔려는 사람은 사고자 하는 사람을 직접 찾아다녀야 할 것이다. 만약 당장 사야 하는 사람은 없는데 급하게 돈이 필요하다면 가격을 낮춰서라도 팔게 될 것이다. 마켓 메이커가 없던 과거에는 주식을 사기가 쉽지 않았다. 애플 주식 20주를 사기 위해서는 파는 사람을 찾아다녀야 했고, 파는 사람이 정확히 20주를 팔길 원해야 했다. 만약 판매자가 15주만 팔길 원한다면 5주만 파는 사람

을 다시 찾아야 했다. 급하게 사려면 가격을 높여야 했고 대부분 전문 중
개인이 대행해 매매하여 수수료가 비쌌다.

마켓 메이커가 등장하면서 특정 주식을 사든 팔든 사람들은 언제든지
원하는 양만큼 거래를 할 수 있게 되었다. 이러한 유동성의 증가는 사는
가격과 파는 가격의 차이를 줄여줘 예전에 1달러씩 하던 스프레드가 최
근에는 0.01달러까지 줄어들었다.

물론 마켓 메이커가 무작정 쉽게 돈을 벌 수 있는 것은 아니었다. 트레
이더가 '사는 거래'와 '파는 거래'를 균형 있게 성사시키면 돈을 벌지만,
한쪽 거래에만 치중돼 성사된다면 재고가 쌓이게 된다. 굴의 적정 가격
이 1파운드에 5달러 정도라 생각해 100파운드를 4달러에 매입했는데, 80
파운드를 5달러에 판매하고 남은 20파운드를 판매하지 못한다면 80달
러의 수익이 있더라도 신선함이 생명인 20파운드의 굴은 가치가 사라져
결국 아무런 수익을 얻지 못하는 상황이 발생한다.

특히 가격 변동이 심한 물건의 경우 재고 때문에 큰 손해를 볼 수도 있
다. 금값이 추락하고 있는 경우에는 사람들이 금을 계속 팔려고 할 것이
다. 예를 들어 트레이더가 1온스당 200달러인 현재 금값을 고려해 180달
러에 사들였다고 하자. 금을 다시 200달러 정도에 팔면 온스당 20달러
정도의 이익을 얻을 것이라 예상하였다. 그런데 금값은 계속해서 추락했
고 트레이더는 계속 사들이기만 하고 사려는 사람이 없다면? 결국 금이

120달러까지 떨어져버리면 온스당 60달러의 손해를 보게 될 수도 있는 것이다.

그래서 트레이더들은 재고와 시장 상황에 따라 가격을 계속 변화시키며 관리한다. 만약 재고가 너무 쌓였다면 파는 가격을 낮추는 할인 전략을 사용해 재고를 빨리 청산하려고 할 것이다. 거래량이 많아서 쉽게 사고팔 수 있는 물건들은 마진을 줄여 박리다매 전략으로 갈 수 있겠지만, 가격 변동이 심하고 재고가 쉽게 처리되지 않는 물건들은 마진을 늘려서 거래가 성사되지 않았을 때의 위험을 줄였다.

시카고 트레이더들은 월스트리트의 투자자들과 성격도, 용어도, 생각하는 방식도 달랐다. 거친 말투와 큰 목소리를 가지고 있었고 도박을 즐겼으며 순간적인 판단으로 수십억이 왔다 갔다 했기에 스트레스가 심했다. 그리고 스트레스를 풀기 위해 술을 마시다 보니 주당들이 많았다. 주식에 투자하면 수익이 나기까지 며칠이나 몇 달 심지어 몇 년이 걸리기도 했지만 핏에서는 몇 분이면 모든 것이 결정 나는 경우가 많았다. 핏 저편에서 삼겹살 두세 컨테이너를 매입하고 다시 이쪽에 와서 팔면 순식간에 수천 달러를 벌 수도 있었다. 반대로 삼겹살 가격이 몇 분 내에 폭락하면 눈앞에서 몇 초 만에 수천 달러가 사라지는 광경을 눈 뜨고 지켜봐야 했다. 스피드가 생명이기 때문에 모든 단어도 줄여서 말하곤 하였다.

시카고 핏 트레이더들 최고의 덕목은 침착함이다. 신입을 뽑을 때에도 돈을 많이 버는 것도 중요하지만 얼마나 침착한지를 본다. 수많은 트레이더들이 눈앞에서 수천 달러가 날아가는 모습을 견디지 못하고 과격하게 변하거나 이성적인 판단을 하지 못하는 경우가 많았다. 본전 생각에 쉽사리 청산하지 못하다가 두세 배씩 잃는 경우도 많았다.

그럼에도 불구하고 시카고 마켓 메이킹 트레이더는 많은 젊은이들에게 꿈이었다. 마켓 메이킹의 특성상 침착하게 플레이만 하면 승률이 50% 이상인 게임이었기 때문이다. 가만히 양쪽 거래만 성사시켜도 돈을 번다니 얼마나 쉬운 방법인가? 워런 버핏처럼 유망한 주식을 예언하지 않아도 되고, 피셔 블랙처럼 가격이 얼마인지 알아내는 공식을 머리 아프게 찾지 않아도 된다. 시장이 평온하고 가격 변동이 심하지 않으면 마진만큼 벌었다. 가격 변동이 심하면 잠시 거래를 하지 않거나 약간 손해를 보고 청산하면 그만인 것이다. 침착하게 잘 적응한 젊은 트레이더들은 25살에 미시건 호수 근처에 폭포가 흐르는 아파트에 살았고 람보르기니를 몰며 미시건 애비뉴를 활보했다. 스트레스로 머리숱이 조금 적었지만 뭐 어떤가? 달콤한 보상 그거 하나면 충분했다.

시카고 트레이딩 회사들은 월스트리트의 거대 헤지펀드와 다르게 작고 은밀하게 운영되었다. 그들은 상품을 사고파는 중개거래를 했기 때문에 투자자도 군이 필요 없었다. 회사를 인수한다든가 투자를 하는 것처럼 큰 자본이 필요하지 않았기 때문이다. 그들은 다른 회사보다 더 좋은 가격에 거래할 수 있는 판단력과 침착함을 가진 트레이더들을 영입하는

데 더 많은 힘을 쏟았다.

판단력이 좋은 트레이더들은 상황별로 움직임에 대한 대처가 빨랐다. 핏에서 온통 팔려는 사람의 목소리밖에 들리지 않는 경우가 있다. 그러다 그들의 목소리가 점점 절규로 변화하는데 아이러니하게도 이럴 때 오히려 기회가 되기도 한다. 터무니없이 싼 가격에 살 수 있기 때문이다. 그래서 터무니없이 싼 가격에 계속 사다보면 핏에 있는 일부 사람들은 '왠지 아깝다'는 생각에 자신들도 사고 싶어지기 시작하는 것이다. 이때 그보다 조금 더 비싼 가격에 다시 팔면 순식간에 꽤나 짭짤한 돈을 벌 수 있다. 고수 트레이더들은 단기적 수요와 공급 변화로 움직이는 시장을 꿰뚫고 있었다. 이들은 효율적 시장 가설 따위는 믿지 않았다. 사람들이 패닉하거나 갑자기 수요 공급이 무너지면 가격은 얼마든지 한 방향으로 움직였다.

1990년대 초반, 시대가 조금씩 변하기 시작했다. 시카고거래소의 전산화가 시작된 것이다. 이제 핏에서 굳이 소리 지르고 수신호로 가격을 표시하지 않아도 컴퓨터를 이용해 거래가 가능했다. 핏 트레이더들은 이제 일제히 컴퓨터 앞에 앉아서 숨 가쁘게 거래를 하기 시작했다. 물론 시끄러운 외침과 수신호만 없을 뿐이지 치열하게 돌아가는 것은 마찬가지였다. 클릭 한 번으로 수천 달러를 벌거나 잃었고, 끝없이 떨어지는 재고의 가격을 보면서 절규하거나 모니터를 부수는 트레이더가 나타났다. 가격 변동이 심하지 않을 때는 매일 안정적으로 수천 수만 달러를 벌었지만,

시장이 요동치는 하루 때문에 몇십만 달러를 날려서 한 달 동안 번 것을 한번에 날리기도 하였다.

시카고 트레이딩 회사들은 수익을 더 늘리기 위해 다른 사람보다 더 빠르고 정확한 첨단 시스템을 구축하기 시작한다. 다른 트레이더보다 먼저 거래를 포착해 좋은 가격을 제출한다면 거래를 많이 성사시킬 수 있을 것이고, 그만큼 수익이 늘어날 것이기 때문이었다. 마켓 메이킹은 전적으로 '거래를 얼마나 성사시키냐'가 수익과 연결되기 때문에 거래 성사 비율과 점유율을 늘리는 것이 최대 숙제였다. 그들은 고급 네트워크 엔지니어와 최적화 알고리즘 전문가들을 고용해서 그들의 거래 회선을 최대한 빠르게 하였다.

판단력이 좋은 트레이더들은 자신이 생각하는 가격을 거래소로 보내고 그 거래가 성사되면 큰돈을 벌었다. 남들보다 빠른 회선과 주문 시스템을 가진 회사는 거래 성사율이 월등히 높아서 돈을 많이 벌 수 있었다. 그러나 아무리 침착한 트레이더라도 인간이기에 실수를 하기 마련이었다. 큰돈이 오가는 상황에서 패닉이 오면 실수를 했고, 오타를 내는 식의 실수로 손해를 보곤 하였다. 이를 지켜보던 엔지니어는 트레이더가 주로 판단하는 로직들을 프로그램화시키기 시작했다.

반대 거래가 많을 경우, 사는 가격을 대폭 낮춘다. 거래량이 급격이 증가할 때는 마진을 줄여서 최대한 많은 거래를 얻는다. 재고가 늘어날 때는 할인 전략을 사용한다. 이러한 전략들을 프로그램화시켜서 자동으로 주문을 보내도록 만들었다. 이러한 알고리즘들이 점점 체계화되어 심각한 상황만 아니면 알아서 매수 거래와 매도 거래를 균형 있게 성사시켜주는 알고리즘이 되었다. 시카고의 트레이딩 회사는 점점 인공지능 회사로 바뀌어갔다.

2000년대에 들어 시카고 트레이딩 회사의 90%는 인공지능 거래 회사로 변화하였다. IMC, DRW, Allston, Spot, Wolverine Trading 등이 그런 회사였다. 그중 가장 거대한 회사는 GETCO라는 트레이딩 회사였다. 시카고 트레이딩 회사계의 구글을 자처하던 그들은 청바지와 후드티를 입고 인공지능들을 프로그래밍하였다. 150명 정도 되는 GETCO에서 수동으로 트레이딩하는 사람은 단 한 명도 없었다. 전부 알고리즘을 최적화하고 슈퍼컴퓨터를 이용해 주문을 보내는 방식을 이용했다. 인공지능은 패닉도 하지 않았고, 주어진 알고리즘에 따라 철저하게 거래했다.

거래를 원하는 사람들의 숫자는 정해져 있기 때문에 총 거래량에서 얼마나 많은 부분을 점유하느냐에 따라 트레이딩 회사의 수익이 정해졌다. 그러므로 최대한 많은 거래를 해야 다른 트레이딩 회사를 이기고 수익을 낼 수 있었다. 속도가 생명이었기에 그들은 엄청난 연봉을 주며 통신 엔지니어와 고급 프로그래머를 뽑기 시작했다. 처음에는 시스템 프로그래머를 고용했다가 나중에는 회로와 광케이블 전문가까지 고용해서 그들의 시스템을 향상시켰다.

처음에는 계산한 가격을 빠르게 보내는 데에만 신경을 썼지만 속도 전쟁은 결국 경쟁으로 이어져 다른 회사들의 주문을 파악해서 이기는 데 초점을 맞추게 되었다. 상대 주문이 도착하면 재빠르게 기존의 주문을 취소하고 그보다 더 싼 가격에 주문을 올리는 알고리즘을 제작했다. 심지어 상대 주문을 파악해서 알리는 데 시간이 걸리기 때문에 알고리즘상으로 어떻게 행동할지 미리 파악해서 가격을 두세 가지로 보내는 방식이 채택되기도 했다. 서로의 알고리즘을 파악하기 위해 일부러 평범한 가격으로 주문을 보낸 뒤 반응을 살피고 진짜 가격을 보내기도 하였다. 주문은 점점 고도화되고 가격에는 더욱 민감하게 반응하였다. 여러 가지 비판도 있지만 결론적으로 이 엄청난 경쟁은 시카고거래소의 가격들을 낮춰줬고, 싼 수수료 덕분에 거래량은 폭발적으로 늘어나 더 많은 트레이딩 회사가 생겨났다. 마치 경쟁업체보다 더 싼 값에 납품하려고 노력하는 무역회사들의 전쟁 같았다. 덕분에 1990년대에 1달러가 넘었던 주식의 거래 마진은 0.01달러까지 떨어졌다. 증권의 유동성은 높아지고 높은 위험도와 비싼 수수료로 작은 수의 주식 거래를 엄두도 못 내던 개인 투자자들의 거래가 눈에 띄게 늘어났다. 이렇게 늘어난 거래량 덕에 트레이더들은 낮아진 마진에도 수익이 늘어만 갔다.

상대 알고리즘과 거래 움직임을 파악하는 알고 트레이더라는 직업도 새롭게 생겨났다. 퀀트의 일종이긴 하지만 인공지능 알고리즘을 이용해서 투자 전략을 짜는 기존의 퀀트와 조금 다른 사람이었다. 이들은 거래 주문을 보냈을 때 시장과 상대 알고리즘의 반응을 철저히 분석해서 이에 적극적으로 반응하는 알고리즘을 만드는 전문가였다. 네트워크와 알고리즘에 능숙한 각종 컴퓨터 공학자들이 인기를 끌기 시작했다. 시카고 트레이딩 회사들은 더 이상 경영학과들로 리크루팅가지 않고 MIT, 스탠포드, 카네기멜론, 버클리 같은 컴퓨터 전자공학에 강한 공대로 인재를 찾아다니기 시작하였다.

QUANT NOTE

제202번
알고리즘 설계도
-
마켓 메이킹 알고리즘

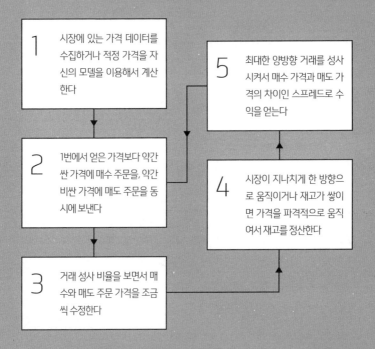

1 시장에 있는 가격 데이터를 수집하거나 적정 가격을 자신의 모델을 이용해서 계산한다

2 1번에서 얻은 가격보다 약간 싼 가격에 매수 주문을, 약간 비싼 가격에 매도 주문을 동시에 보낸다

3 거래 성사 비율을 보면서 매수와 매도 주문 가격을 조금씩 수정한다

4 시장이 지나치게 한 방향으로 움직이거나 재고가 쌓이면 가격을 파격적으로 움직여서 재고를 정산한다

5 최대한 양방향 거래를 성사시켜서 매수 가격과 매도 가격의 차이인 스프레드로 수익을 얻는다

마켓 메이킹 전략은 매수 주문과 매도 주문을 동시에 내서 그 가격 차이를 얻는 전략이다. 아래 도표에서 보면 희제와 용범이가 아이팟을 사려고 하거나 팔려고 하는데 이때 중간자가 되어 용범이에게 199달러에 사고 희제에게 201달러에 팔면 2달러의 차액을 얻을 수 있는 것이다.

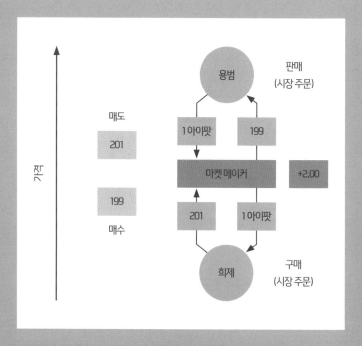

그러나 실제 시장에서는 상당히 복잡하다. 일반적으로 매수나 매도가 균형적으로 성사되지 않고 한 쪽만 체결되는 경우가 많기 때문이다. 마켓 메이커는 이것이 잠시 시장 상황에 의해 나타나는 것인지 가격이 한 방향으로 움직이기 때문인지 알기 어렵다. 그러므로 최대한 재고를 적게 가져가기 위해서 가격을 조정해줘야 한다. 예를 들어 애플 주식을 100달러에 매수 주문을 내고 110달러에 주문을 냈다고 하자. 그러나 매수와 매도 주문이 균형 있게 성사되지 않고 매수만 200주 성사되었다면 매수 주문 가격을 95달러로 낮춰 매수 속도를 낮추고 매도 주문을 105달러로 할인해서 빠르게 재고를 청산할 수 있다. 문제는 가격이 계속해서 떨어져 90달러 근처에서 시장이 형성돼 마켓 메이커가 가격을 계속 따라가기만 하면 재고만 쌓이고 손해를 보게 된다. 이럴 때는 손해를 보더라도 매도 주문을 과감히 90달러나 그 이하까지 낮춰 재고를 청산하고 새롭게 거래

하는 것이 좋다. 이러한 여러 가지 미시시장의 상태에 따른 마켓 메이킹 전략과 모델들이 연구되고 있다. 더 자세한 내용은 시장미시구조론에 관련된 책을 찾아보길 바란다.

◀■ 시장미시구조

알고 트레이더들은 시장미시구조에 굉장히 탁월했다. 시장미시구조는 가격이 어떻게 형성되고 거래나 주문을 했을 때 시장이 어떤 충격을 받고 어떤 식으로 움직이는지를 연구하는 학문이다. 이를테면 편의상 우리는 '오늘의 금값은 48,353원/g이다'라고 이야기하지만 실제로 거래되는 시장을 뜯어보면 상품의 가격이 하나로 정해져 있지는 않다. 수많은 사람들이 각자 사고 싶은 가격과 수량, 팔고 싶은 가격과 수량을 써놓고 거래하기 때문이다. 과거에는 실제로 시장 거래소라는 장소에 모여서 원하는 가격을 서로 외치거나 손으로 표시하는 수산물 시장 경매장과 비슷하게 거래가 이루어졌다. 어떤 사람은 100g을 40,000원에 사고 싶을 수도 있고 어떤 사람은 50,000원에 200g을 팔고 싶을 수도 있을 것이다. 만약 두 사람 모두 45,000원에 사고팔고 싶어 한다면 둘의 거래는 성사된다.

과거에는 소리를 치거나 손으로 표시했지만 전자화되면서 컴퓨터상에 주문들을 모아놓고 가격을 표시하기 시작했다. 거래 시스템으로 증권 거래를 해본 사람은 호가창(Limit Order Book)이라는 것을 본 적이 있을 것이다. 호가창은 사려는 사람들의 개수와 가격, 팔려는 사람의 개수와 가격을 모아놓은 창을 말한다.

건수	수량	가격	수량	건수
5	32	102		
18	89	101		
2	5	100		
		99		
		98	21	5
		97	44	10
		96	182	40
Offer			Bid	

호가창 1

Bid는 사려는 사람, Offer는 팔려는 사람을 뜻한다. 이 경우에는 98달러에 사려는 사람이 5명 총 21주, 97달러에 사려는 개수가 10명이 44주 등으로 이루어져 있고, 100달러에 팔려는 사람이 2명 5주, 101달러에 팔려는 사람이 18명 89주 등이 있다. 만약에 내가 99달러에 10주를 사고 싶다 주문한다면 호가창 2처럼 변할 것이다.

건수	수량	가격	수량	건수
5	32	102		
18	89	101		
2	5	100		
		99	10	1
		98	21	5
		97	44	10
		96	182	40
Offer			Bid	

호가창 2

만약에 3개를 100달러에 사고 싶다는 주문을 보내면 어떻게 될까? 기존에 있던 5개를 100달러에 파는 사람들과 거래가 성사되면서 호가창 3처럼 그 부분이 사라진다.

건수	수량	가격	수량	건수
5	32	102		
18	89	101		
1	2	100		
		99	10	1
		98	21	5
		97	44	10
		96	182	40
Offer			Bid	

호가창 3

이렇게 거래가 성사되는 가격을 현재 가격이라고 표시한다. 이 경우 물건의 가격은 100이 되는 것이다. 이렇게 성사된 가격을 모아두는 그래프가 우리가 흔히 보는 증권 차트다. 만약 가격을 적지 않고 수량만 써서 주문을 보내면 현재 있는 가격 중에 가장 좋은 가격으로 거래가 성사된다. 물건을 사고 싶다는 주문을 보내면 100에 사게 될 것이고, 팔고 싶다고 보내면 99에 팔게 된다. 물건 가치가 오르면 사려는 사람이 많아지면서 Bid가 점점 늘어나고 Offer가 점점 소모되면서 가격이 오르게 된다. 사실상 증권 시장을 자세히 들여다보면 끊임없이 사는 사람과 파는 사람이 경매를 하고 있는 것임을 알 수 있을 것이다.

전통적인 경제학에서는 수요와 공급에 의한 가격을, 금융에서는 기업이나 물건이 가지는 가치에 대해서만 생각했다. 그렇기 때문에 이렇게 직접적으로 가격이 어떻게 생기는지는 크게 신경 쓰지 않았다. 주로 가치를 분석하고 이후 가격이 어떻게 될 것인지 예측하는 것 중심이었다. 그러나 시장이 고도화되고 전산화되면서 각 주문이 어떤 영향을 일으키는지, 연쇄적으로 반응해서 가격이 어떤 식으로 움직이는지 궁금해 하기 시작했다. 이런 부분을 이론으로 정립하기 시작한 것이 시장미시구조론이다.

시장미시구조라는 말을 사용해서 어렵게 들릴지 모르지만, 호가창을 보고서 어떻게 거래할지 생각하는 것이라고 보면 된다. 쉬운 예를 들어보자. 우리가 물건을 급하게 사려고 하면 보통은 평소보다 비싼 값을 주고 사게 되고 급하게 팔게 되면 싼값에 팔게 된다. 왜 그런 걸까?

건수	수량	가격	수량	건수
5	32	102		
18	89	101		
1	2	100		
		99	0	0
		98	0	0
		97	0	0
		96	157	38
Offer			Bid	

호가창 4

호가창 4와 같은 시장에서 물건을 100주 파는 주문을 보냈다고 해보자. 표시상으로는 이 물건의 가격은 100달러다. 파는 사람은 100달러에 100주를 팔아서 10,000달러를 벌 것이라고 생각할 것이다. 그러나 실제로는 99달러에 10주를, 98달러에 21주를, 97달러에 44주를, 나머지 25주는 96달러에 팔게 될 것이다. 얼핏 시장을 보면 100달러 정도에 팔 수 있을 것 같지만 많은 양을 팔기 위하여 96달러까지 내려가게 되는 것이다.

그렇기 때문에 급하게 팔면 싸게 팔 수밖에 없는 것이다. 게다가 이렇게 팔면서 수많은 Bid가 사라지기 때문에 가격이 떨어지게 된다. 이것을 시장 충격이라고 한다.

이런 식으로 주문과 가격 간의 관계를 이해하다 보면 주문들이나 사람들의 행동이 가격에 어떤 영향을 미치는지 알 수 있다. 사실 주문과 가격의 움직임 자체가 무조건적이진 않기 때문에 통계와 확률 분포 등을 많이 사용한다.

물론 복잡한 수식과 이론도 많지만 꼭 그런 것 없이도 시장미시구조를 분석할 수 있다. 쉬운 개념으로 호가의 치우친 정도로 가격의 움직임을 예측할 수 있다. 다음 호가창 5와 같은 상황을 생각해보자.

건수	수량	가격	수량	건수
5	32	102		
18	89	101		
112	1042	100		
		99	13	5
		98	45	22
		97	829	65
		96	157	38
Offer			Bid	

호가창 5

가장 싼 100달러에 팔려는 사람은 112명, 1,042주나 있는데 가장 비싼 99달러에 사려는 사람은 5명, 13주 밖에 없다. 1042:13으로 파는 사람이 압도적으로 많다. 이런 경우에는 가격이 떨어지려는 강도가 강하다고 표현한다. 이렇게 한 쪽으로 거래하려는 사람이 쏠려 있으면 가격이 내려갈 확률이 높다. 시장미시구조를 연구하다 보면 다양한 패턴이 존재함을 알 수 있다.

이 패턴을 보다 보면 다른 사람들이 어떤 거래를 하고 싶어 하는지 그 의도까지 발견해낼 수 있다. 거대한 거래를 해야 하는 헤지펀드나 연기금 거래도 발견할 수 있고, 이들 때문에 가격이 잠시 어디로 움직일지도 예측할 수 있다. 알고 트레이더들은 이러한 다른 거래자들의 거래를 파악하고 그들에 의한 충격을 예측해서 안정적이고 강력한 수익을 얻게 된 것이다. 바로 시장미시구조 이론으로 말이다.

QUANT NOTE

제211번
알고리즘 설계도
-
가격미시구조 거래 알고리즘

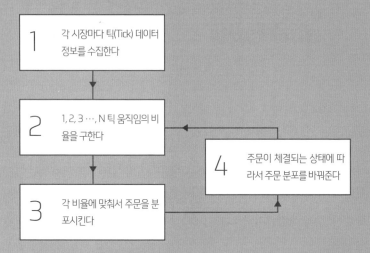

1. 각 시장마다 틱(Tick) 데이터 정보를 수집한다

2. 1, 2, 3 …, N 틱 움직임의 비율을 구한다

3. 각 비율에 맞춰서 주문을 분포시킨다

4. 주문이 체결되는 상태에 따라서 주문 분포를 바꿔준다

시장미시구조에서 주로 일컫는 틱(Tick)은 한번에 움직일 수 있는 가격의 최소 단위를 말한다. 현재 주가는 주로 0.01달러가 한 틱이다. 일반적으로 유동성이 높은 증권의 경우는 가격이 움직일 때 1틱씩 움직이는 경우가 많지만 시장이 급변할 때나 유동성이 낮을 경우 거래가 일어날 때마다 몇 틱이 한번에 움직이는 경우도 심심치 않게 볼 수 있다. 이러한 시장별 특징을 과거 데이터를 이용해 연구한 뒤에 이를 이용하는 알고리즘이다.

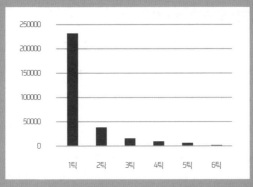

250000
200000
150000
100000
50000
0

　　1틱　　2틱　　3틱　　4틱　　5틱　　6틱

출처: Quandl Nasdaq Tick Data

위 데이터를 보면 애플의 2016년 10월 20일의 틱별 움직임이 나타나 있
다. 1틱과 2틱, 3틱의 비율이 82:13:4 정도이다. 즉, 주문을 보낼 때도
1틱 위나 아래에 있는 주문은 82%가 체결되고 2틱 위에 있는 가격에서
는 13% 정도가 체결될 것을 기대할 수 있다. 이렇게 하면 시장이 예상한
방향과 반대로 움직이거나 급격하게 움직일 때 미리 보내둔 2틱, 3틱 주
문들로 손해를 최소화하거나 이익을 극대화할 수 있다. 이는 제202번 마
켓 메이킹 알고리즘을 사용할 때 굉장히 유용하다. 재고가 쌓여가는 상
황에서 현재 틱 움직임을 계산하고 2틱 움직임이나 3틱 움직임의 비율만
큼 방어적으로 주문을 하면 재고가 지나치게 쌓여서 큰 손해를 보는 것
을 막을 수 있다.

초단타 트레이더들의 침공

1998년 LTCM 사태, 2002년 닷컴 버블, 2008년 서브프라임 사태와 같은 금융 위기 때는 거의 모든 종류의 금융회사들이 고통 받았다. 주식, 채권, 부동산 할 것 없이 수익률이 바닥을 쳤다. 손해를 보지 않으면 대단한 행운이었다. 그러나 트레이딩 회사의 알고 트레이더들의 상황은 달랐다. 시장이 패닉하면서 사려는 사람과 팔려는 사람 모두 급증하였고 거래량의 증가로 양방향 거래가 쉽게 성사되어 알고 트레이더들은 큰돈을 벌게 되었다. 그들의 인공지능은 사람들의 패닉을 안정화시켜주는 대가로 수익을 얻고 짧은 순간에 어디로 움직일지 파악해 추가 수익을 얻었다.

알고 트레이더들은 시카고거래소를 떠나 자신들의 인공지능들을 더 큰 시장에서 사용해보기로 하였다. 그들은 누구보다 빠른 거래 시스템이 있었고, 주식이 올라갈지 내려갈지 예측을 하진 않았지만 거래량에 따라 잠시 오를지 내릴지 정도는 파악할 수 있었다. 그들은 수요 공급 불균형으로 미세하게 충격을 받았다 돌아오는 타이밍을 찾아서 이를 이용해 수익을 얻었다. 이들이 주식을 가지고 있는 시간은 고작 몇 초도 되지 않았다. 짧은 찰나에 불균형을 찾아서 이익을 얻는 것이기 때문에 승률은 80% 이상이었다.

이들은 다른 알고리즘의 거래 조짐을 알아내는 데에도 탁월하였다. 디이쇼나 르네상스의 통계적 차익거래 조짐을 미리 파악해서 재빠르게 선점하기도 했다. 헤지펀드들은 주식들의 가치를 파악하는 데 특화되어 있었지만 시장 상황이나 거래를 분석하는 부분은 부족했기 때문에 알고 트레이더들에게 속수무책으로 당하였다. GETCO나 버투파이낸셜^{Virtu} _{Financial} 같은 트레이딩 회사들은 구글이나 버라이즌 같은 곳의 엔지니어들에게 연봉을 두 배 이상 주면서 영입하기 시작했다.

통신 엔지니어는 거래 정보를 최대한 빨리 처리하고 심지어 다음에 올 정보까지 예측하는 일을 담당했다. 정보를 컴퓨터에 옮긴 다음에 계산하는 시간조차 아끼기 위해서 회로상에서 계산을 하도록 회로 전문가들까지 대거 투입되었다. 이렇게 마이크로초 단위, 심지어 나노초 단위까지 경쟁하는 극초단타매매의 시대가 온다. 다른 회사보다 시장 상태를 더 빨리 파악하고 충격을 미리 찾으면 안정적인 수익을 얻었다. 이는 주식이 오를지 내릴지 분석하는 기존의 통계적 차익거래 방식과는 달랐다. 통계적 차익거래는 시장의 틈이 어떤 이유로 생겼는지는 대게 알지 못하였다. 그러므로 승률이 55-60% 정도만 되더라도 굉장히 좋은 거래였다. 그러나 알고 트레이딩으로 얻는 수익은 시장에 있는 거래를 잡아내는 방식이었기 때문에 승률이 엄청났다.

거대 거래를 해야 하는 투자은행이나 자산 관리 업체들은 속이 탈 수밖에 없었다. 큰 거래를 무작정 하면 비용이 엄청나게 오르고 알고 트레이딩 회사들의 먹잇감이 되기 십상이었다. 결국 자신이 큰 거래를 해야 한다는 것을 들키지 않도록 시장에 조심스럽게 풀면서 거래해야 했는데,

이미 시장 상황을 철저히 빠르게 분석하는 알고 트레이딩 회사들을 당해낼 재간이 없었다. 결국 투자은행들과 헤지펀드에서도 자신들의 거래를 숨기기 위해서 알고 트레이더들을 영입하기 시작했다.

이렇게 숨기려는 알고 트레이더와 찾으려는 알고 트레이더들의 치열한 경쟁이 시작되었다. 이들은 남들보다 정보의 우위를 가지고 다양한 전략을 구사하기 위해서 지연 시간을 극도로 낮추고 속도와 빈도를 엄청나게 높였다. 1998년에 전자 거래가 처음 도입되었을 때는 1초에 몇십 번 정도에 그치던 거래 빈도수가 1초에 수천 번이 되더니 수만 번까지 늘어났다. 한 번의 주문을 보내는데 초 단위가 아니고 밀리초(0.001초)를 넘어 마이크로초(0.000001초), 최근에는 나노초까지 등장하고 있다고 한다. 이들을 사람들은 초단타매매 혹은 고빈도 매매자(High Frequency Trader; HFT)라고 불렀다. 나이트 캐피탈^{Knight Capital}이나 버투파이낸셜^{Virtu Financial}, 점프트레이딩^{Jump Trading}, 타워리서치캐피탈^{Tower Research Capital} 등이 이런 초단타매매 전쟁 대열에 합류하였다. 이들은 거래소 안에서도 지연시간을 줄이기 위해 코로케이션(Co-location)이라는 가장 가까운 자리를 돈을 주고 샀고 마이크로파 통신, 중공 광섬유, FPGA 회로 설계 등을 이용한 하드웨어를 이용하였다. 뿐만 아니라 병렬 처리 기술자나 고속 데이터베이스 엔지니어들을 영입해서 소프트웨어의 속도 또한 극한으로 끌어올렸다. 이들의 끝없는 현대 속도 전쟁은 제3부에서 자세히 다루도록 한다.

투자 전문 헤지펀드나 은행들도 가만히 있지 않았다. 그들은 자신들의 거대 거래들을 그냥 보내면 굉장한 비용도 들고 다른 초단타 알고리즘들에게 잡아먹힌다는 사실을 알았다. 처음에 사용한 방법은 자신들이 원하는 거래를 한번에 주문하는 것이 아니라 일정한 시간을 두고 보내는 방법이었다. IBM 1만 주를 거래하고 싶다면 5분에 한 번 1천주씩 거래하는 식이었다. 그러나 이 방법은 5분마다 거대 거래가 나타나기 때문에 알고리즘들에 의해서 쉽게 발각되었다. 그래서 그보다 조금 더 발전된 방법이 시간가중가격 알고리즘(TWAP)이다. 정해진 시간 간격 사이에 평균 가격을 계산해서 이를 토대로 주문을 보내는 식이었다. 그러나 정해진 시간 간격을 두고 보냈기 때문에 일정한 가격이었던 이전 방법보다는 나았지만 여전히 발각되기 쉬웠다. 시간을 무작위로 하면서 규칙을 가지는 거래를 하고 싶었던 투자자 측 알고 트레이더들은 시간이 아닌 일정량의 거래량마다 주문이 작동하는 거래량가중가격 알고리즘(VWAP)을 개발하였다. 이 알고리즘은 거래량에 따라 시간 유동적으로 주문을 보내면서 주문 패턴과 가격 또한 합리적이었기 때문에 주문을 처리하는 가장 유명하고 보편적인 알고리즘이 되었다.

그러나 TWAP와 VWAP는 초단타 거래자들이 훤히 꿰뚫고 있는 알고리즘이었다. 투자자들은 좀 더 적극적으로 다른 알고리즘들을 방어할 수 있는 방법을 찾고 있었다. 투자자 측에 있던 알고 트레이더들은 시장미시구조 상태를 파악해서 유연하게 대처하는 실행 차이 모델(Implementation Shortfall) 알고리즘을 개발해 거래하기 시작했다. 이 방법은 미시구조를 자세히 분석해 현재 거래를 했을 때와 하지 않았을 때의 확률상 거래 비용 차이를 계산하고 최선이라 생각될 때 거래하는 알고리즘이다. 이러한 차이를 계산하는 역량에서 알고 트레이더의 실력 차이가 두드러지기 시작했다.

초단타 트레이딩 회사들의 먹이가 되지 않기 위해 투자자들에게 최적의 거래 알고리즘을 따로 제공해서 판매하거나 수수료를 받는 서비스 업체도 생기기 시작했다. ITG, Bloomberg, 각종 투자은행 알고 트레이딩 데스크, 나이트 캐피탈 같은 곳에서는 자신들의 방어형 알고리즘을 투자자들에게 서비스해주고 수수료를 챙겼다. 크레딧 스위스^{Credit Suisse}는 알고리즘을 방어하는 알고리즘들을 선보이면서 유명해졌다. 그들의 간판 알고리즘인 '게릴라'는 거래들을 무작위로 흩뿌리면서 도무지 거래를 하려는 의도를 보이지 않게 하면서도 거래 체결률을 80%까지 올려 투자자들에게 각광을 받았다. 크레딧 스위스에서 만든 '저격수들(Snipers)'이라는 알고리즘은 다른 거래자들의 알고리즘이나 거래 의도를 파악해서 이에 맞게 자신들의 의도를 묻어가거나 방어형임에도 자신들의 거래 비용을 최소화하기 위해 공격하는 알고리즘이었다. 이외에도 은행은 각자 방어형 인공지능을 만들어 초단타 트레이더들의 공격으로부터 방어하였다. 시티그룹은 자신들의 인공지능을 '대거(Dagger)', 도이치뱅크는 '슬라이서(Slicer)'라고 불렀다.

점점 경쟁 업체가 늘어나자 알고 트레이더의 수익은 줄어들어갔다. 일부 업체들은 다른 알고 트레이더보다 조금이라도 더 빠르기 위해서 수천만 달러를 투자해 시카고와 뉴욕을 연결하는 회선을 연결하기도 했다.

거기에 더 나아가 수익이 줄어드는 것을 보다 못한 일부 알고 트레이더들은 허위 매물을 올려서 미끼로 다른 사람의 거래를 파악한 뒤에 빠른 회선으로 재빠르게 취소하고 파악한 거래 정보로 수익을 얻는 불법적인 선행 매매를 하기 시작한다. 그리고 마이클 루이스의 책 《플래시 보이즈》로 이러한 알고 트레이더의 존재들이 세상에 알려졌다.

불법 선행 매매란 Reg NMS라는 규제의 허점을 이용한 방법이다. Reg NMS는 2007년에 제정된 법인데, 브로커가 고객에게 주문을 받았을 때 항상 모든 거래소에서 가장 싼 곳부터 거래해야 한다는 법이다. 일부 브로커가 다른 거래소에 싼 물량이 있는데도 모종의 거래로 특정 거래소에서 주문을 체결하는 것을 방지하려는 처사였다. 예를 들어 A 거래소에 애플이 99달러 100주의 물량이 있고 B 거래소에 100달러 10,000주의 물량이 있다면, 10,000주의 주문을 받은 브로커는 A 거래소에서 먼저 100주를 매수하고 B 거래소에서 나머지를 사야 한다. 법의 취지는 좋았으나 일부 초단타매매자들은 이를 악용하면 돈을 벌 수 있다는 것을 깨달았다. A 거래소에 미끼 물량을 싼 가격에 둔 뒤에 A 거래소의 거래가 체결되면 자신들의 빠른 회선을 이용해서 나머지 주문이 B 거래소에 도착하기 전에 B 거래소의 가격을 올려버리는 것이다. 이러면 브로커들은 꼼짝없이 올라간 가격으로 나머지 물량을 사야 한다.

이는 불법적인 극히 일부 초단타매매자들의 행위이지만 마이클 루이스는 이를 고발하면서 모든 초단타매매자는 없어져야 할 악이라고 표현하였다. 대중들은 동요했고 뉴스는 온통 초단타매매의 위험성을 대대적으로 알렸다. 블룸버그 뉴스 채널에서는 초단타매매를 찬성하는 측인 뱅가드의 회장 잭 보글과 이를 반대하는 찰슈 슈왑의 슈왑 회장이 소리 높여 토론하였다. 오바마 대통령은 초단타 트레이더들에게 문제가 있다면서 철저히 조사하겠다는 성명을 발표했다. 이후 이름 있는 헤지펀드와 초단타매매 회사들은 특검에 돌입하였다.

초단타매매자들과 퀀트들도 가만히 있지 않았다. 그들은 자신들이 불법적인 행위를 한 적이 없으며 오히려 기존의 기관들이 독점하던 정보들이나 높은 거래 장벽을 허물고 개인들이 공개적으로 시장에서 정보를 얻고 싼 수수료로 거래할 수 있도록 도와주는 역할이라고 반박하였다. 초단타 트레이더였던 피터 코박Peter Kovac은 마이클 루이스의 책을 반박하는 내용인 《플래시 보이즈: 그들은 빠르지 않다》를 출간했다. 이 책에 따르면 초단타매매 전체가 불법인 것마냥 매도하기 위해서 루이스는 다양한 통계를 조작하고 숨겼다고 말했다. 게다가 초단타매매가 개인 투자자들에게 긍정적인 영향을 미치는 불균형의 빠른 안정화나 1만분의 1이 된 수수료 같은 것들은 언급하지 않았다고 비판했다. 실제로 앞서 말한 대로 많은 초단타매매 회사들의 전략은 '마켓 메이킹'이기 때문에 유동성을 공급하는 역할을 한다. 이후, 규제와 감시 기관이 강해지고 몇몇 불법적인 초단타매매 회사들이 문을 닫으면서 플래시 보이즈 사태는 일단락되었다.

이제 시장에서 활동하는 퀀트는 몹시 다양해져 하나로 정의하기도 어려워졌다. 기업의 수익이나 브랜드 가치를 수치화해서 일반적 투자를 하는 퀀트, 에드 소프나 피셔 블랙처럼 평가가 어긋난 파생상품을 거래해서 돈을 버는 퀀트, 뱀버거처럼 다른 주식과의 관계를 파악하는 인공지능을 이용해 거래하는 퀀트, 영향을 주는 요인 분석을 하는 피터 멀러 같은 퀀트, 패턴 인식 기술과 머신러닝을 도입한 사이먼스 같은 퀀트 그리고 시장 충격을 찾아 극초고속 컴퓨터로 돈을 버는 알고 트레이더까지. 이들은 서로의 방식대로 작동하는 인공지능을 가지고 시장에서 돈을 벌기 위해 전쟁을 하기 시작했다. 당연히 이를 혼합한 퀀트도 탄생했고 다른 알고리즘의 행동 양식만 알아내서 그대로 따라하거나 반대 거래로 공격하는 알고리즘 헌터도 생겨났다.

이렇게 금융시장은 알고리즘 전쟁의 시대로 돌입했다.

THE
BEGINNING
OF
THE WAR

제2부

전쟁의 시작

뉴욕 월스트리트 한복판에서 벌어지는 인공지능 전쟁들

제1장

퀀트 업계에 뛰어들다

🎚 돈을 벌어다주는 인공지능

　　　　　　　　　나는 컴퓨터를 좋아하는 말썽꾸러기였다. 어릴 때 베이식을 배워 간단한 두더지 잡기 게임을 만들었고 포켓몬스터 홈페이지를 만들어 운영하기도 했다. 해킹을 배우기도 하고 속도를 높인다며 컴퓨터를 분해했다가 망가뜨리기도 다반사였다. 한창 PC가 보급되던 시기에 어느 정도 컴퓨터를 다룰 줄 아니 돈을 벌 기회가 생겼다. 처음으로 만든 게임 '둥그리 산 모험'을 친구들에게 디스크 한 장에 500원씩 팔기도 하고, 선생님들에게 컴퓨터 과외를 하거나 교실 컴퓨터 관리로 나름 짭짤한 소득을 얻었다. 10살짜리 꼬마에겐 자신의 능력으로 돈을 번다는 사실이 그렇게 짜릿할 수 없었다.

"인공지능을 만들어볼까?"

무더웠던 고등학교 시절 여름, 컴퓨터를 잘 다루는 친구와 작당을 꾸였다. 당시에는 리니지, 메이플 스토리, 바람의 나라 등 온라인 게임이 폭발적인 인기를 끌었는데 게임상의 고급 장비가 현실에서 최소 몇천 원부터 최대 수백만 원까지 다양한 값에 거래되고 있었다. 고급 장비를 획득하면 돈을 벌 수 있으니 당연히 시간을 투자해 게임하는 사람이 생겼고 심지어는 조선족을 고용해 밤새 게임을 시키는 일명 '작업장'도 유행했다. 친구랑 나는 여기서 아이디어를 얻어 게임을 자동으로 해서 장비를 수집하는 인공지능 프로그램을 만들었다.

먼저 컴퓨터 메모리상에서 게임 정보가 저장된 곳을 찾아 읽어 들인 후, 체력이 일정 수치 이하가 되면 자동으로 치료하고 적이 나타나면 공격하도록 하였다. 장비의 모양을 읽어 들여 고가면 수집하고 그렇지 않으면 지나치도록 만들었다. 길을 걷는 알고리즘을 만드는 것이 가장 어려웠는데, 온라인 게임의 경우 다른 유저들 때문에 길이 막히거나 예상치 못한 장애물이 등장하곤 했기 때문이다. 그래서 상황에 맞게 그때그때 비켜 가도록 수정하고 몇 초 이상 막혀서 움직이지 못할 땐 순간이동 마법을 사용하도록 고안했다.

학교에서 수업을 듣고 집에 돌아오면 보통 1~2만 원 정도 하는 장비가 수집돼 있었다. 가끔 운이 좋은 날에는 보관함에 10만 원짜리 장비가 들어 있었다. 물론 매일 돈을 벌기만 한 것은 아니다. 한 번씩 인공지능이 오류가 나서 고장 나면 가만히 서 있다가 죽어서 장비를 잃고 투자한 돈까지 날리는 일도 있었다. 처음에는 학교 컴퓨터실에 몰래 들어가 원격으로 종종 체크를 하였는데 매번 그렇게 하기 어렵다 보니 모니터링을 자동화하는 기능도 추가하기 시작했다. 주기적으로 오류가 났는지 검사를 하고 이상 징후가 보이면 무료 문자 서비스를 통해서 핸드폰으로 문자 메시지를 보내도록 하였다. 시간이 지날수록 인공지능 시스템은 점점 시스템화되었다. 갈수록 학교에 있기가 힘들었다. 빨리 집에 가서 보관함을 확인하고 싶어 참을 수가 없었다. 학교에서 수업을 듣는 동안에도, 운동장에서 축구를 하는 동안에도 돈을 벌어다주는 인공지능이라니. 이보다 더 즐거울 순 없었다.

물론 게임회사 측에서는 인공지능을 막기 위해 수단과 방법을 가리지 않았다. 보안 프로그램을 이용해 외부 프로그램이 구동되는 걸 막거나 움직임이 지나치게 규칙적인 게임 캐릭터들을 규제했다. 어떤 게임은 주기적으로 퀴즈가 튀어나와 풀지 못하면 종료되도록 하였다. 게임 데이터가 저장된 메모리 주소를 정기적으로 바꿔 주는 것은 기본이었다. 매일매일 시간을 할애해 바뀐 주소를 찾아내고 새롭게 생긴 규제를 피하기 위해 무작위로 움직이거나 사람인 척 인사하며 채팅하는 기능을 추가했다.

결국 게임회사는 인공지능과의 싸움을 선전포고했다. 인공지능 제작자에게 법적 조치를 가하겠다는 메시지였다. 친구와 나는 계속하다간 위험하리라 판단해 인공지능 제작을 중단하고 더 이상 미련이 남지 않도록 코드를 전부 공개했다. 길지 않은 시간 동안 비록 위험한 일이었지만 인공지능을 제작해 자동으로 수익을 얻는 경험은 짜릿했다.

이후 대학에서 컴퓨터과학과 로봇공학을 공부하면서 인공지능에 대한 여러 가지를 경험했다. 프로젝트 연구로 트위터의 글을 분석해서 글 쓴 사람의 심리 상태를 예측하는 연구도 하였고 로봇공학연구소에서 문장을 읽는 초등학생들의 뇌파를 분석해 그 문장의 내용을 예측하는 연구도 하였다. 진취적인 연구였지만 생각보다 성과가 나오지 않았고 진행 속도도 느렸다. 시간이 갈수록 나는 철 모르던 10대 때 게임회사와 치열하게 승부를 펼치며 인공지능을 만들던 시절이 그리웠다.

◇ ◇ ◇

어느 날 나는 읽고 있던 책장을 무심코 넘기다가 몰입의 순간을 경험했다. 스캇 패터슨이 쓴 《퀀트》였는데 금융에 대해서는 아는 것이 전혀 없는 데다가 책 내용 또한 너무 어려워서 반 이상 이해할 수 없었지만 단번에 퀀트에 매료되는 계기가 되었다. 금융 인공지능을 이용해 1조 이상의 연봉을 받는다는 케네스 그리핀, 쇼 박사, 제임스 사이먼스의 이야기에 가슴이 두근거렸다. 나도 피터 멀러의 '마이더스' 같은 인공지능을 만들고 싶어졌다.

바로 퀀트에 대해 검색하기 시작했다. 그러나 관련 자료는 전무하다시피 하였고 영어권에서조차 대부분 질문이거나 추측성 글뿐이었다. 정확히 어떤 일을 하는지, 어떤 회사가 있는지 알기 어려웠고 설상가상으로 설명하는 내용도 각각 달랐다. 그나마 공통된 이야기는 통계와 수학, 컴퓨터 그리고 금융 지식이 골고루 있어야 하고 대부분 연구 경력이 많은 박사를 선호한다는 내용이었다. 인턴 퀀트로 들어가기가 하늘에 별따기라는 이야기도 있었다. 나는 조사 끝에 호기롭게 퀀트 업계에 도전장을 냈지만 번번이 '지원을 해주셔서 감사합니다만……'으로 시작하는 이메일을 받아야 했다. 이대로는 안 되겠다 싶어 채용 박람회에 참가한 퀀트 회사들을 무작정 찾아갔다.

"안녕하세요, 퀀트 트레이더 자리에 관심이 있습니다. 혹시 제 이력서를 검토해주실 수 있을까요?"

"음…… 관련 연구 경력이 있습니까?"

"그렇지는 않습니다."

"수익 알고리즘이 있을 것 같지는 않고…… 특별한 고속 프로그램을 개발한 적은 있습니까?"

"현재 뇌파분석연구소에서 일을 하고 있습니다. 뇌파와 문장 사이의 관계를 인공지능 기술로 분석해보고 있습니다."

"흥미로운 연구긴 하지만 인공지능 쪽은 관련 박사들 면접도 이미 많이 잡혀 있어 좀 어렵습니다. 그런데 뇌파 연구도 재밌어 보이는데 왜 퀀트를 하고 싶어 하시는 것이지요?"

"저는 공학도이지만 경제, 정치, 역사 등에 관심이 많습니다. 세상의 움직임을 데이터화시켜서 패턴을 찾고 컴퓨터 인공지능으로 돈을 번다는 사실이 굉장히 매력적으로 보였습니다. 저는 어릴 적 돈을 버는 인공지능을 만들어본 경험이 있는데 정말 즐거웠거든요."

"오호. 돈을 버는 인공지능이라니, 어떤 것이지요?"

나는 한국의 게임거래 시장과 게임 인공지능을 개발한 이야기, 원리 및 어려웠던 점, 오류 처리 방식 등에 대해 설명했다. 이력서를 보면서 그다지 관심을 가지지 않았던 담당자는 이내 굉장히 흥미롭다는 듯 여러 가지 질문을 쏟아냈다. 특히나 모니터링에 어려움을 겪으며 이를 해결하기 위해 다양한 안전장치를 마련했다는 점에서 굉장히 감명을 받은 듯했다.

"만나서 즐거웠어요. 2시간 뒤 학생회관 1호실에서 봅시다."

성공했다. 진짜는 이제부터 시작이다. 학교 카페에서 레드 아이라 불리는 독한 블랙커피를 입 안에 털어 넣고 숨죽이며 면접실 안에서 기다렸다. 이윽고 30대 초반 정도의 키는 작지만 날카로워 보이는 인상의 남자가 회사 로고가 적힌 후드티와 청바지를 입고 들어왔다. 자신을 마이클이라고 소개한 이 남자는 메릴린치 5년차 시니어 퀀트라고 했다. 먼저 자기소개를 해보라는 그의 말 한 마디에 자동응답기처럼 대사들을 뱉어냈다.

"시장의 움직임을 데이터화해서 패턴을 찾는 인공지능이라는 것에 큰 매력을 느껴 퀀트가 되기로 마음먹었습니다."

간단한 대화를 마치고 마이클은 이제부터 기술적인 것을 질문할 텐데 준비됐냐고 물었다. 특히 금융이나 엔지니어 면접에서는 이처럼 기술 관련 질문이 상당 부분을 차지한다. 굉장히 세세하고 직접적인 질문이기 때문에 처음에는 당황하여 어버버 하다가 끝나버려 혹평을 듣게 되곤 한다. 나 또한 몇 개월간은 기술 면접에 익숙해지느라 진땀을 뺐다. 아무리 해도 익숙해지지 않는 면접이었다.

"지금부터 묻는 계산 문제를 암산으로 대답해보세요. 각 문제는 5초 드리겠습니다."

"36 X 25는?"

"84의 31%는?"

"17의 제곱은?"

"주사위를 한 번 던질 때의 기댓값은?"

"처음 결과가 마음에 안 들어 두 번째 던졌을 때의 기댓값은?"

첫 질문은 암산 문제였다. 특히나 두 자릿수의 곱셈에서 당황해 자주 탈락했었다. 펜과 종이 없이 암산하는 것은 대한민국의 강도 높은 수학 교육으로도 골치 아픈 레벨이었다. 종종 '인도처럼 19단을 외었더라면' 하는 아쉬움도 들었다. 그렇게 번번이 실패한 뒤 거금 5달러를 들여 다운로드한 암산 어플로 통학길에 끊임없이 연습을 하였다.

수개월간 연습한 효과가 있었는지 이번엔 무사히 통과했다. 정답을 말한 다음에 혹시나 틀렸을까 초조하게 마이클의 입모양만 뚫어져라 쳐다보았다. '좋습니다'라는 말을 듣고 나서야 꽉 쥔 깍지에 힘이 풀렸다. 암산 단계에서 탈락한 적이 가장 많았기 때문에 가장 긴장되는 순간이었다. 더 이상 면접을 진행하고 싶지 않은 면접관은 주로 '잘 들었습니다. 혹시 회사에 질문 있습니까?'라고 한다. 당시에 가장 듣기 싫은 말 중 하나였다. 이어서 마이클은 통계 문제들을 던지기 시작했다.

"동전을 던져 연속으로 '앞면-뒷면-앞면'이 나올 경우에 그만둔다고 할 때, 동전을 평균 몇 번 정도 던져야 그만둘 수 있는가?"

"농구 경기에서 2점 차이로 뒤져 있고 마지막 슈팅 찬스가 왔다. 2점 슛을 넣을 확률은 1/2, 3점 슛은 1/3이다. 당신이라면 무슨 슛을 던질 것인가?"

"정답은 3점 슛이다. 그렇다면 동점일 때 자유투 기회를 준다 한다면 자유투 성공률이 몇 이상이어야 2점 슛이 3점 슛보다 더 좋은가?"

"모델링을 할 때 과적합(Over-fitting) 상황을 줄이기 위해서는 어떻게 해야 할까?"

수학과 컴퓨터를 공부한 나에게 통계와 확률은 약점이었다. 그러나 암산보다는 해결할 만했다. 컨디션이 좋지 않을 때 암산 문제는 아예 통과하지 못하는 경우가 많았으나 통계 문제는 차분히 생각하면 어느 정도 풀 만했다. 마이클은 마지막으로 컴퓨터 문제들을 던졌다.

"C++에서 생성자는 가상 키워드가 가능한가?"

"해시 테이블과 레드-블랙 트리의 검색, 삽입 속도를 말하여라."

"52개의 카드를 무작위로 섞는 것을 선형 시간에 실행하는 알고리즘을 설계해라."

"금융 공학에서 가장 중요한 공식인 블랙-숄즈를 직접 프로그램으로 짜 봐라."

그나마 컴퓨터 과학 문제들이 가장 자신 있었지만 안심할 순 없었다.

오히려 전공이기 때문에 기대하는 바가 크고 굉장히 어려운 문제를 물어볼 때도 많기 때문이다. 5분 같았던 1시간이 지나고 마이클의 명함을 손에 쥐고서 면접실을 나왔다. 예감이 나쁘지 않다. 하지만 이내 고개를 저었다. 이렇게 면접을 완벽하게 보았다 생각해도 한 달 넘게 연락이 오지 않던 회사가 몇십 군데가 넘는다. 괜한 기대를 가지고 있다가는 실망만 커진다.

일주일 후, 비행기표와 호텔 숙박권과 함께 '최종 면접에 초대합니다!'라는 메일이 왔다. 10번 정도의 최종 면접에 가보았고 좋은 결과를 얻지 못한 경우도 많았지만 최종 면접은 언제나 즐거운 일이었다. 광활한 미국에서 일일이 면접자들이 찾아오기 힘들기 때문에 소수의 최종 면접자들은 비행기표와 숙박권을 받고 본사에 모이게 된다. 면접 보러 오는 동안의 식사나 와인도 모두 대신 지불해주기 때문에 마치 공짜 여행을 하는 것만 같은 기분이 들기도 한다. 지금도 선뜻시키지 못하는 호텔 룸서비스나 고급 샴페인도 이때 가장 많이 마셔본 것 같다.

하지만 이번엔 상황이 좀 다르다. 이번 채용 기간에 인턴 퀸트 채용이 되지 못하면 입사가 어렵기 때문에 즐길 새도 없이 호텔 안에서 꼼짝 않고 수학 문제만 내리 풀었다. 최종 면접은 1차 면접과 다르게 여러 명이서 더욱 철저한 기술 면접을 본다. 어떤 회사는 모의 트레이딩을 시키기도 하고, 어떤 회사는 주어진 거래 프로그램을 만들고 구동까지 되도록 해야 했다. 간단한 실제 거래 데이터를 주고서 통계 지식을 이용해서 패턴을 즉석으로 분석해보라는 식의 면접도 있었다. 한참 동안 노트북을 쳐다보다 보니 어느덧 해가 지고 있었다. 이 회사는 면접 전날 직원들과 함께 저녁을 먹는 이벤트가 있었기 때문에 노트북을 덮고 밖으로 나갔다. 방 안에서 편하게 먹는 것도 고려해봤지만 직원들과 식사하며 탐색전을 하는 것도 중요하다 싶어 피곤한 몸을 이끌고 식당으로 갔다.

다음날, 회사 투어와 함께 한 명씩 차례대로 5명 정도와 면접을 보고 나서야 비로소 긴장을 풀고 쉴 수 있었다. 예상대로 기술 문제와 수학 문제가 대부분이었지만, 마지막 면접관은 나에게 조금 다른 질문을 던졌다.

"당신은 퀀트가 왜 되려고 하나요?"

나는 대답했다.

"큰돈을 벌기 위해서죠."

그러자 그가 대답하였다.

"누구나 엄청나게 큰돈을 바라고 이 바닥에 뛰어듭니다. 제2의 사이먼스가 되길 원하죠. 그러나 그 마음가짐만으로는 오래 살아남기가 어렵습니다. 퀀트는 투자가도, 금융맨도 아닙니다. 과학자면서 탐험가에 가깝습니다. 끊임없이 탐구정신을 가지고 새로운 이론을 찾아내야 합니다. 퍼즐을 보면 풀고 싶고 현상을 보면 이론을 찾아내고 싶어 하는 과학자 정신이 있어야 하지요. 그 과정에서 돈을 벌지 못할 수도 있습니다. 그럼에도 불구하고 데이터와 시장의 오묘함을 풀어내는 것이 즐겁다면 당신은 자격이 있는 것입니다."

그는 마치 신입사원에게 조언하듯이 이야기를 하였다.

"과학자는 사람을 살리는 심폐 소생기를 만들 수도 있고, 사람을 죽이는 핵무기를 만들 수도 있지요. 퀀트도 마찬가지입니다. 당신이 만든 투자 인공지능이 시장을 해칠 수도 있고 시장의 안정화에 기여할 수도 있습니다. 부디 시장을 살리는 퀀트가 되기를."

면접을 마치고 인사를 하는 둥 마는 둥 하면서 사무실을 나섰다. 두뇌가 방전돼 아무런 생각도 나지 않았고 비싼 식사보다는 국밥 한 그릇이 간절했다. 나는 공항행 택시를 타기 직전에 스타벅스에 들러서 뉴욕이 박혀 있는 머그컵 하나를 샀다. 면접을 올 때마다 기념으로 하나씩 사곤 했다. 행운의 부적 같은 것이기도 했다.

피곤에 젖어 깊은 잠을 자고 있는 사이 비행기가 학교에 도착했다. 잠에서 채 깨지 못해 몽롱한 상태로 휴대폰의 비행기 모드를 풀었다. 여러 통의 메시지 사이에서 메일 알림이 하나 보였다. 숨을 죽이고 열어보았다.

"축하합니다. 당신은 메릴린치의 인턴 퀀트로 합격하였습니다."

긴 여정이 드디어 끝나는 순간이었다.

퀀트 트레이딩 그룹(QTG)

몇 달이 지나고 첫 출근날이 되었다. 아침 8시 타임스퀘어 주변은 정장 입은 사람들로 가득 차 있었다. 아마 이 중에는 나와 같은 투자은행 사람들도 많을 것이다. 사무실에 도착하니 면접을 주도했던 마이클이 반겨주었다. 정장 차림의 나를 위아래로 훑더니 피식 웃으며 그가 말했다.

"잘 왔어! 이사는 잘 했니? 안 그래도 기다리고 있었는데. 그리고 앞으로는 이렇게까지 입지 않아도 돼. 사람들이 가방 판매원으로 보니까."

그제야 나는 주변을 둘러보았다. 전부 캐주얼한 옷을 입고 있었다. 심지어 어떤 사람들은 야구모자를 쓰고 일하고 있었다. 갑자기 부끄러운 마음에 그 자리에서 넥타이를 풀고 자켓을 벗은 뒤에 마이클을 따라가기 시작했다. 마이클은 팀원들이 모여있는 곳에 가서 차례로 소개시켜주었다. 한 명 한 명과 정신없는 악수를 마치고 구석에 있는 자리로 배정받았다.

마이클은 첫날엔 딱히 로그인 아이디도 없고 할 수 있는 일 또한 없으니 이것저것 구경하며 분위기를 느껴보라고 하였다. 나는 마이클 옆에 의자를 가져다놓고 장이 열리는 모습을 지켜보기로 했다. 매트릭스처럼 수많은 숫자가 올라가는 화면을 보면서 마이클은 옆의 네트워크 전문가 브라이언에게 소리쳤다.

"100번대 기초 알고리즘 로딩 완료! 200번대 알고리즘 구동 준비 중입니다. 뉴욕거래소와의 연결 상태 체크 부탁드립니다."

"라져, 뉴욕거래소 연결 상태 양호. 시카고 선물거래소 연결이 지연되고 있습니다. 체크 바랍니다."

"212번 알고리즘이 계속 오류 나고 있습니다. 시앙, 버그 로그를 읽으셔서 개장 전에 해결해주시기 바랍니다."

"제길, 또 버그가 났다고? 15분 안에 못 고치면 212번은 오늘 구동하지 말아주게."

"좋습니다. 나머지 알고리즘 모두 준비 완료. 개장까지 긴장을 늦추지 말기 바랍니다!"

9시 29분이 되자 갑자기 미식 축구 선수 같은 우람한 체격의 미국인

브라이언이 우스꽝스러운 목소리로 '1분이이이이이이이이이 남았습니다아아아아아! 빠라밤!'이라고 외치는 소리가 들렸다. 사람들이 휘파람을 불며 손뼉을 치기 시작했다. 놀란 내 표정을 보면서 옆자리에 있는 러시아계 퀀트 개발자 올레그가 웃으며 개장 전에는 한 명이 소리치는 게 전통이라고 알려줬다. 박수가 끝나자 사람들은 비장한 표정으로 모니터를 보기 시작했고 화장실에서 급하게 뛰어오는 사람도 보였다.

장이 시작되자 갑자기 화면에 파란색, 빨간색 글자와 숫자들이 엄청난 속도로 올라가기 시작했다. 1초에도 10줄 이상씩 올라가는 화면을 가만히 지켜보니 정신이 없었다.

"파란색은 이익을, 빨간색은 손해를 본 거래를 표시하는 거야."

차분하고 느릿느릿한 러시아식 발음을 가진 올레그가 궁금해하는 내 표정을 보더니 말해주었다. 뉴스와 책으로만 접하던 초단타매매의 현장에 있다는 사실이 신기할 따름이었다. 파란색 거래 라인의 이익 부분에 3센트라고 적혀 있었다. '이전에 배웠던 것처럼 초단타매매는 진짜 몇 센트를 몇만 번씩 거래해서 이익을 내는 거구나' 싶었다. 하지만 이상하게도 빨간 거래가 대략 20-30% 정도 되어 보였다. 이익이 작은 대신 확실한 거래만 하는 초단타매매의 특성과 다르게 손실 거래의 비율이 지나치게 높아 보였다.

마이클이 외쳤다.

"아마존과 랄프 로렌의 가격 계산에 이상이 있는 것 같아. 패러미터 체크 좀 해줘!"

그러자 중국계 알고 트레이더 시앙이 급박하게 타자를 치면서 말했다.

"젠장! 주말 사이에 변동성이 커진 걸 반영하지 못한 것 같아. 지금 수정할게!"

이후에도 여러 명이 몇 번 더 소리치며 처리를 하자 이내 화면 대부분이 파란색으로 차게 되었다.

"오케이, 모든 가격 계산이 정상화되었고 오늘도 무사히 장을 열었습니다!"

마이클의 상기된 목소리를 들은 팀 사람들은 모두 크게 박수하며 휘파람을 불었다. 옆 팀에서도 익숙하다는 듯이 웃으면서 같이 손뼉을 쳤다. 사람들은 한시름 놓았다는 듯 커피를 타러 가거나 화장실을 가기 시작했다.

정신없었던 오픈 후 30분의 여운에서 벗어나지 못하고 있는 동안 누군가가 내 어깨를 툭 쳤다. 뒤를 돌아보니 키가 크고 영화 배우처럼 뚜렷한 이목구비를 가진 인도인이 웃으며 강한 억양으로 말을 걸어왔다.

"네가 새로 왔다는 인턴이구나? YJ라고 해도 되지? 첫 오픈을 본 소감이 어떤가?"

YJ는 내 이름 두 글자의 이니셜을 딴 것이었다. 이후로 YJ는 내 별명이 되었다.

"네. 그렇게 부르셔도 괜찮습니다. 정말 정신 없네요."

"난 사로지라고 하네. 퀀트 트레이딩 그룹 안에서 옵션팀의 대표를 맡고 있지. 잠깐 시간 괜찮나? 간단하게 우리 그룹에 대해 소개해주도록 하겠네."

사로지는 조곤조곤하지만 힘찬 어조로 설명을 이어나갔다. 당시 메릴린치에는 다른 그룹과 달리 독자적으로 움직이는 퀀트 트레이딩 그룹(Quantitative Trading Group; QTG)이 있었다. 이 그룹은 60명 정도로 이루어진 큰 부서 였는데 전부 초고속 알고리즘을 이용하는 초단타매매를 기반으로 5년째 수익을 내고 있었다. QTG 그룹은 두 팀으로 나누어져 있었는데, 한 팀은 순간적으로 생긴 짧은 틈을 찾아서 거래하는 주식 통계적 차익거래팀(Quantitative Statistical Arbitrage; QSA)이었고, 나머지 한 팀은 빠른 옵션 가격 계산으로 사고파는 가격의 차액을 버는 옵션 마켓 메이킹팀(Automated Option Market Making; AMM)이었다. 나는 AMM, 즉 옵션팀에 배치되었다.

두 팀은 숫자로 매겨진 300가지 알고리즘을 이용해 각자의 방식으로 수익을 내고 있었다. QSA, 즉 주식팀의 알고리즘은 주로 100번부터 200번이었고, 옵션팀의 알고리즘은 200번부터 300번까지였다. 100번 이하의 알고리즘은 데이터를 분석하거나 주문을 보내는 등 공용으로 사용하는 알고리즘이었다. 두 팀 모두 데이터와 수학, 빠른 컴퓨터 속도를 이용해서 수익을 내지만 알고리즘과 팀원, 팀 분위기에는 차이가 있었다.

메이슨이 이끄는 40명의 주식팀은 다양한 알고리즘으로 통계적 틈을 찾아내 수익을 냈다. 뱀버거의 페어 트레이딩, 피터 멀러의 요인 분석, 사이먼스의 히든 마코브 암호 해독까지 사용하였다. 널리 알려진 알고리즘뿐만 아니라 여러 방면으로 혼합하고 수정해서 독자적인 방식을 구축하였다. 퀀트 트레이더들은 제2의 사이먼스나 쇼박사가 되기 위해 끊임없이 통계적 틈을 찾는 방법을 새로이 연구하고 패턴을 발굴해냈다. 메이슨은 수익을 많이 내는 퀀트에게 충분한 보상을 해주는 반면 강력한 인공지능을 만들지 못해 수익이 떨어지는 퀀트는 가차 없이 좌천시키거나 해고했다. 그의 방식이었다. 30명 정도의 퀀트 트레이더들은 누가 시키지 않아도 새로운 수익 원천을 찾기 위해 야근하는 경우도 많았다. 어차피 개인 플레이 중심이기 때문에 서로 토론을 하거나 협력하는 일도 거의 없었다. 주식팀 퀀트들은 그저 자신의 알고리즘을 더욱 강력하게 하는 일에 매진하였다. 나머지 10명 정도는 보조 개발자와 데이터 관리자, 네트워크 전문가들이었는데 퀀트들이 요구하는 것들을 도와주는 역할만 하였다. 그들은 퀀트에 비해 큰돈을 벌진 않지만 스트레스가 적어 만족하는 것 같았다.

　반면 사로지가 이끄는 20명의 옵션팀 분위기는 약간 달랐다. 옵션팀은 비밀스러운 알고리즘이 아니라 널리 알려진 블랙-숄즈 모델을 이용해 옵션 가격을 계산했다. 그리고 나서 다른 업체들과 경쟁해 최대한 빠르고 적절한 가격에 사고팔아 차액을 남기는 시카고 무역상인 스타일의 거래를 하였다. 주식팀처럼 개개인이 새로운 시장의 틈을 찾는 것이 아니라, 모두가 합심해 알고리즘 자체의 속도를 높이거나 시장미시구조에 대한 자잘한 연구를 더 해야 하는 쪽이었다. 때문에 주식팀처럼 퀀트 트레이더가 중심이 되어 이끌기보다는 마이클과 같은 퀀트 개발자들이 주가 되어서 팀을 이끌었다. 초고속 시스템 전문가인 퀀트 개발자, 블랙-숄즈 모델 튜닝을 하는 퀀트 애널리스트 그리고 시장미시구조와 저격을 담당하는 알고리즘 트레이더가 거대한 무역회사를 운영하는 것과 비슷하다. 자신의 작은 인공지능 하나하나를 만드는 것이 아닌, 거대한 팀의 인공지능에 기여하는 것이므로 수익도 나누어 가졌다. 거래만 성사되면 수익이 꾸준히 발생하기 때문에 무리하게 야근할 필요가 없었다. 그렇지만 경쟁업체인 시카고 트레이딩 회사 GETCO, IMC, SIG보다 시장점유율을 높이기 위해서 끊임없이 노력해야 했다.

퀀트 트레이딩 그룹의 대표였던 제이크는 퀀트팀을 키워 핵심 부서로 성장한 뒤 권력을 잡으려는 야심을 가지고 있었다. 그는 80여 명 정도 되는 메릴린치 그룹 대표들 가운데 서열 10위 정도였다. 투자은행에서 그룹 대표 직급부터는 뛰어난 정치력과 눈에 띄는 수익률이 없으면 파트너 임원으로 승진하기가 어려웠다. 당시 인수합병 부서나 자산관리 부서에 비해 설립한 지 얼마 되지 않은 퀀트 그룹이 수익이 높을 순 없었기에 제이크는 번번히 승진 싸움에서 밀려났다. 그는 자신의 퀀트 그룹이 골드만삭스나 모건스탠리처럼 강력한 퀀트 부서가 되길 바랐다. 기존의 거대 퀀트 헤지펀드와 같은 통계적 틈을 찾는 주식팀과 시카고 초단타 트레이딩 회사와 같은 옵션팀 모두를 가지고 있다는 장점을 이용하면 불가능하지 않다고 판단한 것이다.

두 팀 모두 열심히 일했지만 제이크는 주식팀에 신경을 더 썼다. 주도권 또한 주식팀에 있었다. 옵션팀은 알고리즘 특성상 수익이 안정적인 대신 갑자기 크게 증가하지는 않는다. 반면 주식팀은 통계적 틈을 찾으면 찾을수록 수익이 끊임없이 증가하기 때문에 제이크의 야망을 실현하기 위해서는 주식팀의 성장이 필수였다. 제이크는 100번부터 200번 사이의 알고리즘 수익 도표를 매주 받아보았고, 새로운 알고리즘을 만들 사람과 아이디어를 계속해서 찾았다.

어떤 사람들은 제이크가 그룹의 체계적인 성장보다는 오직 눈에 보이는 수익 증가에 치중한다고 비난하였다. 수익 인공지능을 만드느라 데이터베이스가 엉망이거나 알고리즘의 문서화가 거의 이루어지지 못했다. 이런 작업에 시간을 쓰는 사람이 있다면 수익이 적어졌다면서 바로 제이 크와 1:1 대면을 하게 될 것이었다. 하지만 퀀트들 또한 수익 알고리즘을 늘리는 데 익숙해지게 되었고, 수익이 늘어나면서 자신의 연봉도 덩달아 올랐기 때문에 대부분은 제이크의 방식에 큰 불만이 없었다.

"우리 그룹의 가장 큰 장점은 옵션팀이 옵션시장에서 안정적인 수익을 내는 동시에 주식팀이 주식시장에서 새로운 패턴을 발굴해 큰돈을 벌 기회를 준다는 것에 있지. 이는 대부분의 다른 헤지펀드에서 시도하지 않은 혁신적인 방법이야. 옵션팀의 옵션시장 점유율은 상위 5등 안에 들 정도로 강력하고 주식팀의 통계적 차익거래 수익은 아직 성장 중이지만 시타델과 PDT를 바짝 뒤쫓고 있지."

초단타 회사에게 가장 큰 과제는 데이터와 인프라 비용이다. 사로지 말에 따르면 옵션팀에서 사용하는 옵션 데이터만 1년에 5억 가까이 된다고 한다. 일반적인 회사에서는 이러한 데이터 비용 때문에 통계적 차익거래 팀과 옵션 마켓 메이킹 팀을 동시에 운영할 생각을 하지 않는다. 그러나 메릴린치는 그들의 막강한 자금력과 제이크의 정치력으로 이를 실현한 몇 안 되는 회사였던 것이다.

"정말 대단하네요. 말로만 듣던 유명 회사들과 경쟁하고 있다니……"

"이제 그들을 넘어서야겠지? YJ, 자네가 그 주역이 되어야 하지 않겠나? 내일부터는 마이클과 함께 다양한 프로젝트를 진행해보게."

"친절한 설명 감사합니다."

사로지의 격려와 자신감 넘치는 말투 덕에 에너지가 온몸으로 차오르는 기분이었다. 장 마감시간이 가까워지자 거래량도 뜸해지고 파란 글자가 올라오는 속도도 현저히 느려졌다. 팀원들이 하나둘씩 자리에서 일어나 텔레비전을 보거나 럭비공을 던지거나 골프연습을 하며 놀기 시작했다. 매 순간이 전쟁터일 거라 생각했던 증권거래 플로어에서 모니터 하나 깨트릴 것 같은 자세로 해맑게 웃으며 럭비공을 갖고 노는 모습은 적잖은 충격이었다. 3시 59분이 되자 브라이언이 다시 한 번 우스꽝스런 목소리로 '자아아아아아앙 마감 1부-우-우-우-우-운전!!!!!' 외치고 사람들은 오픈 때보다 더 큰 소리로 박수했다. 나는 사람들의 환대와 격려를 받으며 집으로 돌아왔다.

퀀트 이야기 #1
퀀트 회사 비교, 중앙 거래 방식 VS 개별 거래 방식

퀀트 회사들은 회사나 팀 전체가 공동으로 관리하는 알고리즘으로 거래를 하는 중앙 거래 방식과 각각의 퀀트가 자신의 알고리즘을 만들어서 수익을 내는 개별 거래 방식으로 나뉜다.

중앙 거래 방식은 규모가 크고 다양한 시스템이 필요한 거대한 거래 전략을 사용한다. 회사나 팀의 구성원들이 공동으로 알고리즘을 관리하고 발전시키면서 수익을 극대화하는 방식이다. 팀 구성원들은 각자 자신이 맡은 전문 부분에서 연구와 개발을 거쳐 팀 알고리즘의 성능을 향상시킨다. 퀀트 개발자는 알고리즘의 계산 속도나 모의 시장 시스템을 더욱 정교하게 만든다. 퀀트 데이터 애널리스트는 끊임없이 쏟아지는 데이터를 관리하고 정규화시켜 저장하고 사용하기 쉽게 만드는 역할을 한다. 퀀트 애널리스트는 데이터나 거래를 분석해서 알고리즘 작동 방식이나 파라미터를 바꾼다. 마지막으로 알고리즘 트레이더들은 거래가 직접 이루어지는 시장구조를 분석해 거래 비용을 줄이거나 다른 알고리즘의 행동을 예측해서 거래 타이밍을 조절하는 역할을 한다. 이들이 모두 합심을 해서 알고리즘 수익을 늘리고 기여도에 따라 수익을 나눠가진다. 자금의 규모가 거대하거나 시스템이 복잡한 거대 퀀트 펀드나 투자은행, 시카고 트레이딩 회사 등에서 이러한 방식을 주로 이용한다.

한편 개별 거래 방식은 각자가 스스로 자신만의 알고리즘을 개발, 데이터 가공, 분석, 거래 집행까지 모두 행하고 개발 및 데이터 비용만 나눠서 내는 방식이다. 각자의 알고리즘은 자신의 소유이며 알고리즘 수익은 수수료와 회사 운영 비용을 제외하고는 온전히 원작자 퀀트의 몫이다. 초단타매매 전문 헤지펀드들의 대부분은 이러한 방식을 따른다.

두 방식 모두 장단점이 있다. 중앙 거래 방식은 전문 분야를 나눈 사람들이 팀을 이루기 때문에 토론 및 협력이 잘 이루어지고 개발, 분석, 데이터 관리 등이 전문적으로 깊게 이루어진다. 알고리즘의 규모가 크고 거래량도 많아서 큰 수익을 얻을 가능성이 높다. 반면에 수익 배분이 철저하지 않으면 의욕이 떨어질 수 있고 각각의 퀀트가 좁은 부분만 바라보기 때문에 큰 그림을 보고 새로운 알고리즘을 만드는 프로세스가 일어나기 어렵다.

개별 거래 방식은 퀀트 트레이더 한 사람이 모든 일을 처리하기 때문에 비효율적인 부분도 많고 각 부분에 깊은 전문성을 가지기 어렵다. 게다가 퀀트끼리 협력할 부분이 거의 없다. 그렇지만 알고리즘 전체를 온전히 소유하기 때문에 수익 배분이 확실하고 전체 프로세스를 익혀서 새로운 알고리즘 아이디어 개발에 큰 동기를 줄 수 있다. 메릴린치의 옵션팀은 중앙 거래 방식을, 주식팀은 개별 거래 방식을 따랐다.

◼◼ 인공지능의 엔진, 퀀트 개발자

"마이클, 거래량 계산에 오류가 있는 것 같은데 봐줄 수 있겠어?"
"마이클, 데이터베이스에서 거래 알고리즘으로 읽을 때는 어떤 라이브러리를 써야 하는지 알려줄래?"

"마이클, 변동성 계산 부분 지연 시간이 너무 긴 것 같아. 좀 더 알고리즘 최적화를 할 수는 없을까?"

장이 열리면 언제나 마이클 찾는 소리로 바쁘다. 나는 사수인 그의 옆자리에 배치 받았다. 그는 30대 초반의 어린 나이였지만 옵션팀의 시스템을 전부 기획하고 개발한 핵심 인물이었다. 그는 6년 전에 펜실베이니아 대학교 컴퓨터과학과를 졸업하고 메릴린치 IT 부서에 입사해서 장부 관리 프로그램을 짜거나 고객용 앱 개발을 하고 있었다.

"그런데 지금은 어떻게 저런 중심 역할을 맡게 된 거죠?"

신기하다는 듯한 나의 표정을 보며 점심시간에 친해진 시앙이 불고기 타코를 오물거리며 설명해주었다.

"좋은 질문이야. 사실 메릴린치는 5년 전만 해도 초단타 알고리즘이나 퀀트 쪽에는 큰 관심이 없었어. 어차피 호황이라 돈도 잘 버는데 군이 사파(邪派)인 너디(Nerdy)하고 몸값만 비싼 과학자들을 데려다 설비투자를 할 필요가 없었지. 그러다가 2008년에 금융 위기가 터진 거야. 난리가 났지. 은행들의 수익은 반토막이 났어. 그런데 그런 상황에서도 엄청난 수익을 얻은 회사들이 알려진 거야. 시타델 같은 퀀트 펀드들이었지. 임원진들은 부랴부랴 퀀트와 알고리즘이 무엇인지 조사하고 이들을 벤

치마킹해서 안정적이면서도 새로운 수입원을 만들라고 지시했어. 그래서 우리 회사도 퀀트 트레이딩 그룹, 줄여서 QTG 초단타매매 그룹을 만들게 된 거야."

"지금 저희 그룹이네요?"

"그렇지. 일단 주식으로 수익을 내는 주식팀을 만들었어. 메릴린치는 막강한 자금력으로 다른 회사에서 수익성 좋은 알고리즘을 가진 퀀트들에게 파격적인 수익 배분을 제안하고 공격적으로 데려왔어. 그 당시 업계에서는 알고리즘 수익의 10-15% 정도를 배분해주는 것이 보통이었는데 우리 회사는 20% 혹은 그 이상을 제안했다고 하더라고. 이는 주식팀이 개별 거래 방식을 사용했기 때문에 가능한 방법이었지. 주식팀은 금세 자리를 잡고 수익을 내기 시작했어. 하지만 진정한 안정적인 수입원이 있으려면 중앙 거래 방식으로 만든 거대한 옵션 플랫폼이 있어야 해. 하지만 옵션은 주식보다 훨씬 복잡해서 어려웠어. 우리 회사에서는 2년 동안 서너 명의 리더를 영입해 시도해보았지만 번번이 실패했어. 거래소와 직접 하나하나 연결해야 하는 기술력이나 노하우가 부족했지. 그러던 와중에 혜성처럼 등장한 사람이 있었어."

"그게 누구죠?"

"그는 시카고 경쟁사에서 옵션팀을 처음부터 구축한 엔지니어였어. 초단타 옵션거래는 블랙-숄즈 전문가 퀀트도 중요하지만 속도와 기술력, 비용 절감이 가장 중요했는데 그가 이를 안팎으로 잘 아는 퀀트 개발자였어. 심지어 아무것도 없는 백지 상태에서도 시스템을 설계할 수 있는 능력이 있었지. 그가 바로 옵션팀의 리더 사로지야. 우리 회사는 사로지를 영입하기 위해 상당한 제안을 하고 네 번의 러브콜을 했다고 하더라고."

"아하…… 엄청난 사람이군요."

퀀트의 역사를 보면 언제나 퀀트 개발자는 보조에 가까운 역할이었다. 피터 멀러나 데이비드 쇼 모두 개발자로서 보조 역할을 하다가 결국 직접 알고리즘을 만드는 것에 뛰어들었다. 그러나 초고속 알고리즘의 시대가 오면서 사로지 같은 고속 시스템 엔지니어가 퀀트의 중심이 되는 시대가 온 것이다.

"사로지는 외부 업체의 시스템 대신 아예 자체 시스템을 구축하기로 결정했어. 그는 옵션 플랫폼을 구축할 드림팀을 구성하기 위해서 은행 내부의 인물들 중 마음에 드는 인재를 데려오기로 했지. 그리고 때마침 IT 부서에서 C언어와 시스템 구축에 굉장히 능숙한 신입사원 하나를 발견하게 된 거야."

"그게 설마 마이클인가요?"

"맞아. 마이클은 사로지의 오른팔이 되어서 옵션 플랫폼을 구축하기 시작했어. 비록 금융 지식이나 가격 모델에 대한 아이디어는 적었지만 둘은 기술력을 바탕으로 점점 수익을 내기 시작했고 팀은 점점 커져서 지금의 모습이 된 거야. 경력은 짧지만 팀 내 시스템 대부분은 마이클의 손을 거쳤기 때문에 그가 주도적인 위치를 담당할 수밖에 없는 거지."

"대단하네요!"

"하지만 IT 기술만으로는 비즈니스를 성장시키기에 한계가 있지. IT 기술은 남들보다 빠른 것을 보장해주지만 좋은 가격을 보장해주진 않거든. 결국 경쟁력 있는 좋은 가격을 책정하기 위해서 가격 모델을 분석하는 퀀트 애널리스트들을 영입하기 시작한 거야. 수학적인 분석을 통해서 모델을 업그레이드하는 거지. 그러나 이 모든 것은 초고속 알고리즘 플랫폼이 있기에 가능한 일이야. 퀀트 개발자로 성장하지 않더라도 이러한 기술들을 익혀두는 것은 좋은 퀀트가 되기 위한 필수 소양이야. 마이클에게 잘 배워두라고."

나는 마이클의 곁에서 퀀트 개발자의 일상을 바라보며 여러 가지 일을 돕기 시작했다. 먼저 기초 시스템 코드를 다운로드 받아서 한 줄씩 읽으며 시스템과 친해졌다. 그 후에 거래 데이터를 읽어서 수익률을 계산하거나 지연 시간을 측정하는 연습을 하였다.

"220번 알고리즘 구동 준비, 뉴저지와 시카고 사이 평균 지연시간 3.2 밀리초로 정상으로 보입니다. 거래를 개시하겠습니다."

마이클은 분주하게 개장을 완료한 뒤 의자를 끌며 내 자리로 찾아왔다.

"슬슬 시스템과 코드에 익숙해졌지? 거래 데이터로 수익률 계산도 원활히 하는 것 같군. 이제 프로젝트를 시작해볼까 하는데, 당장 수익 알고리즘을 짜보고 싶지?"

"네! 저는 예전부터 제 이름을 건 인공지능을 만들어서 투자하는 것이 꿈이었습니다."

"하하. 좋은 자세야. 하지만 처음부터 투자 알고리즘을 만드는 것은 굉장히 어려운 일이야. 시장에 대한 이해도 있어야 하고 눈에 보이는 것과 다르게 실제 거래가 이루어지기까지 많은 기술적 노하우가 포함되어 있거든. 이를 철저하게 이해하고 뛰어드는 것이 좋을 거야. 퀀트 개발자로 성장하려면 필수적인 부분이고, 그렇지 않더라도 경험을 하는 것은 매우 중요하지."

사실 어느 분야나 그렇지만 퀀트가 되어서 큰돈을 벌려면 자신이 직접 만든 알고리즘이 필요하다. 디자이너가 자신의 브랜드를, 개발자가 자신의 애플리케이션을, 셰프가 자신의 식당을 꿈꾸는 것과 비슷하다. 나만의 무언가를 가진다는 것은 매력적인 일이 아닐 수 없다. 문제는 거래 알고리즘을 직접 만들려면 굉장한 인맥이 있거나 풍부한 연구 경력이 있어야 한다. 다른 사람의 돈을 운용하는 민감한 사안인 만큼 아무에게나 그 기회를 주지는 않는다.

"물론입니다. 차근차근 성장해서 만들고 싶습니다."

"좋아 첫 프로젝트는 병렬 처리 장치야. 이 그래프를 보면 알 수 있듯이 9시 30분에 개장하고서 모든 옵션시장 데이터를 입력 받아서 각각의 블랙-숄즈 공식으로 변동성 계산을 하는데 자그마치 4.4초가 소요되고 있어. 개장할 때는 전체 거래량의 13% 정도의 거래가 이루어질 정도로 가장 중요한 시기야. 다른 회사의 알고리즘보다 느리게 계산을 완료한다는 것은 치명적이지. 현재는 대략적인 계산으로 우리는 개장 거래량의 3.8% 정도를 차지하고 있어."

"다른 회사는 몇 초 정도 걸리는지 알 수 있나요?"

"그것까진 알 수 없어. 하지만 시타델처럼 슈퍼컴퓨터를 사용한다면 이보다 훨씬 빠르게 할 수도 있을 거야. 하지만 슈퍼컴퓨터가 없는 이상 최대한 알고리즘을 최적화할 수밖에 없어. 그래서 얼마 전에 미팅을 통해서 NVIDIA사의 그래픽 카드를 도입하기로 결정했어."

"그래픽 카드라면 Cuda 병렬 처리를 말하는 것이죠?"

"그렇지. 지금은 모든 옵션을 하나하나 순차적으로 계산하고 있어. 이 번에 구입한 그래픽 카드에는 코어가 480개가 있다고 하더라고. 480개씩 동시에 계산하면 우리가 거래하는 약 5만 개의 옵션을 계산하는 속도가 비약적으로 증가할 것 같아. 물론 아직 팀에 그래픽 카드 언어나 시스템 에 대해 아는 사람은 아무도 없어. 이 프로젝트를 하면서 거래 시스템 전 체 그림도 어느 정도 이해할 수 있을 거야. 네가 프로젝트를 맡아서 진행 해줄 수 있겠어?"

마이클은 가볍게 이야기했지만 굉장히 어려운 프로젝트였다. 그러나 나를 믿고 이런 프로젝트를 맡긴다는 점에서 큰 의욕이 생겼다. 멋지게 성공시켜서 퀀트가 되기 위한 한 걸음을 내딛고 싶었다.

"물론입니다. 어디서부터 시작하면 되죠?"

마이클은 옆에 앉아 기본적인 코드의 구조를 설명해주었다. 코드파일 수가 수백 개가 되었고 수십만 줄이 넘어서 현기증이 나기 시작했다. '너 는 프로그래밍 잘하니까 금방 이해할 거야!'라며 마이클은 내 어깨를 툭 툭 치고서 제자리로 돌아갔다.

나는 기존의 코드를 먼저 최대한 이해하고 지연 시간들을 계산해보았다. 마이클의 말대로 모든 계산을 마치는 데 5초 정도 소요되었다. 첫 계산을 마치고 난 뒤에는 변경 사항만 업데이트하면 되기 때문에 그리 오래 걸리지 않았지만, 첫 5초 사이에 다른 회사의 알고리즘이 전부 차지하는 것이 문제였다. 약 2주간 그래픽 카드를 이용한 병렬 처리 논문과 책을 읽으며 공부했고 이해되지 않는 부분은 NVIDIA사에 직접 연락해 문의를 하거나 미팅을 가졌다.

"마이클, 저희가 변동성을 계산하기 위해 사용하는 알고리즘이 어떤 것인가요?"

"브렌트 방식(Brent Method)이라는 수치 해석 알고리즘이야. 수식의 해를 찾기 위해 반씩 좁혀가면서 답을 찾는 방법이지. 현재 최대 1,000번의 반복을 통해서 가장 가까운 답을 찾고 있어."

"그럼 5만 개의 옵션에다가 각 1,000번 반복이니 5,000만 번 계산을 하는 것이군요?"

"10번만에 답을 찾는 경우도 많으니 아마 그보다는 훨씬 적을 거야. 그래도 최악의 경우에는 그 정도 되겠군."

나는 2주간 배운 병렬 처리 기술과 기존의 시스템을 합쳐보기로 하였다. 먼저 병렬로 계산할 수 있는 부분과 아닌 부분을 나누고 병렬 처리가 가능한 부분을 그래픽 카드에 넘겨주도록 하였다. 그래픽 카드에서 480 개씩 동시에 계산이 완료된 옵션 데이터를 서버가 다시 받아서 저장하도 록 하였다. 익숙치 않은 언어와 시스템 때문에 간단한 부분도 하루 종일 걸린 적도 있었다. 그렇게 2주를 꼬박 개발을 하여서 병렬 처리 시스템을 완성하였다.

나는 숨을 죽이고 모든 옵션 데이터를 입력한 뒤 실행시켰다. 실행 속 도 측정기도 띄워놓고 각 단계별로 어느 정도 시간이 걸리는지 볼 수 있 도록 하였다.

1초, 2초, 3초, 4초······

5초가 지났지만 계산이 완료되지 않았다. 나는 무언가 이상함을 느끼 고 중지시킨 다음 다시 실행을 시켰다. 그러나 결과는 마찬가지였다. 계 산을 완료하는 데 7.2초 정도가 걸렸다. 오히려 시간이 늘어난 것이다. 나 는 황급히 속도 측정기를 띄워 단계별 속도를 체크했다. 알고 보니 병렬 처리로 인한 계산 속도는 500배 가량 빨라져서 0.2초 정도면 충분했지만 데이터를 그래픽 카드로 옮기고 다시 받아오는 데 왕복 7초 정도가 걸린 것이다. 나는 다시 NVIDIA 관계자들과 미팅하면서 이러한 문제점을 해 결할 방도를 모색했다.

간단한 문제는 아니었다. 그들은 데이터를 압축해서 보내거나 데이터

중에 변경되지 않는 부분은 재활용하는 방식을 사용해야 한다고 하였다. 이런 부분을 추가하기 위해서는 기존의 계산 방식을 고쳐야 했는데 이렇게 하면 계산 속도가 다시 느려지기 때문에 여러 가지 테스트와 시행착오를 거쳐서 최적의 방식을 찾아야 했다.

한 달 정도 씨름을 하고 나서야 나는 병렬 처리 프로젝트를 완성할 수 있었다. 모든 계산을 완료하는 데 1.2초가 걸렸다. 기존의 4.4초와 비교하면 비약적인 발전이었다. 이 병렬 처리 기능은 51번 알고리즘에 덧대는 패치 형식으로 추가될 예정이었다. 나는 마이클과 사로지에게 어떤 식으로 처리했는지 설명했고 마이클은 몇 시간에 걸쳐 코드를 한 줄 한 줄 리뷰하면서 오류가 없는지 체크하였다. 혹시 오류가 생겨 거래 알고리즘이 고장 나면 심각한 사태로 이어질 수 있기 때문에 여러 번 반복해서 검사했다. 그렇게 검사를 마친 병렬 처리 프로젝트는 실제 시스템에 적용되는 프로덕션 과정을 거쳤다. 나의 병렬 처리 프로젝트는 처음엔 시스템의 10%에만 적용되었다. 보조 장치에 불과하더라도 트레이딩 시스템에 처음으로 적용되는 나의 코드였기 때문에 굉장히 긴장했다. 다행히 별다른 오류 없이 무사히 장을 마쳤고 나의 코드는 모든 시스템에 적용되었다. 'YJ에 의해 작성된 코드'라는 표시를 보면서 이제야 팀의 일원으로서 제대로 된 일을 했구나 싶어 행복했다. 옵션팀의 개장 점유율은 0.8% 상승하였다. 비록 직접적인 투자 인공지능을 개발한 것은 아니지만 수익에 큰 기여를 한 것이다. 이렇게 거래할 수 있는 직접적인 인공지능의 엔진을 만드는 일이 바로 퀀트 개발자의 역할인 것이다.

![icon] 텍사스 총잡이 시앙

옵션팀은 다양한 인종과 배경을 가진다. 기본적으로 프로그래밍과 수학 중심이었기 때문에 중국인과 인도인 비율이 높았지만 물리학의 메카 러시아 사람도 많았고 프랑스 공대 에콜폴리테크니크(ÉcolePolytechnique) 출신 프랑스인도 있었다. 다양한 배경만큼 다른 나라의 문화나 음식에 대한 관심도 컸고 생각보다 한국에 대한 관심이 폭발적이어서 굉장히 놀랐다. 팀원들은 오고가며 나에게 자주 말을 걸었다. 한국에서 왔으면 서울에 사는지, 한식 중에 어떤 음식을 제일 좋아하는지, 학교 분위기는 어떤지. 30대 중반쯤 되는 중국계 알고 트레이더 시앙은 그중에서도 특히 한식을 사랑하는 사람이었다. 시앙은 굉장히 유쾌한 사람이었다. 여러 가지 농담과 뜬금없이 들리는 'Shit! Apple!'과 같은 욕설은 팀원들의 웃음보를 터트리게 만들었다. 그의 별명은 총잡이(Shooter)였는데, 텍사스에서 박사과정을 마친 데다 그의 유쾌한 모습이 텍사스 총잡이를 연상케 한다고 붙여준 별명이었다. 무엇보다도 그는 시장에 떠도는 알고리즘의 냄새를 잘 맡는 '알고리즘 저격수' 전문가였다.

"제기랄! 아마존의 움직임이 심상치 않아. 패러미터를 당장 바꿔줘야겠어."

시앙은 알고리즘들의 컨트롤 타워 역할을 하였다. 마이클이나 사로지가 알고리즘의 엔진을 만들고 퀀트 애널리스트들이 로직을 만들었다면 시앙은 이를 이용해서 매일매일 전쟁터와 같은 시장을 헤엄쳐 나가는 것이었다.

"거래량 흐름이 심상치 않은 것을 보니 모멘텀 알고리즘들이 대거 들어오는 것 같군. 분석표를 뽑아볼까?"

그는 그래프와 뉴스를 뚫어지게 쳐다보다가 소리쳤다.

"지금 재고를 가지고 있는 것은 너무 위험한 것 같아! 조금 손해를 보더라도 알고리즘 모드를 '방어모드 2'로 바꿔서 청산하는 것이 좋을 듯해."

시앙은 언제나 분주했다. 다른 퀀트와 다르게 모니터 옆에 큰 TV를 가지고 있었고 뉴스를 크게 틀어놓고 항상 귀를 쫑긋 세우고 있었다. 그는 시장미시구조에 조예가 깊어서 호가창을 보며 수상한 모습이 보이면 알고리즘의 모드를 바꾸는 역할을 했다.

우리 팀은 장이 열린 동안은 서로 딱히 말을 하지 않는 편이지만 시앙은 뉴스가 없어서 조용할 때에는 언제나 나에게 말을 걸어왔다. 한국 드라마, 뉴욕 근교 여행, 맛있는 식당 등 끊임 없이 이야기하였다. 덕분에 이런저런 이야기를 많이 할 수 있었고 질문할 기회도 많았다.

"그런데 제가 이해하기론 알고리즘들은 전부 자동화되어 있는데 왜 시앙은 끊임없이 시장을 체크하는 거죠?"

"알고리즘이 완벽하지 않기 때문이야. 옵션 거래에는 너무 많은 리스크가 있고 다른 알고리즘이나 거대 기관의 타깃이 되기 쉬운 편이기 때문에 이를 철저하게 체크하는 알고리즘 트레이더가 필요해. 물론 일반 트레이더처럼 거래를 직접 하는 것이 아니고 알고리즘의 설정을 변경하거나 트렌드를 읽어서 업그레이드시키는 역할을 하는 거지. 마치 기차가 자동화되어 있어도 이를 조종하는 조종사가 필요한 것과 비슷해."

"아하, 그런데 그렇게 설정을 바꾸기만 하는 일이면 조금 지루할 수 있지 않나요?"

"꼭 그렇지만은 않아. 예전에는 돈을 버는 비밀스러운 알고리즘을 만드는 것도 중요했지만, 이제는 알고리즘들의 원리 자체는 대부분 알려진 상태야. 블랙-숄즈 방정식을 모르는 사람이 있을까? 그렇기 때문에 다른 알고리즘들의 행동을 예측하거나 시장의 상태에 따른 대처가 중요해진 것이지. 알고리즘 트레이더들은 호가창이나 거래 비용을 분석해서 패턴을 찾은 다음에 로직에 추가시키기도 해."

"그럼 알고리즘 트레이더가 알파를 찾는 퀀트보다 더 중요해진 것인가요?"

"레이싱에서 자동차 엔진과 조종사의 능력 중에 뭐가 더 중요할 것 같아?"

"음…… 둘 다 아닐까요?"

"빙고. 둘 다 중요해."

시앙은 우리 팀의 아이디어 뱅크이기도 했다. 그는 알고리즘들의 거래를 직접 목격하는 사람이기 때문에 시장에서 일어나는 여러 가지 패턴을 몸소 느끼고 있었다. 여러 가지 이상 징후나 시장의 패턴, 알고리즘과 수요와 공급의 움직임에 대해 느낀 점을 팀원들에게 공유했고 사람들은 이를 분석하거나 새로운 알고리즘 아이디어로 사용하였다.

시앙은 이전 직장에서 저격수 알고리즘의 고수로 이름을 날렸지만 옵션팀에선 사용하지 않았다. 사로지는 아직까지 그런 고급 알고리즘들을 사용할 단계가 아니라고 판단하고 기존 알고리즘들을 최적으로 사용하는 것에 집중하도록 했기 때문이다. 그렇지만 그는 점점 더 레드오션이 되어가는 퀀트 시장에서 살아남기 위해서는 다른 알고리즘을 파악하고 최적의 거래 타이밍을 계산해내는 방식을 배워놔야 한다면서 나에게 시장미시구조에 대한 많은 논문을 던져 주었다.

◇ ◇ ◇

"오늘 장 마감 후에 전체 회의가 있겠습니다."

우리 팀은 한 달에 한 번씩 회의를 한다. 각자 맡은 프로젝트 진행상황을 공유해 피드백을 주고받고 새로운 프로젝트에 관해 논의하는 시간이다. 회의 게시판에 한 달간 자신이 한 업무를 업로드해두면 인쇄해서 모두에게 나누어 주었다.

5시가 되어가자 서로 맛집이나 최신 드라마에 대해 이야기하면서 하나둘씩 회의실에 들어오기 시작했다. 모두 모이자 매니징 디렉터인 사로지가 회의 시작을 알렸다.

"오랜만에 모였군요. 먼저 최근 실적에 대한 리뷰를 해볼까요? 시앙 씨, 부탁합니다."

사로지의 말이 끝나자 모두의 시선은 시앙에게 쏠렸다. 그런데 오늘은 평소와 다르게 시앙이 웃음기를 거두고 정색한 채 입을 열었다.

"솔직히 말하겠습니다. 2페이지를 보시면 알겠지만 지난 3년간의 트레이딩 실적 중 이번 달이 가장 최악이에요. 구글 옵션 점유율이 5%에서 3.3%가 되었습니다. 다른 것들은 말할 것도 없고요. 원인은 여러 가지가 있겠지만 거래량 감소가 가장 눈에 띄네요. 그리고 거래 성사 비율과 점유율이 많이 줄어들었어요. 저희 정도의 속도를 가진 소규모 경쟁사들이 증가했다는 의미겠죠. 이제 옵션 업계도 불모지가 아닙니다. 이대로 가다간 팀 장사 접는 건 시간 문제예요!"

화기애애하던 회의실 분위기가 침울해졌다. 투자은행 조직은 실적에 굉장히 민감하다. 조금만 실적이 떨어져도 팀이 사라지거나 재조정 당할 수 있기 때문이다. 영화 〈더 울프 오브 월스트리트〉처럼 입사한 지 하루 만에 실직하는 일이 실제로도 꽤 발생한다. 심지어 사로지까지 평정심을 잃은 듯해 보였다.

"여러분, 이렇게 침울해 있다고 해서 문제가 해결되지 않아요. 여러분은 베테랑들 아닙니까? 이 바닥은 원래 업다운이 있는 곳입니다. 중요한 건 이 위기를 어떻게 극복하냐는 것이죠. 게다가 5월은 여름휴가 시즌이 시작되면서 거래량이 급감하는 때입니다. 힘들 내시죠."

이내 팀원들은 고개를 끄덕이며 하나둘씩 박수를 쳤고 활기를 되찾았다.

"저는 기존의 시스템에 비효율적인 부분이 많다고 생각합니다. 그동안 회의 때마다 언급되었지만 현재 거래에 급급해서 추후로 미루고 해결하지 못하였죠. 이제는 그런 부분에 대한 장기적인 해결책을 강구해나가야 할 때인 것 같습니다."

사로지도 동의한다는 듯이 고개를 끄덕이며 말문을 뗐다.

"맞습니다. 우리는 지난 5년간 거래 품목을 늘리며 성장을 거듭했지요. 처음 팀을 결성한 뒤로 독자적인 인프라를 구축했고 인덱스, 구글, 애플 옵션 등으로 시작해서 점차적으로 다양한 종류의 옵션을 거래하게 되었죠. 이제는 거의 모든 종류의 주식 옵션을 거래하고 있습니다. 더 이상 옵션 종류를 확대하는 것만 가지고는 성장 원동력이 없어요. 아직 인프라도 부족하고 리서치도 걸음마 단계이니 이를 성장시킬 수 있는 다양한 프로젝트에 관해 논의해봅시다. 먼저 올레그, 프로젝트 경과 보고 부탁드립니다.”

러시아계 퀀트 개발자인 올레그가 프로젝트 논의의 스타트를 끊었다.

“기존 방식은 데이터를 옮기는 시간이 너무 오래 걸려서 효율적이지 못했습니다. 그래서 데이터베이스 간의 통신 시스템을 기존 방식이 아닌 고성능 통신 연결인 인피니밴드를 도입해볼까 합니다.”

여러 가지 전문용어와 축약어들이 난무해 무슨 말인지 전혀 알아들을 수가 없었다. 《미생》의 장그래가 그랬던 것처럼 나중에 검색해보기 위해 열심히 축약어들을 받아 적었다.

“좋은 아이디어네요. 그런 식으로 하면 어느 정도의 향상을 기대할 수 있나요?”

“대략 20-30% 정도의 속도 향상이 있을 것입니다. 다만 가격 계산 시스템이 예전과 동일하게 작동되는지 확인하려면 두 결과를 비교해야 합니다. 이 작업이 대략 한 달 정도 소모될 것 같습니다. 안드레와 굽타와 함께 진행하겠습니다."

"좋습니다. 다음은 에브게니 씨."

"저는 저번 달부터 시작한 한국 옵션시장인 KRX에 대한 연구를 계속하고 있습니다. 한국 옵션시장은 거래량이 세계 1위라서 굉장히 쏠쏠한 수익이 될 것 같습니다. 그렇지만 미국 모델로는 적용이 안 되는 점이 많아서 조정할 필요가 있습니다. 그리고……"

대략 한 시간 반 정도 이어진 회의 시간 내내 전문용어들을 받아적느라 여념이 없었다. 회의가 끝나고 나서 나는 녹초가 되어 의자 등받이에 몸을 파묻었다. 반면 다른 사람들은 오히려 프로젝트에 대한 의욕이 불타올랐는지 더욱 열심히 타자를 두들겼다. 그들의 의욕 넘치는 표정들을 보고 있자니 나도 어서 빨리 다음 프로젝트에 참여하고 싶어졌다.

"정신 없지? 원래 다 이해하기 힘든 거야."

총잡이가 갑자기 내 옆자리 의자를 끌어당기며 앉더니 말을 걸었다.

"너 거래 알고리즘을 만들고 싶다고 했지?"

"네, 제 이름으로 된 인공지능이 수익을 내고 있으면 정말 짜릿할 것 같아요."

"좋아. 거래 알고리즘을 만들기 위해서는 거래 데이터를 분석해서 테스트하는 능력이 중요해. 안 그래도 내가 줄 만한 프로젝트가 있는데 같이 한 번 해보자. 델타 헤징이라고 들어봤어?"

"네. 금융 수학 시간에 배웠습니다. 파생상품을 살 때 기초상품도 일정 비율 포함시켜 위험을 줄이는 것이죠? 에드 소프가 시작했다던……"

가물가물한 기억을 더듬으며 대답했다.

"맞아. 델타 헤징은 옵션 마켓 메이킹의 기본 알고리즘 중 하나야. 기본 알고리즘인 47번이 델타 헤징을 하고 있지. 우리가 주기적으로 하는데 요즘 시장의 움직임이 심해서 주기를 몇 배로 더 자주 하도록 바꿔볼 생각이야. 쉽게 말해 재고 처리를 좀 더 자주 하는 것이지. 변동성이 심하면 약간의 리스크로도 큰 손해를 보거든. 그래서 말인데, 주기를 2배, 3배 바꿔가면서 거래 비용을 측정하는 연구를 해볼 수 있겠어?"

"굉장히 흥미로운 연구네요. 거래 비용이 최소가 되는 주기가 정해져 있을까요?"

"그건 나도 모르는 부분이야. 매일 변할 수도 있고, 오히려 리스크보다 비용이 더 클 수도 있어. 연구를 하면서 알아나가는 것이지. 이런 거래 비용에 대한 부분을 연구하면 시장에 대한 센스가 늘 거야. 거래 알고리즘을 만드는 데 필수적인 능력이지."

"알겠습니다. 해보겠습니다!"

대화를 마치고 몇 분 뒤에 '47번 알고리즘 코드에 읽기/쓰기 권한이 허용됨'이라는 이메일이 도착했다. 이전보다 익숙해진 손놀림으로 코드를 열어서 분석을 하고 거래 데이터를 뽑아오기 시작했다. 처음에는 아마존 옵션의 델타 헤징을 2배로 하는 경우를 계산해보았는데 모든 거래에 대해서 비용을 하나하나 계산하다보니 시간이 너무 오래 걸렸다. 나는 간단한 스크립트 프로그램을 작성해서 아마존 옵션 델타 헤징 비용을 자동으로 계산하도록 만들었다. 그러고 나서 3배 버전을 만들어 다시 계산해보았다. 다른 주식에 대해서도 계산을 하려니까 스크립트를 또 다시 새로 만들어야 했다. 이런 방식으론 도저히 제시간에 못 마칠 것이란 생각이 들어서 아예 델타 헤징 비용을 만드는 체계적인 연구 프로그램을 작성하기로 마음먹었다. 생각보다 어려운 작업이지만 병렬 처리 프로젝트를 성공적으로 마친 후라 자신감에 차있었다. 거기에 총잡이의 응원은 큰 힘이 되었다.

퀸트 이야기 #2

퀸트 개발자, 알고 트레이더, 퀸트 애널리스트

퀸트 한 사람이 모든 걸 담당하는 경우도 있지만, 보통은 같은 퀸트라도 여러 가지 세부 역할이 있다. 퀸트 개발자는 거래 시스템과 네트워크를 담당한다. C++ 같은 고속 처리 프로그램에 용이한 프로그래밍 언어에 능숙한 컴퓨터 공학 전공자가 많다. 뿐만 아니라 금융 시스템이나 거래소 통신 같은 부분에도 능숙한 사람이 많다. 초단타매매의 경우 이들이 로직까지 짜는 경우도 많다.

알고 트레이더는 시장미시구조에 능숙한 사람들이다. 통계학, 산업공학, 물리, 컴퓨터공학 등 여러 가지 배경을 가졌는데 이들은 가격의 움직임을 모델링해서 거래 비용을 줄이거나 단기적인 움직임을 예측해서 수익을 내는 역할을 한다. 또한 호가창이나 뉴스를 보고 그때그때 상황에 따라 판단하기도 한다.

퀸트 애널리스트는 알고리즘의 두뇌를 설계하는 역할을 한다. 데이터를 분석하거나 패턴을 찾아내고 이를 알고리즘에 도입한다. 최근에는 한 명이 여러 가지 역할을 수행하는 융합형 퀸트가 늘어나는 추세이다.

팻핑거(FatFinger), 뚱뚱하고 둔한 손가락이 부른 위기의 순간들

　　　　　　　　　하루하루 직장생활에 적응하며 즐거운 나날을 보내고 있던 때였다. 영화가 보여줬던 월스트리트의 빡센 군기나 시니컬한 상사들의 모습이 아닌, 실제론 한층 여유로운 분위기와 서로 배려하는 팀원들 덕에 편안해진 건 사실이었다. 그러다가 사건이 터진 것이었다.

2012년 여름, 월스트리트를 크게 강타한 사건. 바로 나이트 캐피탈 사태다. 나이트 캐피탈은 뉴욕증권가에서도 손에 꼽히는 증권사로서 한때 미국 주식 거래량의 13%까지 차지할 정도로 거대하였다. 다양한 알고리즘 트레이딩 기술을 가지고 있어서 나도 지원한 적이 있고, 우리 팀의 강력한 경쟁업체 중 하나였다. 그날 아침도 평범하게 커피를 들고서 출근했는데 모두가 한데 모여 TV 뉴스를 심각한 얼굴로 보고 있었다. 사람들 틈으로 보이는 TV 화면에 '속보'라는 글자가 눈에 띄었다.

속보, 나이트 캐피탈, 시스템 오류로 4억 달러 넘게 손실!

미국의 증권 중개업체 나이트 캐피탈 그룹이 전날 발생한 전자 거래 시스템 오작동으로 대규모 손실을 피할 수 없게 되었다. 2일(현지시각) 블룸버그 통신 등의 외신들은 전날 나이트 캐피탈의 전자 거래 시스템 오작동으로 수십여 개의 주식이 큰 폭의 가격 변동성을 보였으며 그 결과 4억4,000만 달러에 이르는 손실이 발생할 것으로 추정된다고 보도했다. 이는 나이트 캐피탈이 지난해 벌어들인 수익의 4배에 달하는 금액으로, 소식이 전해지며 나이트 캐피탈 주가는 지난 이틀간 75%가량 급락했다. 나이트 캐피탈은 미국의 가장 큰 시장 조성자 중 하나로, 이번 전자 거래 시스템 오류로 뉴욕증권거래소(NYSE)에 대량 주문이 나왔으며, 150여 개 상장 종

목이 영향을 받은 것으로 전해졌다. 특히 오류가 발생한 45분 동안 이들 종목의 가격이 급격한 변동을 보였으며, 이날 시가 대비 30%가 넘는 가격 변동을 보인 6개 종목은 거래가 취소됐다. 나이트 캐피탈은 성명을 통해 전날 문제를 일으켰던 소프트웨어를 시스템에서 제거했으며, 현재는 시장 조성 역할을 무리없이 수행하고 있다고 밝혔다.

한 프로그래머의 치명적인 버그로 45분 만에 4,500억의 손실을 입은 것이다. 1분에 100억씩 증발했다. 증권 업계는 패닉에 빠졌다. 같은 퀀트 트레이딩을 하는 우리 팀에겐 더욱 와닿는 사건이었다. 우리 팀에게 직접적인 피해는 없었지만 그들의 얼굴에서 두려움과 긴장감이 포착되었다. 내가 만든 프로그램이 버그를 일으키는 장면을 상상하니 무거운 책임감이 느껴졌다. 나이트 캐피탈은 결국 부도 직전이 되어서 당대 최고의 초단타회사인 GETCO에게 인수 당하고 회사 이름을 KCG로 바꾸었다. 단한 명의 프로그래머 실수가 가져온 결과였다.

사실 거래 알고리즘이나 시스템은 민감한 부분이기 때문에 철저하게 검증한다. 테스트 레이어도 두세 겹이 있고, 누군가가 항상 모니터링하고 있으며 이상 징후가 보이면 즉각 대응하도록 되어 있다. 버그라는 것은 어쩔 수 없이 존재하기 때문에 대처나 백업 시스템을 준비하는 것을 더 중요시하였다. 나도 거래 알고리즘에 관련한 프로그래밍을 할 때에는 언제나 조심 또 조심하며 테스팅했다.

하지만 나의 실수는 의외의 곳에서 발생했다. 보통 지난 거래 데이터로 리서치를 할 때 데이터베이스 서버에 원격으로 접속해 데이터의 일부를 가져온다. 그날도 평소처럼 전체 데이터에서 아마존 데이터만 뽑아서 저장해놓고 이리저리 가지고 놀고 있었다. 그런데 갑자기 뒷자리에 있던 프랑스계 퀀트 프랑수아가 외쳤다.

"뭐야? 데이터베이스가 왜 이래!"

데이터 서버가 고장 나는 일이 잦아서 또 그런가 싶었다. 그런데 뭔가 싸늘한 느낌이 들어 내가 친 명령어들을 다시 체크해보았다.

아뿔싸.

원격이 아니라 직접 연결이 되었던 것이다. 모든 데이터는 사라지고 아마존 데이터로 덮어 씌워졌다. 나는 머릿속이 새하얗게 돼 손이 덜덜 떨려 아무것도 할 수가 없었다. 갑작스럽게 모든 거래가 이상 현상을 일으켰고 그 거래들을 다시 돌려 놓느라 엄청난 액수의 수수료가 소모되고 있었다.

"브라이언! 당장 시스템을 멈춰! 어서! 220번부터 중단시켜!"

마이클이 다급한 목소리로 외쳤다. 수익표는 온통 새빨갛게 바뀌고 있었고 거래들은 오작동을 일으키면서 매 초 돈을 잃고 있었다.

"모두 멈추게 했어. 어서 지금 가진 거래들을 다시 체크해봐!"

"심각하게 많은 포지션이 생겼어. 다 청산시키면 2만 달러 정도 손해를 볼 거야."

"그래도 어쩔 수 없어. 가지고 있으면 너무 위험하니까 어서 환매시켜."

나의 잘못된 엔터 한 번에 2만 달러가 순식간에 날아갔다. 2만 달러가 없어지는데 걸린 시간은 30초가 채 되지 않았다. 얼마나 두렵고 걱정되었는지 고개를 들 수가 없었다. 곧 해고겠구나.

상사들이 모여 긴급 회의를 열었다. 마이클은 '데이터 관리 시스템을 허술하게 한 관리자의 잘못이야'라고 말하고는 나를 위로하며 회의실로 들어갔다. 나는 숨죽이고 회의가 끝나길 기다렸다. 회의에서 나온 마이크가 짧게 말했다.

"어느 서버인지 다음부턴 꼭 확인하길 바라."

팀원들은 프로덕션 서버에 쓰기 권한이 있는 것이 문제였다면서 나의 잘못이 아니라고 위로해주었다. 브라이언은 이러한 오타로 돈을 잃는 사건은 신입들이 꼭 한 번씩 겪는 일이라고 했다.

"팻핑거(FatFinger). 이렇게 오타를 내서 큰돈을 잃는 것을 뜻해."

브라이언이 설명했다. 말 그대로 뚱뚱하고 둔한 손가락이란 뜻인데, 원래 눌러야 할 키를 잘못 눌렀다는 것이다. 예를 들어 1주에 1,000원에 사야 할 주식을 10,000원에 산다든가 10주만 매도하려고 했던 것을 10만 주를 판다든가 하면서 손해를 입게 되는 경우다.

심지어 이런 뚱뚱하고 둔한 손가락으로 전 재산을 잃거나 회사 전체가 부도난 경우도 있다. 나이트 캐피탈이 바로 그런 예이다. 나이트 캐피탈 외에도 2006년에는 미즈호 증권의 한 직원이 제이콤이라는 회사 주식을 63만 엔에 1주를 팔려는 것을 1엔에 63만 주를 팔도록 해 1조원에 가까운 손해를 보고 부도 직전까지 갔다고 한다. 2013년에는 국내 한맥 증권의 직원이 옵션 계산 프로그램에 숫자 하나를 잘못 넣어서 순식간에 500억 손해를 내고 끝내 파산하였다. 나도 그런 직원 중 하나가 될 뻔한 것이다. 무시무시한 일이었다.

"걱정 마. 누구나 한 번씩 겪는 일이야. 다만 두 번은 용납 안 되는 게 이 업계의 룰이지. 이해는 하지만 실수가 전부 돈에 연결돼있으니 조심하는 게 좋을 거라고."

나는 마이클의 당부를 새겨 들었다. 초고속 알고리즘인 만큼 실수 한 번의 크기는 어마어마하다. 언제나 조심해야 할 것이다. 마이클은 우리가 사람인 이상 실수를 하기 마련이기 때문에 최대한 자기 자신이 실수할 상황을 막아주는 안전 장치를 두세 개 해놓으라고 조언해주었다. 프로그램상으로도 두세 번씩 체크하도록 하고 경고 창이 뜨게 만들도록 권장하였다. 나는 지금도 이때의 기억을 되살리며 알고리즘을 구동할 때 세 번 이상 꼼꼼히 확인한다.

퀀트가 되다

　　　　　　병렬 처리 프로젝트를 성공리에 마친 뒤 얼마 되지 않아 델타 헤징 프로젝트를 완성시켰다. 그리고 실제 시스템에 추가했다. 항상 10분 단위로 계산해 재조정하던 기존 델타 헤징 알고리즘과 달리 새롭게 만든 알고리즘은 최근 30일간의 변동을 보고 가장 비용이 적게 드는 간격으로 계산을 하도록 바꾸었다. 가격 변화가 덜할 때에는 20분에 1번씩 재조정했고, 가격 변화가 심할 때는 간격이 3초까지 내려갔다. 델타 헤징 프로젝트는 47번 알고리즘과 성공적으로 융합되었고 병렬 처리 프로젝트와 마찬가지로 거대 시스템의 일부가 되어 나의 발자취를 남겼다.

인턴십 기간의 마지막 날이 되었다. 그동안 진행했던 프로젝트와 소감, 피드백 등 프레젠테이션을 하기로 되어 있었다. 거대했던 두 프로젝트의 코드를 보니 3개월 반 동안의 인턴십 생활들이 새삼스레 머릿속을 스쳐 지나간다. 퀀트가 되겠다고 결심한 지 1년이 지났고 아직 화려한 인공지능을 만들어보진 못했지만 나의 프로그램이 어느 정도 시장에 영향을 주었다. 사실 인턴십 기간이 아주 만족스러운 건 아니었다. 거래를 직접 해보진 못했으며 프로그램을 만들었으나 보조 일이 대부분이었기 때문이다. 재미는 있었지만 슬슬 내 인공지능을 만들고 싶다는 욕심이 생기기 시작했다.

"1분이 남았습니다! 빠라바라바라밤!"

나는 시계를 조심스레 쳐다보다가 3시 59분이 되자 큰소리로 외쳤다. 마지막 날인 만큼 평소 브라이언이 하던 '1분 알람'을 내가 하도록 했다. 모든 팀원이 일어나 평소보다 긴 박수를 쳐주었다. 마지막 장에 대한 소감을 30분 정도 이야기를 나누다가 모두 회의실로 이동하였다.

"안녕하세요, 인턴 퀀트 YJ의 프레젠테이션을 시작합니다."

나와 함께 일하지 않았던 많은 사람들 앞에 서서 나의 프로젝트 개요를 설명했다. 프로젝트에 관심 있었던 다른 팀의 수뇌부 몇몇도 참가했다. 나는 델타 헤징 프로젝트와 병렬 처리 프로젝트의 중요성에 대해 이야기하고 성과를 설명하였다.

"델타 헤징 프로젝트 전후를 비교하였을 때 비용 손실이 대략 8% 정도 향상되었습니다. 이를 1년으로 투사해봤을 때 상당한 수익 차이를 낼 수 있습니다. 병렬 처리 프로젝트 이전과 이후의 9:30분 거래량 차이를 보면 약 0.8% 정도 증가하였음을 알 수 있습니다. 큰 비용 상승 없이 추가 수익을 낼 수 있었고 장 시작의 충격을 상당히 완화해주었습니다."

인턴십 활동에 대한 보고였지만, 실제로는 영업 프레젠테이션에 가까웠다. 내가 한 프로젝트들의 수익성을 열심히 알리고 정식 퀀트로 뽑아달라는 애원에 가까운 보고였다. 인사 권한이 있는 사람들의 눈에 그다지 효용가치가 없어 보인다면 정식 채용도 물 건너갈 것이기 때문이다.

"이상으로 저의 프로젝트 프레젠테이션을 마칩니다. 옵션팀의 일원으로 좀 더 수익성을 창출하고 나아가 직접 만든 강력한 트레이딩 알고리즘으로 기여하는 사람이 되고 싶습니다. 3개월간 부족한 저를 도와주신 모든 분들께 정말 감사드립니다."

다행히 병렬 처리를 도입하고 싶어 했던 다른 팀 고위직들의 질문이 쏟아졌다. 세세한 기술과 처리 속도에 대해 물어보고 나는 찬찬히 답변하였다.

프레젠테이션이 끝난 뒤 사로지가 좋아하는 인도 뷔페에서 송별회를 가졌다. 3개월간 지겹게 먹은 카레와 난이었는데도 새삼 그리울 것 같다는 생각이 들었다. 맥주를 마시며 친하게 지냈던 시앙이나 마이클 등의 개인 이메일주소를 받고 수다를 떨다가 작별 악수를 나누고서 집으로 돌아왔다.

시원섭섭한 마음으로 일찍 잠에 드는데 모르는 번호로 전화가 왔다. 받아보니 마이클이었다.

"집에 잘 들어갔니? 한 가지 이야기를 전해야 할 것 같아서 전화했어."

"무슨 일이시죠? 제가 뭘 빠트렸나요?"

"아니. 그런 건 아니고. 처음으로 우리 팀에서 신입 퀀트를 뽑기로 결정했어. 우리도 기존 알고리즘으론 한계가 오고 있으니까. 일 년 뒤에 졸업하고서 합류할 수 있지?"

심장이 터질 것 같았다. 드디어 내 인공지능을 만드는 첫 걸음에 도달한 것이다.

"물론입니다. 잘 부탁드립니다!"

제2장

인공지능 제작자

◼◼ 시뮬레이션 시스템

마지막 1년간 로봇공학연구소에서 파트타임으로 뇌파 분석 인공지능 연구를 하면서 데이터 분석 실력을 쌓는 동시에 학교로 찾아온 퀀트 헤지펀드들과 좋은 관계를 유지했다. 투 시그마$^{Two\ Sigma}$나 시타델 같은 회사들은 인재를 유치하기 위해 주기적으로 학교를 찾아와서 네트워크 파티를 열었다. 한 퀀트는 샴페인과 다과를 먹으면서 나의 이력을 듣더니 말을 걸었다.

"그래서 인턴 생활 동안 인공지능을 만들어서 어느 정도의 수익을 냈는가?"

"거래 알고리즘은 가지고 있나?"

그러나 내가 작업했던 델타 헤징 프로젝트나 병렬 처리 프로젝트는 보조 기능이었기 때문에 헤지펀드의 큰 관심을 받진 못했다. 퀀트 트레이더의 경쟁력은 역시 수익을 직접 내는 인공지능의 존재라는 것을 뼈저리게 깨달았다. 얼마 후, 졸업을 하고 퀀트 트레이딩 그룹으로 다시 돌아왔다. 정신 없는 이사를 마치고 한 달짜리 신입사원 연수도 받았다. 다 같이 회사 로고가 박혀 있는 티셔츠를 입고 할렘의 흑인학교에서 봉사활동 하는 것은 기본이다. 여느 대기업처럼 같은 기수 사람들과 친밀도도 쌓고 증권 거래 라이센스도 땄다. 메릴린치 600명의 신입사원 중에 퀀트는 나 혼자였다.

"이야 YJ! 정말 오랜만이야! 돌아온 걸 진심으로 환영해!"

"벌써 일 년이란 시간이 지난 거야? 반갑다!"

"이제 정식 일원이니 더 강하게 신고식 해야 하는 거 아니야?"

일 년 만에 돌아온 옵션팀은 여전히 9층 한켠에 있었지만 소소한 변화가 보였다. 나와 병렬 처리 프로젝트를 함께 진행한 네트워크 전문가 이레즈의 모습은 보이지 않았다. 자리 배치도 미묘하게 변하였고 나와 동갑내기 프린스턴 산업공학 박사인 하이펑이 새로 입사하였다. 도대체 얼마나 천재이길래 20대 중반에 프린스턴 박사 학위를 받고 취직을 하였는지 상상이 가지 않았다.

새로운 자리에서 새로운 배치를 받고 모니터도 8개를 받았다. 첫 몇 주는 마이클이 주로 하였던 개장 준비를 맡았다. 조종실의 파일럿마냥 큰 소리로 열심히 외쳤다.

"230번 알고리즘, 로딩 완료! 232번 알고리즘 역시 로딩 완료!"

옆에서 올레그가 웃었다.

"하하, 굳이 전부 다 이야기할 필요는 없어."

시간이 조금 지나고 마이클 옆에서 나의 커리어 플랜과 목표에 대해 이야기하고 여러 가지 프로젝트에 대해 상의하기 시작했다.

"좋아. 여러 가지 세팅과 권한 설정도 끝났고, 확실히 인턴 시절보단 능숙하게 적응하네."

"감사합니다. 마이클 덕분이죠."

"좋아. 너에게 일을 맡기기 전에 먼저 우리 팀 상황을 이야기해 줄게. 옵션팀은 여전히 각종 옵션의 초단타 거래로 돈을 벌고 있지만 다른 트레이딩 회사들 때문에 수익이 점점 줄어들고 있어. 그래서 여러 가지 신기술을 도입하는 중이야. 병렬 처리 프로젝트가 그중 하나였지. 앞으로 전자파 통신을 이용하는 프로젝트와 데이터베이스 액세스를 빠르게 하는 프로젝트도 할 예정이야. 많은 기술력을 필요로 하는데…… 넌 이런 쪽엔 관심이 없을 것 같아. 그렇지?

사실, 충분히 재밌고 도전적인 프로젝트들이다. 전자파 통신이라니! 얼마나 멋진 일인가? 그러나 거래 경험을 쌓는 것이 최우선이기 때문에 마이클에게 수긍했다.

"네. 저는 거래 알고리즘과 관련된 일을 하고 싶습니다."

"좋아, 알다시피 우리는 빠른 회선과 알고리즘을 통한 블랙-숄즈 가격 계산으로 남들보다 거래를 많이 함으로써 수익을 올리고 있어. 물리학과 블랙-숄즈 전문가인 짜오와 하이펑이 블랙-숄즈 튜닝을 맡아서 하고 있지. 하지만 이 역시 한계가 있어. 다른 회사들보다 앞서나가기 위해서는 결국 우리도 통계적 차익거래 회사처럼 짧은 미래를 예측할 줄도 알아야 해. 아직 그룹에서는 옵션 가격을 예측하려는 시도가 없었어."

"만약 가격을 예측하는 알고리즘이 생긴다면 수익률이 굉장히 늘겠군요."

"그렇지. 방어적으로 사용해서 손실을 막을 수도 있고, 공격적으로 사용해서 수익을 얻을 수도 있겠지. 그런데 몇 가지 문제가 있어."

"어떤 건데요?"

"예측 모델을 만들기 위해서는 가상 시장에서 테스트할 수 있는 시뮬레이션 시스템이 필요해. 제아무리 좋은 예측 아이디어가 있다 해도 실제로 실험을 해볼 장소가 없다면 무의미하지 않겠어? 파일럿들이 시뮬레이션으로 비행을 연습한 다음에 실전에 나가듯이 말이야."

그렇다. 옵션이란 게 워낙 복잡하여 시뮬레이션을 하지 못한 채 블랙-숄즈 공식 결과에 의존해 거래해온 것이 다반사였다. 그러나 시대가 변했다. 다른 회사들은 시뮬레이션을 통해 옵션의 패턴을 이리저리 실험해본 후 수익을 냈다. 우리 팀도 그런 시도를 해보려는 것이었다.

"여전히 개발과 관련된 일이지만 트레이딩 알고리즘을 만드는 데 가장 중요한 시뮬레이션 시스템을 먼저 만들어보는 게 어때? 물론 마음에 들지 않는다면 짜오와 하이펑과 함께 블랙-숄즈 튜닝을 도와주는 일을 해도 괜찮을 것 같아."

처음부터 트레이딩 인공지능을 만들 수 있을 것이라고는 기대하지 않았다. 하지만 시뮬레이션 시스템을 만드는 일이라면 분명 추후에 트레이딩 알고리즘을 만드는 데 도움이 될 것이라 생각하였다.

"시뮬레이션 시스템을 만드는 건 좋은 생각인 것 같아요. 어디서부터 시작하면 되나요?"

나는 데이터베이스 개발자 리치와 올레그와 협력해 시뮬레이션 시스템을 만드는 프로젝트를 진행하기로 하였다. 거대한 프로젝트이지만 당장 거래하는 시스템을 관리하는 것에 비해 그다지 급한 일은 아니었으므로 마이클은 나에게 프로젝트 총괄을 맡겼다.

시뮬레이션이란 현실을 모방해 그대로 따라 하는 것을 뜻한다. 우주비행 시뮬레이션이라면 우주를 모방해 프로그램화할 것이고, 골프 시뮬레이션이라면 골프장을 모방해 프로그램화할 것이다. 마찬가지로 거래 시뮬레이터는 모의주식시장을 먼저 만들어야 한다. 거래 데이터와 가격 데이터를 시간순으로 정렬한 다음 시간 순서대로 차곡차곡 스냅샷을 만든다. 예를 들어 11월 25일 9시 40분의 시장에는 '금을 사려는 사람 101명과 팔려는 사람 222명이 1,300개의 주문을 내서 사는 가격 126.12달러, 파는 가격 126.10달러에 형성되어 있다' 같은 식이다. 이 상황에서 10 마이크로초 후에 금 10온스를 사는 주문이 성사되었다는 데이터가 있으면 금 10온스만큼 주문을 줄여줘야 한다. 이런 식으로 모의시장을 만들어 특정 시간의 시장이 어떤 모습인지 알 수 있게 하는 것이다. 따라서 '과거의 나'가 거래를 했을 때 어떻게 될지도 알아낼 수 있다. 이를테면 11월 25일 9시 50분에 금 2온스 사는 주문을 했다고 가정하면 얼마를 벌지, 가격 변동이 어떨지, 30분 뒤 수익과 손해가 어느 정도인지 알 수 있는 것이다. 시장의 틈을 이용해 거래하는 인공지능들을 테스트하기 위해선 모의시장과 시뮬레이션 시스템은 필수다. 그리고 이 시뮬레이션 시스템이 얼마나 정교하며 현실과 비슷한지에 따라 인공지능의 강력함이 결정된다. 엉성한 시뮬레이션으로 만든 인공지능은 실전에서 생각지도 못한 상황 때문에 계속해서 손실을 보기 때문이다.

나는 시뮬레이션 시스템을 만들기 시작하면서 거래 시스템의 많은 것을 배울 수 있었다. 시뮬레이션 시스템은 현 증권시장에 존재하는 100가지 이상의 주문 종류를 전부 이해하고 모의시장으로 만들 수 있어야 한다. 하루에만 수십 기가 바이트(GB) 하는 주문 데이터를 읽어들여 어떤 종류의 주문인지 파악하고 적절하게 연결시키는 작업만 한 달이 걸렸다. 그리고 나서 각 주문을 시간별로 쌓아 시장의 상황을 표현하도록 만들었다. 주문 추가만 있으면 다행이지 주문 취소나 변경도 있었고, 거래가 성사되면 기존 거래를 거래창상에서 찾은 다음 삭제해야 했다. 어떤 거래소는 거래 잔량을 정확하게 표시하지 않기 때문에 유추할 수밖에 없었으며 이를 정확하게 구현하는 것은 너무 어려워 적당히 근사계산하는 방식을 썼다.

어느 정도 모의시장의 모습을 나타내기까지 4달 정도가 걸렸다. 날짜를 입력하면 장 시작부터 끝날 때까지 모든 종류의 파생상품 가격과 수량을 표시해 주었다. 날짜 입력은 하루뿐만 아니라 며칠씩도 가능했고, 연속된 날짜들의 가격 변화 또한 볼 수 있었다. 한 가지 단점은 시뮬레이션 하루를 실행하는 데 대략 2분이라는 긴 시간이 걸렸다는 것이다. 이런 식이라면 1년을 시뮬레이션하는 데 대략 11시간 정도 걸리게 된다. 더 빨라야 했다.

올레그와 토론 끝에 병렬 처리 프로젝트 때 사용했던 그래픽 카드 기술을 도입하기로 했다. 480개의 프로세서가 있으니 480일을 시뮬레이션하는 정도는 크게 느려지지 않고 동시에 처리할 수 있을 거란 계산이었다. 보름 정도를 꼬박 들여 그동안 만든 시뮬레이션 시스템과 병렬 처리기술을 결합하였다. 그렇게 하니 1년을 시뮬레이션 하는 데 15분 정도면 충분했다. 실질적인 성과가 나타나기 시작했다. 마이클과 사로지 또한 프로젝트가 진행됨에 따라 많은 격려를 해주었다.

마지막으로 시뮬레이션 시스템의 핵심인 거래 시뮬레이션 기능을 추가하였다. 모의시장 안에 정해진 주문을 넣으면 거래가 이루어지는 것이다. 이렇게 하면 사용자가 이리저리 거래를 시도해 수익이 어떠한지 연구할 수 있게 된다. 물론 단순히 거래만 이루어지게 할 수도 있지만 궁극적인 목표는 새로운 인공지능 알고리즘을 만들기 쉽도록 하는 것이므로 다양한 기능을 추가하였다. 각 주문마다 수익 변화를 보여주는 기능, 이를 그래프로 나타내는 기능, 수동으로 거래를 입력하는 기능도 추가했다. 그중 중요한 기능은 인공지능 프로그램을 끼워 넣었을 때 모의시장 안에서 연동되게 하는 것이다. 시뮬레이션이 끝난 뒤 모의시장 안에서 인공지능이 도출하는 결과의 통계를 출력하도록 만들었다. 그러나 아쉽게도 인공지능이 거래한 알고리즘 때문에 시장이 어떻게 변화하는지는 구현하지 못했다. 이를 작동시키기 위해서는 여러 가지 나비효과까지 모두 구현해야 하는데 시간과 일손 모두 부족하였다. 시뮬레이션 프로젝트를 완성하는 데 반년이 넘게 걸렸다. 더위가 한창일 때 입사하면서 시작한 이 프로젝트는 대규모 폭설주의보가 내려진 2월즈음에야 겨우 마무리되었다. 이제 인공지능 알고리즘을 만들 수 있는 재료판이 생긴 것이다.

🎬 첫 인공지능, 282번

브루클린수목원에 벚꽃이 만개할 때즈음 나와 올레그 그리고 마이클은 시뮬레이션 시스템 발표를 위해 회의실에 모였다. 20명 남짓한 옵션팀의 멤버뿐만 아니라 옆 주식팀에서도 8명이 참석했다. 주식팀은 이미 자신들의 시뮬레이션 시스템을 가지고 있었다. 주식팀 시뮬레이션 시스템을 만들고 관리한 개발자 데이빗은 프레젠테이션이 가장 잘 보이는 맨 앞 오른쪽 자리에 슬그머니 앉았다. 그 옆에는 그룹 총괄 대표인 제이크도 자리를 잡았다.

"지금부터 시뮬레이션 시스템 프로젝트에 대한 브리핑을 시작하겠습니다. 시뮬레이션 시스템은 주식팀의 시뮬레이션 시스템과 비슷한 원리로 모의파생상품시장을 가상으로 만든 시스템입니다. 사용자는 모의시장에서 입력한 시간의 상태를 12년 전까지 볼 수 있습니다. 가격과 수량, 거래의 종류, 움직임 모두 원하는 대로 체크할 수 있습니다."

그러자 데이빗이 못마땅하다는 표정으로 말하였다.

"파생상품시장은 데이터가 너무 많아서 다 처리하기에 시간이 너무 오

226   QUANT

래 걸리지 않나? 몇 시간씩 걸리는 모의시장 시뮬레이션 따위는 필요가 없는데 말이지?"

올레그가 답변하였다.

"그런 부분에서 어려움이 있었지만 작년에 사용하였던 병렬 처리 시스템을 이용해 480개의 프로세서에 분산처리를 하였습니다. 일 년을 시뮬레이션하는 데 대략 5-10분 정도면 충분합니다."

그다지 관심이 없어보였던 데이빗이 흥미롭다는 듯이 질문을 이어갔다.

"그렇다면 인공지능 알고리즘을 가상시장에 투입하는 기능도 있나?"

나는 데이빗의 질문에 답변을 이어갔다.

"예. 물론입니다. 저희는 다양한 인공지능 알고리즘을 투입시켜서 시뮬레이션해볼 수 있도록 플랫폼을 만들었습니다. C언어를 하지 않는 퀀트더라도 파이썬(Python)이나 R언어로 입력하면 정해진 날짜에 거래를 하는 것처럼 시뮬레이션이 가능합니다."

그러자 제이크가 질문을 하였다.

"굉장히 흥미롭군. 이미 주식팀에서 여러 가지 시뮬레이션을 하고 있지만 옵션으로 시뮬레이션하는 경우는 거의 없었네. 그러면 인공지능의 수익률이나 최적화 설정 같은 것을 보여주는 기능도 있나?"

"수익률은 시뮬레이션이 끝나면 같은 폴더에 그래프 이미지 파일이 저장되도록 되어 있습니다. 여러 가지 설정별로 결과를 보여주는 것은 추가할 수 있지만 퀀트가 수동으로 하는 게 속도 한계상 더 빠를 것 같습니다."

오히려 우리 팀보다 주식팀 소속인 데이빗이나 그룹 대표 제이크가 더 많은 관심을 보였다.

"이상으로 시뮬레이션 시스템 프로젝트 발표를 마칩니다."

박수를 받으며 자리로 돌아왔다. 발표 후 여러 사람들의 질문과 제안이 들어오기 시작했고 데이빗이 말을 걸었다.

"YJ, 시뮬레이션 시스템을 만드는 일은 어땠나? 가상시장 만드는 일을 좀 더 하고 싶으면 내 밑에서 일해보는 건 어때? 때마침 주식팀 시뮬레이션 시스템을 좀 더 챙겨줄 사람이 필요했거든."

솔깃한 제안이었다. 데이빗이 만든 주식팀의 시뮬레이션 시스템은 내가 만든 것보다 훨씬 방대하고 정교하였다. 그들은 사용자가 가상시장에서 한 행동을 읽어들일 뿐만 아니라 그 여파로 인한 변화까지 예측했다. 주문을 보냈을 때 거래가 성사될 확률을 과거 데이터에서 입력 받아 주문의 일부만 성사되는 것까지 처리할 수 있을 정도로 정교한 시스템이었다. 내가 만든 시스템은 알고리즘의 행동에 따라 변하지는 않았다. 이러한 부분을 배울 수 있는 기회일지도 모른다. 데이빗은 정교한 시스템의 책임자로서 수억 대의 연봉을 받는다. 웬만한 퀀트 트레이더보다 연봉이 높은 퀀트 개발자인 것이다.

"제안은 감사합니다만 저는 알고리즘 연구를 하기 위해 시뮬레이션 시스템을 만든 거라서요. 옵션팀에 있는 것이 좋을 것 같아요."

"그렇군. 언제든지 생각이 바뀌면 연락 달라고!"

데이빗이 자리를 떠나고 총잡이 시앙이 다가왔다.

"이제 퀀트 티 좀 나던데? 옵션을 위한 가상시장이라니! 언제 한 번 날 잡아서 사용법 좀 가르쳐줘!"

"시앙…… 너무 긴 여정이었어요. 마이클도 너무 바쁘고 다른 사람들도 각자 거래 시스템을 관리하기 바쁘다 보니 시뮬레이션 프로젝트를 도와줄 여력이 없어 보이더라구요. 겨우 겨우 마친 것 같아요. 많이 배우긴 했지만요."

"그러니까 말이야. 사실 기존 시스템 관리도 열심히 하는 동시에 새로운 거래 기회도 포착해야 하는데 사람들이 당장 눈에 보이는 수익이 중요해서인지 연구에 크게 시간을 쏟지 않는 편인 것 같아."

"사실 좀 아쉬워요. 나름 고생해서 만들었는데 우리 팀에서는 크게 관심 가져주는 사람이 없네요."

"안정적인 수입을 추구하는 옵션팀 특성상 어쩔 수 없어. 주식팀에 비해 그다지 모험을 좋아하지 않지. 그래서 너 같은 사람이 필요한 것 아니겠어?"

"하하. 자신은 없네요. 시뮬레이션 시스템은 만들었지만 아직 무슨 알고리즘으로 연구할지 정하지도 못했는 걸요."

"마침 나도 머릿속으로만 가지고 있던 아이디어가 있는데 한 번 테스트해 볼래? 내가 논문을 하나 보내줄게. 읽어봐."

"정말요? 어떤 논문이죠?"

"회사마다 분기별로 실적 발표를 하는 건 알고 있지? 보통은 일 년에 네 번 실적 발표를 하는데, 발표 전에 주식 가격이 요동을 쳐. 주식 가격이 요동을 치면 옵션 가격은 당연히 오르겠지? 그래서 분기 발표 며칠 전에 옵션을 사는 알고리즘을 만들어보자는 논문이야."

"아, 그렇군요! 그런데 옵션을 샀다가 자칫 분기 실적 발표가 예상과 너무 다르면 큰 손해를 입지 않나요?"

"그래서 분기 발표 직전에 다시 옵션을 파는 거지. 옵션을 끝까지 갖고 있는 경우 실적 발표가 어떻게 될지 모르니까 도박이 되어버려. 하지만 실적 발표 직전에 파는 경우 발표 전에 발생하는 공포 패턴만 얻게 되는 거지. 다만 이게 모든 주식에 적용된다는 보장은 없어. 수수료가 더 비쌀 수도 있고. 그래서 시뮬레이터에서 실험해봐야 한다는 거야."

"어렵지 않은 전략이네요! 한 번 해볼게요."

자리로 돌아오자 15장 분량의 논문이 첨부된 메일이 와 있었다. 제목은 〈실적 발표 전 늘어나는 변동성에 대한 연구〉였다. 찬찬히 논문을 읽어보니 미국 상장 주식 2,000개 중 800개 정도가 실적 발표 약 3일 전에 변동성이 늘어나는 것을 알 수 있다고 되어 있었다. 나는 곧바로 논문의 결과를 재현해보기로 했다. 시뮬레이션 시스템에 실적 발표 파일을 입력하는 기능이 아직 없어서 그것부터 추가하였다. 대부분 주식의 실적 발표 날짜가 제각각이고 날짜 관리가 복잡해 애를 먹었다. 그렇게 실적 파일 입력을 끝내고 난 뒤, 발표 3일 전부터 당일까지 주식의 움직임 정도를 표로 출력하였다. 논문과 완전히 같지는 않았지만 약 600개의 주식이 크게 요동치는 모습을 재현할 수 있었다.

어느 정도 아이디어가 성립된다는 것을 알았으니 이제 거래 알고리즘을 만들 차례다. 먼저 3일 전쯤 옵션을 사서 실적 발표 전날에 파는 것으로 만들어 보았다. 모든 주식에 대입하면 시간도 오래 걸리고 경우의 수가 너무 많아질 수 있어 변동성이 가장 컸던 상위 10개 주식부터 시작해 보았다. 옵션 5개를 매수하고 다시 파는 식이었는데, 알고리즘 자체는 매우 간단했다. 실적 발표 3일 전에 각 주식의 5개 옵션을 산 다음 발표 전날 모두 파는 것이다.

시뮬레이션을 5년 정도 실행했는데 결과는 실패였다. 어느 정도 방향은 맞았지만 수수료가 너무 비쌌고 심지어 며칠 동안은 정반대 방향으로 움직이면서 손해가 쌓여갔다. 이대로는 안 되겠다 싶어 새롭게 추가할 조건을 찾기 시작하였다. 그리고 실적 발표 3일 전 옵션을 사는 순간의 거래량, 가격, 스프레드 등 여러 가지 지표를 모두 출력해 보았다. '잃는 거래'와 '다른 지표' 사이에 대체 무슨 관계가 있는 걸까.

그렇게 여러 가지 통계적 요소를 추출해 보니 아무리 실적 발표 3일 전이라도 거래량이 충분히 따라주지 않으면 옵션 가격이 요동치지 않는다는 것을 알았다. 즉, 거래량이 일정 수준 이상일 때만 알고리즘이 유효한 것이었다. 나는 즉시 알고리즘에 새로운 조건인 '거래량'을 추가했다. 실적 발표 3일 전 거래량이 일정 수준 이상일 때 거래하게 되니 옵션을 샀을 때 가격이 70% 정도 오르면서 어느 정도 알고리즘이 동작한다는 것을 증명할 수 있었다. 그러나 수수료를 제하면 수익률은 여전히 썩 좋지 않았다. 약간의 업그레이드가 필요했다.

"시앙. 3일 전에 옵션을 사는 알고리즘으로 시뮬레이션해 보았는데 방향은 얼추 맞지만 타이밍이 별로인지 수수료로 수익을 모두 날려버리네요……"

"아, 그건 각 주식별 타이밍을 아직 적용시키지 않아서일 거야. 평균적으로 3일 전에 가격이 오른다는 거지, 주식별·상황별로 가격이 오르는 타이밍이 언제인지는 모르거든. 이 패턴을 한번 찾아보자."

시앙은 옵션 가격이 많이 움직이는 타이밍이 주식별로 다르다는 것에 주목했다. 논문에서는 단순히 실적 발표 3일 전부터 변동성이 증가한다고 했으나 각 주식마다 언제 가장 많이 증가했는지까진 연구하지 않았던 것이다. 나는 옵션 가격이 크게 변화하는 타이밍을 주식별로 전부 차트화시켰고 BARRA사의 요인 분석과 연결시켰다. 회사의 소속 산업군, 크기, 직원 수, 배당률 등에 따라 변동성에 영향을 끼칠 수 있다는 계산이었다. 요인 분석 기능은 이미 55번 알고리즘에 있었으므로 가져다 사용하면 된다. 요인 분석 결과에 가장 큰 영향을 미치는 것은 회사의 소속 산업군이었다. IT나 바이오 업계는 실적 발표 전에 변동성이 크게 증가했으며 3일이 아닌 4-5일 전부터 옵션 가격이 치솟기 시작했다. 반면 제조나 의류 업계의 경우 실적 발표 하루 전이나 되어야 어느 정도 가격이 움직였다.

　여러 가지 규칙을 바꿔가면서 시뮬레이션 시스템에 적용시켰다. 한 번 규칙을 바꾸고 5년 정도 시뮬레이션하려면 20분이 걸렸기 때문에 알고리즘을 바꿀 땐 여러 번 확인한 다음 시뮬레이션 시스템에 투입했다. 20분 후 결과물을 열었다가 '에러'만 가득 차있으면 난감했으니까. 커피 한 잔하며 요인 분석표와 수익표를 만지고 있다 보면 시뮬레이션이 완료되었다는 메시지가 출력되었다.

　그렇게 조금씩 조금씩 수익률을 증가시켰다. 요인 분석과 거래량 그리고 적절한 주식 필터를 거치다보니 제법 쏠쏠한 수익이 났다. 수익률을 측정하는 방법에는 여러 가지가 있지만 퀀트 업계에서 주로 사용하는 방법은 샤프 지수다. 샤프 지수는 '1'의 위험을 감당했을 때 얼마나 많은 수익을 낼 수 있는가'를 이야기한다. 갑과 을, 병 세 사람의 경우를 예로 들어 보자. 갑은 블랙잭에 올인해 운 좋게 이겨 2배의 돈을 땄다. 을은 신생 벤처기업 세 곳에 모든 자산을 투자해 운이 좋게도 한 곳은 6배로 뛰고 나머지 두 곳은 파산했다. 마지막으로 병은 10가지 자산 중 일부를 안전하게 부동산이나 우량주에, 일부를 스타트업에 분산 투자했다. 갑은 100%, 을은 200%, 병은 20%의 수익을 얻었다. 수익률 수치만 보면 을이 가장 좋은 투자고 갑은 그 다음이며 병이 실패한 투자일 것이다. 그러나 샤프 지수를 보면 상황이 달라진다. 갑은 거의 0에 가깝고 을은 갑보다 낫지만 파산의 위험을 갖고 있으므로 그리 높지 않다. 병의 경우 노출된 위험 자체는 그리 크지 않은데 수익률이 20%이므로 샤프 지수가 상당히 높을 것이다. 일반적인 뮤추얼 펀드에서는 샤프 지수가 0.5 이상이면 괜찮은 편이고, 2 정도면 상당한 실력의 헤지펀드다. 그러나 퀀트 전략에선 개별 거래의 수익률이 아주 적기 때문에 3-5 정도는 되어야 하고, 기계 비용이 엄청난 초단타매매 같은 경우에는 8-10까지 가야 어느 정도 수익성이 나온다고 본다. 샤프가 10 정도면 거의 모든 거래에서 수익이 난다고 보면 될 것이다. 나의 알고리즘은 측정 결과 샤프 지수가 2.5 정도 나왔다. 특출난 건 아니었지만 나쁘지도 않았다.

2주 후 전체 회의에서 나의 알고리즘에 대해 발표하였다. 사로지와 마이클은 새로운 알고리즘의 등장을 크게 반겼다.

"이 알고리즘은 주식 실적 발표와 옵션 가격과의 관계를 이용한 거래 전략입니다. 요인 분석과 거래량을 통해 거래 타이밍을 예측하고 옵션을 매수합니다. 약 600개의 주식을 타깃으로 하고 있기 때문에 실적 시즌에는 꽤나 좋은 수익을 올릴 수 있을 것 같습니다. 샤프 지수는 약 2.5 정도지만 거래 타이밍이 많지 않기 때문에 그리 위험하지 않게 추가 수익을 얻을 수 있을 것 같습니다."

"간단명료한 알고리즘이지만 시뮬레이션 시스템이 부족해서 구현하기 어려웠던 건데 잘했네 YJ. 안 그래도 수익이 떨어져가는 차에 단비 같은 존재가 될 것 같네. 어떻게 생각하나, 마이클?"

마이클도 고개를 끄덕인 후 나를 보며 대답하였다.

"거래 전략이 새로 만들어지면 먼저 1개씩만 사는 세팅으로 한 달간 작동시켜 볼 거야. 그 뒤에 문제 없이 작동되면 점점 거래 규모를 키우는 방향으로 할 거고. 현재 가장 최신인 알고리즘이 281번이니까 이 알고리즘은 282번이 되겠군. 브라이언이 실거래에서 주의할 점이나 세팅 방법 등을 알려줄 거야."

믿겨지지 않았다. 나의 첫 알고리즘이 드디어 이름을 갖게 된 것이다. 282번. 샤프 지수도 높지 않고 실적 발표 전에만 거래하는 반쪽짜리 알고리즘이지만 기쁨은 이루 말할 수 없었다. 회의가 끝난 후 브라이언이 프로덕션 거래의 주의점과 사용법에 대해 1시간 넘게 설명해 주었다.

"프로덕션 거래는 시뮬레이션과 천지 차이야. 모든 부분이 고장 날 수 있기 때문에 언제나 주의를 기울이고 있어야 해. 블룸버그나 거래소의 연결이 끊겨서 데이터가 갑자기 안 들어올 수도 있고, 예상치 못한 상황 때문에 버그가 날 수도 있지. 메모리가 갑자기 부족해서 알고리즘 일부가 갑자기 꺼져버릴 수도 있어. 이 모든 상황을 항상 염두에 두고 너의 알고리즘을 프로덕션 버전으로 변환시켜야 해."

"네, 명심할게요."

"에러나 돌발 상황은 나와 시앙이 언제나 모니터링하고 있어. 하지만 버그가 어떤 영향을 줄 지는 모르기 때문에 네가 책임감을 갖고 대처해야 해. 알고리즘이 작동하는 동안에는 이메일과 채팅을 언제나 주시하고. 이제 여러 가지 상황별로 사용할 수 있는 명령어를 알려줄게."

퀀트 트레이딩이 진짜 시작되는 곳은 프로덕션이다. 시뮬레이션이 제아무리 정교하다 하더라도 실제 시장과는 차원이 다르다. 나의 거래는 나비효과가 되어 다른 사람들에게 영향을 끼칠 수도 있다. 또한 다른 사람들이 내 거래를 보고 반응해 수익률에 악영향을 줄 수도 있는 것이다. 과거와 똑같이 흘러가라는 보장도 없다. 이 모든 연구는 과거 데이터를 기반으로 하고 있기 때문에 실전과 다를 수 있다. 나는 첫 비행에 들어가는 파일럿처럼 초조해졌다.

다음날 아침 브라이언이 여느 때처럼 정겨운 알람 소리로 장 시작을 알렸다.

"장 시작 1분 저어어어어어어언!!! 빰빠바바!!!"

평소와 다를 바 없는 외침이었으나 몇 배는 긴장한 상태로 모니터를 응시했다. 실적 발표 기간이 아직 남아 있었지만 여전히 프로그램 자체는 작동하고 있고 만약 오류가 나면 잘못된 거래를 보낼 수도 있기 때문에 긴장해야 했다. 아니나 다를까. 장 시작 5분 만에 브라이언의 채팅이 도착했다.

데이터 입력 오류 났음. 체크 바람.

부랴부랴 로그 파일을 켜 어느 부분에 문제가 생겼나 체크했다. 실적 발표 날짜 파일이 종종 빈 상태로 도착하는 경우가 있어 처리하곤 했는데, 날짜 포맷이 바뀌어 도착하는 경우도 있었던 것이다. 예를 들어 2014년 3월 2일이면 03/02/2014로 올 때도 있고 03-02-14로 올 때도 있었다. 이를 처리하지 않아 오류가 난 것이다. 빠르게 코드를 고치고 나서 다시 실행했다.

아무런 거래가 없던 첫 날에도 7번의 오류가 발생했다. 완벽하게 프로덕션 버전으로 실행했다 생각했는데도 여기저기 오류가 난 것이다. 장이 열려 있는 동안 마이클이 내게 도움을 주지 못하고 왜 저렇게 항상 바빴는지 비로소 이해하게 되었다. 3일 후 첫 거래가 있었다. 하지만 거래소와의 연결이 꼬여 애를 먹었다. 그렇게 2주 정도 테스트 거래를 하고 나니 드디어 어느 정도 안정적으로 거래하기 시작했다.

시뮬레이션으로 고수익을 보여주며 의기양양했던 나는 프로덕션 트레이딩을 거치면서 겸손해지게 되었다. 데이터상으로 80% 정도의 승률을 보이던 나의 거래가 실전에선 60%를 가까스로 넘는 정도에 그쳤다. 아무래도 실적 발표는 데이터가 일 년에 네 개씩밖에 없기 때문에 과도하게 지난 데이터에 맞춰 튜닝을 하는 오버 피팅(Overfitting)[12]이 이루어진 것 같았다. 거기서 끝이 아니다. 옵션을 사고팔 때의 수수료는 내가 생각한 것보다 높았다. 그다지 거래량이 많지 않은 옵션은 사는 가격과 파는 가격의 차이, 즉 스프레드가 컸기 때문이다. 스프레드로 인해 수익률이 급격하게 줄어든 것이다. 한 예로, 1달러짜리 옵션을 살 땐 스프레드와 수수료 포함 1.05달러를 내야 했고 해당 옵션이 10% 상승해 1.1달러가 되면 1.07에 팔 수 있다. 10%의 수익을 기대한 거래에서 고작 2%를 벌게 된 것이다.

내 알고리즘의 샤프 지수는 1.2 정도로 급격하게 하락했다. 지속적으로 업데이트하고 신경 쓴 시간까지 포함하면 1.2는 매력적이지 않았다. 결국 마이클과 상의 끝에 나의 알고리즘을 수익형 인공지능으로 사용하지 않고 옵션 마켓 메이킹 거래의 보조 지표로 활용하기로 했다. 282번 알고리즘으로부터 옵션을 사라는 신호가 올 경우 가격이 오른다는 뜻이므로 옵션 마켓 메이킹 알고리즘은 파는 거래를 잠시 중단하는 식으로 말이다. 비록 수익을 얻진 못했지만 옵션 마켓 메이킹 알고리즘이 손해보는 상황을 막아주기 때문에 궁극적으로 비슷한 효과를 냈다. 나에게는 아쉬운 상황이었지만.

---

12) 모델이 과거 데이터에 지나치게 맞추어 과거 상황에는 매우 잘 맞지만 미래 예측력이 전혀 없는 경우를 의미한다.

비록 282번의 거래는 중단되었으나 첫 알고리즘을 프로덕션으로 이끈 것은 굉장한 경험이 되었다. 시뮬레이션 시스템에 새롭게 필요한 데이터였던 요인 분석 데이터를 추가하는 작업부터 거래 알고리즘을 튜닝하고 직접 프로덕션에 놓는 과정까지 생각보다 복잡하고 노하우가 많이 필요한 절차들이었다. 282번은 실적 발표 전에만 거래를 하기 때문에 일 년에 네 번밖에 거래할 수 없었고 수익률도 크지 않았기 때문에 아쉬웠지만 조만간 이 경험을 살려서 강력한 인공지능을 만드는 발판이 될 거라 믿었다.

퀀트 이야기 #3
샤프 지수의 계산법

앞서 말한 것처럼 샤프 지수는 펀드의 평가 지수로 오랜 기간 사용된 방법이다. 샤프 지수의 계산법은 다음과 같다.

수익률 / 수익률의 표준편차

예를 들어 4일간의 수익률이 0, 0, 100, 0달러인 펀드와 20, 30, 20, 30달러인 펀드가 있다고 하자. 두 펀드 모두 수익이 100으로 같지만 첫 번째 펀드의 표준편차는 50이므로 샤프 지수는 100 / 50 = 2가 된다. 반면에 두 번째 펀드는 표준편차가 5.77이므로 샤프 지수가 17.33이 된다. 즉, 수익률 자체가 크게 요동치지 않고 안정적인 펀드(알고리즘)일수록 적은 위험으로 고수익을 얻는 것이다. 그러나 이 샤프 지수도 항상 옳은 평가 방법인 것은 아니다. 이벤트 중심 전략이나 모멘텀 전략처럼 평소에 아무 일이 없다가 한번에 큰 수익을 내는 경우 샤프 지수는 매우 낮을 수 있지만 좋은 전략인 경우도 많다. 그렇기 때문에 알고리즘의 특성에 따른 다양한 평가 방법을 사용해야 한다.

■ 혼돈의 시작

"이번에 내 인공지능 189번이 역대 최고 수익을 냈단 말이지. 오늘 점심은 내가 쏜다!"

"정말요? 저 그럼 오늘 성게비빔밥 먹어도 될까요? 하하."

주식팀의 퀀트, 피터는 스탠포드 기계과를 나온 거구의 캐나다인이었다. 대부분의 연령대가 40대인 퀀트 트레이딩 그룹에서 몇 안 되는 또래였다. 282번 알고리즘이 보조 장치로 전락하였지만 시뮬레이션 시스템과 거래 전략 연구를 통해 어느 정도 거래 알고리즘에 대한 개념이 생긴 이후로 옵션팀보다는 주식팀과 할 이야기가 많아졌다. 나는 새로운 알고리즘을 만들기 위한 정보를 얻는 겸 주식팀 사람들과 식사를 자주 하기 시작했다. 보통은 자신의 인공지능에 대해 알려주지 않지만 피터는 늘 자신감이 넘쳐 자신의 189번 알고리즘에 대해 자랑처럼 이야기하며 그 위대함을 찬양하곤 했다.

"그렇게 하면 변동성이 심해진 상황에선 위험성이 높아지지 않나요?"

"에헤이, 네가 잘 몰라서 그런가 본데 변동성이 심해진 상황까지 완벽하게 컨트롤하는 최적의 알고리즘이야. 그리고 그럴 확률은 크지도 않고!"

그는 거드름을 피우며 답했다.

주식팀 퀀트들은 항상 전투적이고 무시무시한 표정을 짓고 있었다. 언제 어떻게 자신의 알고리즘이 손해를 볼지 모르기 때문에 신경이 곤두서 있었고 누가 알고리즘 설계도를 훔쳐갈지 모르기 때문에 커피를 타러 가는 짧은 순간에도 항상 컴퓨터를 잠금 상태로 바꾸어 놓았다. 그래서였을까. 피터처럼 붙임성 있는 사람들 외에는 말을 붙이기가 어려웠다.

피터는 189번 외에도 178번, 179번, 181번 총 네 개의 알고리즘을 가지고 있었다. 그의 알고리즘은 주로 내부 정보를 가진 사람들이 하는 큰 거래를 잡아내는 전략을 사용했다. 기관들이 자신의 거래 의도를 숨기기 위해 무작위로 거래를 보내면서 마치 주식을 살 의도가 없는 것처럼 하는데, 기계 학습과 암호 해독 기술을 이용해 그 무작위 거래를 잡아내는 것이었다.

"아 젠장, 오늘 거대 기관 중 하나가 자신의 거래 알고리즘을 바꾼 것 같아! 원래 해독해놨던 패턴이 오늘부터 갑자기 안 먹히더라고!"

피터에 따르면, 항상 패턴을 찾아도 욕심은 적당히 부려야 한다고 하였다. 기관의 매수 타이밍과 동시에 너무 크게 매수를 하다 보면 그들도 자신의 알고리즘이 노출된 것을 깨닫고 바로 거래 타이밍을 바꿔버린다는 것이다.

"욕심이 너무 과했어. 며칠간은 조용히 그들의 패턴을 찾아내는 데 힘써야지."

피터의 이야기를 들으며 옵션시장에도 이러한 전략을 응용해볼 수 있지 않을까 생각했다. 그렇지만 암호 해독에 대해 아는 부분이 너무 없었다. 나는 책장에서 암호 해독과 관련된 책을 꺼냈다. 그러나 500쪽이 넘는 두께에 다시 제자리로 책을 돌려보내기로 했다.

주식팀에는 피터 외에 친하게 지냈던 우디라는 시니어 데이터 전문가가 있었다. 비록 퀀트는 아니었지만 헤지펀드와 은행, 트레이딩 회사를 종횡무진하며 온갖 종류의 데이터를 관리하던 데이터 베테랑이었다. 거래량, 가격, 실적 발표, 재무제표 등 여러 가지 데이터를 자유자재로 다루는 것은 쉬운 일이 아니다. 그는 다른 트레이더들이 알고리즘을 만들 때 필요한 데이터를 가공하고 제공해주면서 그들의 알고리즘에 대해서도 어느 정도 알게 되었고, 어떤 데이터를 사용하느냐에 따라 어떤 전략을 사용하는지 유추하는 능력까지 갖추게 되었다.

엄격한 메이슨과 제이크 때문에 우디는 자신의 알고리즘을 만들 기회가 좀처럼 없었다. 메이슨은 우디가 알고리즘을 만들 능력이 충분하다는 것을 알고 있었지만 그처럼 데이터를 잘 관리하는 사람을 찾기 힘들었으므로 그가 알고리즘을 만들어 퀀트가 되는 일을 고의적으로 막고 있었다. 제이크 또한 동의하고 있었고 '거래 경험이 없는 사람은 알고리즘을 만들게 할 순 없다'면서 알고리즘을 만들지 못하게 했다.

"우디, 그러지 말고 마음대로 알고리즘을 만들게 해주는 회사로 이직하지 그래요? 그 수많은 아이디어들이 아깝잖아요!"

"말처럼 쉽지가 않아. 시도를 해보지 않은 건 아냐. 하지만 다른 회사들도 마찬가지인 걸. 거래 경험 없이 아이디어만으론 아무 의미 없어. 너도 282번 알고리즘을 만들면서 느꼈겠지만 아이디어로 수익률이 아무리 좋아도 실전에선 수익이 제로일 수도 있거든. 다른 회사들도 거래 경험이 없다고 하면 알고리즘 만드는 일을 시켜주지 않아. 특히 나같이 경력이 많은 사람은 더더욱."

체념한 듯 우디가 말했다. 나는 종종 점심식사를 하면서 그가 들려주는 알고리즘 지식에 놀랐다. 비록 경험은 없었지만 주식팀에서 작동하는 알고리즘의 종류와 트렌드를 속속들이 알고 있었다. 그는 알고리즘을 자유로이 만들게 해주는 우리 팀의 분위기를 부러워하면서 대리만족을 하려는 듯 나에게 많은 아이디어를 제공해주었다.

◇ ◇ ◇

그러던 어느 날, 모든 것이 변했다. 아주 평범한 오후였다. 제이크가 긴급 회의를 소집하기 전까진. 그룹 대표인 제이크가 전체 회의를 하자고 모두를 불러냈다. 팀끼리 회의를 가지는 경우는 많았지만 그룹 전체가 회의를 가진 경우는 거의 없었다.

"웬일로 그룹 전체 회의를 하지?"

"또 새로운 퀀트를 뽑았나 보지. 있는 사람들한테나 잘 해주지 이게 뭐람."

"아. 귀찮아 죽겠네."

사람들은 투덜거리며 회의장으로 향했다. 제이크가 회의를 소집하는 경우는 거의 없다. 중요한 이야기는 팀 대표인 사로지나 메이슨이 담당하는 경우가 많았기 때문에 이번에도 새로운 인사와 관련된 정치적인 이야기겠지 하며 모두가 대수롭지 않게 여겼다.

"퀀트 그룹 여러분, 오늘은 안 좋은 소식을 전하기 위해 전체 회의를 소집하였습니다."

제이크는 그룹원들을 한 바퀴 휘익 둘러보면서 한숨을 푹 쉬더니 말을 이어나갔다.

"여러 방면으로 해결책을 찾아보았지만, 결국 우리 투자은행은 주식팀의 해체를 선언하게 되었습니다. 이제 퀀트 그룹은 옵션팀 단독으로 운영합니다."

내 귀를 의심했다. 주식팀 해체라니? 이유가 뭐지? 그럼 40명은 전부 어떻게 되는 거지? 심지어 입사한 지 3일밖에 안 된 사람도 있는데?

많은 사람들이 충격을 받은 듯 회의장 안은 웅성웅성됐다.

"주식팀 팀원들에 대한 처분은 각자 알려드릴 겁니다만…… 상황이 좋지 않다는 것만 미리 알려드립니다. 내일 개별 미팅이 있으니 오늘은 이만 해산하겠습니다."

40명이 하루 만에 실직자가 될 위기에 처했다. 거대 은행은 그나마 해고를 적게 하는 편이라고 해도 좌천이나 서포트 팀으로 떨어질 게 분명한 지금으로선 다들 새로운 직장을 찾아야 할 것이다.

나는 걱정스러운 표정으로 피터와 우디를 번갈아가며 쳐다봤다. 얼핏 침착한 듯해 보였지만 굳은 입술이 그들의 심정을 대변해 주었다.

비하인드 스토리는 이렇다. 2008년 '서브 프라임 모기지 사태'로 전 세계를 공포에 몰아넣고 수많은 파산과 실직자가 생겨났다. 요인이야 여러 가지지만 이 금융위기의 가장 큰 책임은 거대 투자은행에게 있었다. 거대 투자은행들의 무분별한 투자가 전 세계를 위기에 처하게 했다는 대중의 목소리가 커지자 정부는 2010년 은행을 규제하는 도트 프랭크법이라는 것을 만들었다. 그중 볼커룰(Volcker rule)이라고 하여 고객의 요청이 없으면 투자은행은 내부 자본을 투자할 수 없는 금융기관 규제 방안 또한 포함되어 있었다. 볼커룰이 시작되면 은행은 수익률이 좋은 '투자'라는 행위 자체가 불가능해지며 고객의 요청을 대행하는 '수수료' 역할만 하게 되는 것이었다. 은행은 자신의 의지로 목 좋은 땅을 사거나 유망한 기업에 투자할 수 없고 오로지 고객의 요구에 한해서만 활동할 수 있는 브로커 역할로 만드는 법이었다. 수많은 은행과 자본가들의 반대에도 볼커룰은 통과되어 2012년부터 시행하게 되었다.

물론 은행도 속수무책으로 당한 것만은 아니다. 많은 투자은행들은 이 규제에 대처하기 위해 다양한 방법을 사용하였다. 모건스탠리는 퀀트 그룹을 분리해서 PDT Partners라는 헤지펀드로 만들었다. 골드만삭스는 고객 자산관리 시스템과 투자 시스템을 통합해 규제를 피했다. 그러나 메릴린치는 정치적인 의견 차이로 제이크와 다른 대표 간의 합의점을 찾지 못했다고 한다. 그렇게 규제가 시행되고 '투자'로 분류되었던 주식팀은 역사 속으로 사라지게 된 것이다.

재밌는 점은 옵션을 싸게 사서 비싸게 파는 중개상인 전략으로 수익을 내는 옵션팀의 경우 비록 고객은 따로 없었으나 고객들에게 좋은 가격을 제공해주는 역할을 한다고 해서 '수수료'로 분류되었다. 사실 방식의 차이일 뿐 크게 다를 것이 없는 두 팀인데도 말이다. 옵션팀은 그렇게 살아 남았다.

사무실로 돌아온 사람들은 삼삼오오 모여 앞으로의 일에 대해서 걱정스레 이야기를 나누고 있었다.

"그럼 우린 잘리는 거야? 아니면 다른 부서로 배치 받으려나?"

"아무것도 장담할 수 없어. 솔직히 퀀트 트레이딩 그룹 말고 우리 기술을 사용하는 곳이 있나?"

"옵션팀 혼자서 그룹을 이끌 수 있을까? 주식팀이 수익의 70%를 차지하고 있었는데……"

"옵션팀과 주식팀 모두 똑같이 시장 패턴 연구하고 거래 알고리즘을 만드는 건데 주식팀만 영향을 받다니……"

"그럼 100번대 알고리즘은 모두 중지되는 건가? 그 알고리즘은 이제 어떻게 되는 거지?"

모든 게 혼돈이었고 앞으로 일어날 일에 대해 아는 사람은 아무도 없었다. 심지어 제이크조차도 결정된 게 없어 아무것도 모르는 상황이었다. 이제 와서 달라질 것은 없지만 제이크와 메이슨을 비난하는 사람도 꽤나 있었다. 자산관리 그룹 대표가 골드만삭스처럼 자신의 그룹과 합병되면 살아남을 수 있을 거라고 제안했지만 을의 입장으로 몰락하는 것을 용납하지 못했던 제이크는 다른 방법을 찾아보기로 결정하였기 때문이다.

옵션팀의 분위기 또한 어수선했다. 서로 다른 비즈니스였다 하더라도 밀접한 관계가 있었고, 일부 알고리즘은 주식팀의 100번대 알고리즘과 연계되어 있었다. 데이터와 기본 시스템은 모두 공유하고 있었으며 나처럼 주식팀과 친분이 있던 사람도 많았다. 무엇보다 옵션팀도 언제 어떻게 될지 모른다는 공포감이 드리웠다. 살아남았다는 기쁨보다 불안으로 꽉 찬 하루였다.

며칠이 지나면서 주식팀의 처분에 대해 하나씩 하나씩 알려졌다. 수익률이 매우 좋았던 고위급 퀀트는 다른 팀의 보조 자리를 제안 받았다. 연봉은 반 이상 떨어졌고 업무 또한 인공지능 알고리즘과 전혀 관계 없는 파생상품 관리 쪽이었다. 퀀트 대부분은 떠나기로 결정했다. 피터 또한 비슷한 처분을 받았는데 좌천 당한다는 말을 듣고 싶지 않아서 이미 사표를 냈다고 한다. 우디는 다행히도 그대로 남아 옵션팀, 즉 퀀트 트레이딩 그룹의 데이터 관리자 역할을 계속 수행하기로 결정됐다. 우디의 상사는 사로지로 변경되었고 나의 옆옆 자리로 옮겨왔다. 주식팀에 비해 수익률이 떨어지는 옵션팀에 왔기 때문에 보너스도 줄었을 테고 우디에게 썩 좋은 일은 아니었겠지만 생각보다 잘된 일이라면서 나에게 웃어보였다.

사로지는 퀀트 트레이딩 그룹, 즉 옵션팀에 새롭게 들어오게 된 우디와 그 외 여러 명의 보조 인물들을 소개하고 앞으로의 계획을 설명하기 위해 회의를 소집했다. 30명 정도가 된 퀀트 트레이딩 그룹에는 여전히 우울한 기운이 감돌았다.

"한 번의 폭풍이 지나갔습니다."

사로지는 한 명 한 명 쳐다보며 입을 뗐다.

"우리 모두 이렇게 살아남았습니다. 그리고 다음 대상이 될 수도 있습니다. 옵션팀, 나아가 퀀트 트레이딩 그룹은 메릴린치를 대표하는 유일한 퀀트팀이 되었습니다. 우리도 더 이상 물러설 곳이 없습니다. 현재 우리가 가진 시장점유율 3%, 이제는 끌어올려야 합니다. 새로운 알고리즘도 필요하고요. 속도로만 승부하는 때는 이미 지나갔습니다. 옵션의 가격도 예측해야 합니다. 모두 힘냅시다. 그리고 냉정해집시다. 감사합니다."

특별한 이야기를 기대했던 사람들은 너무나 당연한 이야기에 약간은 아쉬워했지만 그래도 다시 힘을 얻은 듯, 함께 박수를 쳤다. 박수를 치다가 우디와 눈이 맞추쳤다. 나는 엷은 미소를 지었고 그도 나에게 고개를 끄덕이며 답을 해주었다. 비록 주식팀이 없어지며 여러 가지 위기가 닥쳐왔지만, 나에겐 새로운 기회가 찾아오고 있음을 직감했다.

제3장

첩보전

▰ 점유율 싸움

"애플 3.28%, 구글 4.4%, 월마트 2.2%……"

새로운 퀀트 트레이딩 그룹으로 배치된 지 한 달 정도가 지났지만 시장점유율은 그다지 나아지지 않았다. 사태가 일어나고 첫 전체 회의에서 보고서를 읽어내려가는 시앙의 목소리에는 생기가 없었다.

"구글 옵션의 다른 회사 점유율도 읽어주겠나?"

사로지가 혹시나 해서 물어보았다.

"네. SIG와 시타델, 골드만삭스 파생상품 그룹이 각각 12.2%, 7.3%, 5.5%로 선두를 달리고 있습니다."

"여전히 우리가 한참 못 미치는군. 에브게니, 가격 경쟁력에서 밀리는 것인가?"

가격과 이자율 계산 전문가인 불가리아계 퀀트 에브게니가 답했다.

"분석 결과에 따르면 저희가 가장 싼 가격으로 제공하는 시간은 전체 시간의 27% 정도입니다. 나머지 시간 동안 두 번째 혹은 세 번째로 싼 가격에 제공하고 있기는 한데…… 저들은 주식의 움직임을 예측하는 알고리즘을 도입한 것 같습니다. 저희가 최상의 가격을 제공할 때에도 30마이크로초 정도 빠르게 가격을 변경하는 듯합니다."

"주식팀의 부재가 뼈아픈 상황이군……"

마켓 메이킹 전략은 결국 시장점유율을 높이는 것이 수익을 높이는 방법이다. 그러나 시장점유율을 올리는 것은 쉬운 일이 아니다. 블랙-숄즈 방정식을 이용해서 옵션 가격을 대략적으로 계산한 다음 현재 시장 상황과 자신만의 예측 노하우로 나온 가격을 시장에 제출해야 한다. 만약 다른 사람보다 비싼 값에 제출한다면 거래가 성사되지 않을 것이다. 또한 지나치게 싼 값에 올렸다가 가격 변동으로 인한 큰 손해를 입는다면 거래하지 않은 것만 못하게 된다. 같은 가격으로 제출하더라도 속도가 더 빠른 알고리즘이 거래에 성사되기 때문에 속도 또한 중요하다.

알고리즘과 속도가 한계에 도달하자 경쟁사들은 각자 다른 방식으로 점유율 경쟁에 나섰다. 피터 멀러의 팀이었던 모건스탠리 PDT는 알고리즘 전문가를 넘어서 회로 기판에 직접 프로그램을 짜는 FPGA[13] 전문가를 고용했다. 회로에서 컴퓨터까지 걸리는 미세한 딜레이까지도 아끼려는 의도이다. 골드만삭스나 시타델은 자신들의 통계적 차익거래 알고리즘과 마켓 메이킹 알고리즘을 혼합해 주식 가격이 옵션 가격에 좋지 않은 방향으로 움직일 경우, 마켓 메이킹 가격을 미리 움직이게 하는 예측 알고리즘을 개발하였다. 즉, 여러 가지 알고리즘을 섞기 시작한 것이다.

엔지니어 출신인 사로지는 '알고리즘은 간단명료해야 한다'는 철학을 가지고 있었다. 그래서인지 복잡한 기술을 도입하려 하지 않았고, 대신 그 시간에 여러 가지 최신 기술을 도입했다. 최신 기술 도입으로 남들보다 빨라지면 이길 수 있다는 신념 때문이었다. 그러나 시간이 지나면서 상황이 많이 변했다. 거대한 퀀트 회사들은 이미 속도의 정점에 도달했고 더 이상 빨라지기에는 한계가 있었다.

"사로지, 제가 한 마디 해도 되겠습니까?"

사로지와 시앙의 한숨 섞인 보고를 듣고만 있던 우디가 입을 열었다.

---

13) 하드웨어를 반도체로 생산하기 직전 동작 및 성능을 최종 검증하기 위해 제작하는 중간 개발물 형태의 집적 회로(IC).

"물론입니다."

"제가 봤을 때 옵션팀은 속도 경쟁에만 신경을 써왔습니다. 예전에는 다른 회사보다 속도가 빨라 시장점유율이 상당히 높았었죠. 하지만 속도 경쟁력이 점차 사라지고 있습니다. 현재 우리와 비슷하거나 높은 점유율을 가진 회사들 중 대부분이 이미 마이크로파 기술을 도입했습니다. FPGA 전문가와 통신 전문가를 대대적으로 고용하고 있지요. 저번 달 뉴스에 따르면 투시그마가 구글과 버라이즌에서 30명 이상 대거 빼갔다고 합니다. 속도 경쟁으로 승리하기에 불가능한 시대가 되었습니다."

속도를 우선시하는 자신의 철학이 깨지는 것이 언짢다는 듯 사로지는 대답했다.

"그럼 뭘 어쩌라는 거죠? 우리도 10명이 넘는 최고급 엔지니어와 통신 전문가들이 있어요. 속도 경쟁을 소홀히 하면 현재의 점유율조차 잃을 것입니다!"

"물론 속도를 소홀히 하라는 뜻은 아닙니다. 저희도 다른 회사들처럼 변화해야 한다는 것입니다. 저희 팀은 다른 회사가 적극적으로 도입하는 두 가지 알고리즘이 부족합니다. 하나는 통계적인 틈을 찾는 기술, 나머지 하나는 다른 사람의 거래를 통해서 움직임을 예측하는 알고리즘 저격 트레이딩이 그것이지요."

"옵션은 통계적 차익거래가 거의 불가능하다네. 자네가 그것을 모르진 않을텐데?"

"그렇습니다. 통계적 차익거래로 이익을 얻기는 힘들죠. 하지만 반대로 저희가 제출하는 가격에 대한 지표로 사용할 수는 있습니다."

"그게 무슨 말이지?"

"예를 들어 통계적 차익거래 알고리즘상으로 구글이 상승할 확률이 80%가 넘는다고 칩시다. 그러면 저희처럼 옵션을 파는 사람은 잠시 동안 옵션을 팔지 않거나 가격을 확 올릴 수 있겠죠. 비록 이익을 얻진 못하지만 손해 보는 상황을 크게 막아줄 수 있으니까요."

"음…… 그렇지만 그런 지표 시스템을 만드려면 너무 많은 노력이 필요하다네. 통계적 차익거래 시스템을 새로 다 만들기 위해선 몇 년이 걸릴지 모르지. 우린 꿈을 꿀 시간이 없어."

"꿈이 아닙니다. 잊으셨습니까? 저희는 100번부터 200번까지의 알고리즘이 있습니다."

"그건 주식팀 알고리즘 아닌가? 그것들은 이미 볼커룰 때문에 작동이 불가능…… 아!"

사로지의 눈이 반짝였다.

"예. 맞습니다. 그 알고리즘들은 작동이 불가능합니다. 하지만 그 원리들을 이용해 지표를 추출하는 새로운 알고리즘을 만들 수는 있죠."

"굉장한 생각이군. 그렇지만 이미 주식팀은 다 떠나고 100번대 알고리즘을 이해하는 사람은 없다네."

우디는 드디어 기회가 왔다는 듯이 미소를 지으며 이야기했다.

"저는 100번대 알고리즘들의 원리를 알고 있습니다. 저에게 맡겨주시면 200번대 알고리즘과 혼합할 수 있는 설계를 만들어 보겠습니다."

사로지는 잠시 생각에 잠기더니 다른 사람들을 둘러보며 말했다.

"괜찮은 생각인 것 같은데 다른 사람들의 의견은 어떤가?"

다른 사람들도 고개를 끄덕이며 대답하였다.

"저는 괜찮은 것 같습니다."

"새로운 시도가 필요한 시점입니다."

"맞습니다."

사로지는 우디를 쳐다보며 말했다.

"좋습니다. 우디, 주식팀에 오래 있었으니 여러 가지 방면으로 100번대 알고리즘 이해도가 높을 것이라 생각합니다. 퀀트 개발자 중 원하는 사람과 협업해 프로젝트를 진행해주시기 바랍니다."

"네. 저는 아마도 YJ와 함께 협업을 할 것 같습니다."

조용히 대화를 듣고 있던 나는 깜짝 놀랐다.

"네? 저, 저요?"

물론 나는 평소 주식팀의 알고리즘에 관심이 많았다. 거대한 스케일, 화려한 수익률. 우디는 내가 이런 부분에 관심이 많다는 것을 익히 알고 있었다. 게다가 그는 데이터 전문가이기 때문에 개발 능력은 부족한 편이었다. 시뮬레이터를 만들고 직접 사용한 나의 개발 능력이 쓸모 있으리라 생각한 것 같다.

우디가 나를 보며 미소 지었다.

"YJ의 개발 능력을 이용하면 빠른 속도로 설계도를 분석한 뒤 200번대 알고리즘과 혼합시킬 수 있을 것 같습니다."

"좋습니다. 그렇게 진행하세요. 다른 제안은 없습니까?"

"저도 한 가지 제안이 있습니다. 저희는 마켓 메이킹 알고리즘을 이용하면서도 저격 알고리즘은 전혀 이용하지 않고 있습니다. 다른 회사의 거래를 파악해 이를 이용하면 점유율을 높이는 데 큰 힘이 될 것입니다."

미시구조 전문가 총잡이 시앙이었다.

"그 부분은 저도 항상 염두에 두고 있었습니다. 시앙이 시도해보겠습니까?"

"네. 다른 회사의 거래를 파악하는 것부터 시작하겠습니다."

"좋습니다. 오늘 좋은 프로젝트들이 많이 발의되었는데, 모두 힘을 내서 다음달 점유율을 높일 수 있도록 해봅시다!"

옵션팀은 큰 변화의 기로에 서 있었다.

◇ ◇ ◇

"사로지 보조를 하라고? 난 그렇게 못 해. 차라리 사로지 자리를 나한테 주든가!"

상사와 부하 관계지만 입사 동기였던 제이크와 메이슨이 언쟁을 펼치고 있다.

"이봐, 메이슨. 상황이 좋지 않다는 거 잘 알지 않나. 일단 보조에서 조금만 버티면……"

"제이크. 지금 100번대 알고리즘들이 얼마나 수익성이 좋은지 알고 있지? 난 이 알고리즘들 코드를 가지고 괜찮은 퀀트들을 불러 모을 거야. 혼성 알고리즘을 잘 짜면 100번대 알고리즘도 분명 사용할 수 있어!"

"나도 그건 잘 알고 있지. 하지만 지금 보는 눈이 너무 많아. 정부 부처에서도 우리가 볼커룰을 잘 지키는지 지켜보고 있단 말이야. 게다가 사로지와의 관계도 있지 않은가? 잠시만 보조로 남아 있어주게."

"좋아, 제이크. 너의 뜻이 그렇다면 나도 생각이 있어. 너와의 인연은 여기까지인 것 같아."

"안타깝군. 조금만 참으면 정상화될 텐데 말이지. 행운을 비네, 메이슨."

주식팀이 사라지고서 팀장이었던 메이슨은 사로지 밑에서 보조를 하라는 제안을 받았지만 거절하고 퇴사하였다. 주식팀을 속속들이 잘 알고 있던 메이슨이 옵션팀의 보조자리에 만족할 리가 없었다. 연봉도 연봉이지만 자존심의 문제였다.

메이슨이 남을 거라고 크게 기대하지 않았지만 내심 걱정되는 부분도 있었다. 메이슨은 퀀트 트레이딩 그룹에 대해 너무 많은 것을 알고 있었다. 혹시라도 다른 회사에 가서 알고리즘의 정보를 누설해 수익성이 크게 줄어들까봐 걱정이었다. 다행히 그에게는 6개월의 이직 금지 조항이 걸려 있었기 때문에 6개월 안에 알고리즘을 업그레이드해 선점하는 것이 최선이다.

주식팀의 해체로 제이크는 여러 가지 위기에 처했다. 수익의 70%를 차지했던 주식팀의 빈자리를 메꾸기 위해 새로운 비즈니스를 창출해야 했다. 이사회에서는 수십 억씩 하는 마이크로초 단위의 거래 데이터를 가지고 있어야 할 명분을 제출하라고 제이크를 압박했다. 초단타매매에서는 1초에 수천 번의 거래가 성사되기 때문에 모든 데이터를 기록하면 한 주식당 몇 기가, 모든 주식과 옵션을 다하면 수백 테라 바이트가 된다. 이를 모두 저장하고 기록하려면 상당한 예산이 들어간다. 원래는 주식팀과 옵션팀이 나눠 부담했지만 이제 전적으로 옵션팀이 책임져야 하는 부분이었다. 하지만 옵션팀의 수익만으로 이 데이터 비용을 정당화하기에는 어려움이 있었다.

제이크는 새로운 아이디어를 냈다. 퀀트 거래 분석팀을 창설해 기존의 거래 영업을 하던 사람들에게 세세한 데이터로 거래 분석을 해줌으로써 비용을 정당화한다는 계획이었다. 사실 영업팀에서는 마이크로초 단위의 거래 분석이 필요하지 않다. 그러나 제이크는 노련했다.

"이 도표를 보시면 영업팀의 매출은 대략 6조 정도 됩니다. 이 중에 수수료는 약 0.2%인 1,200억 정도가 되죠. 저희 퀀트 거래 분석팀의 기술을 이용하면 거래 상황을 모니터링하면서 최적화된 타이밍에 거래를 보낼 수 있습니다. 그렇게 되면 수수료를 0.16% 수준으로 줄일 수 있습니다. 대략 40억 정도를 아낄 수 있죠. 적지 않은 수익입니다."

"음…… 확실히 일리 있는 말이네. 현재 영업팀에서는 자잘한 거래 비용에 대해 잘 알지 못해 브로커를 이용하는 실정이니까. 그대로 진행해 보게나."

제이크의 설득은 성공하였고 퀀트 트레이딩 그룹에 퀀트 거래 분석팀이 추가되면서 기사회생하였다.

◇ ◇ ◇

"YJ, 오늘 내가 기가 막힌 걸 발견했는데 시뮬레이션으로 검증해줄 수 있어?"

시앙이 불고기 만두를 오물오물 씹으면서 브라이언트 공원 의자에서 이야기를 꺼냈다.

"네. 뭔데요?"

"거래소에서 받은 옵션 거래 데이터를 찬찬히 둘러봤는데 우리가 손해를 봐왔던 옵션 거래가 좀 이상한 거야. 자세히 살펴보니깐, 그 옵션 거래들이 이루어지기 직전에 항상 어떤 거래자가 우리보다 훨씬 싼 값에 등장하더란 말이지. 마치 가격이 떨어질 것을 알고 있었던 것마냥. 근데 엄청 작은 회사의 옵션 거래에서도 발생하더라고. 이 옵션을 거래하는 회사는 우리랑 골드만삭스 정도거든."

"그럼 골드만삭스일 확률이 높겠네요?"

"어쩌면 이들이 어떤 알고리즘을 이용하는지 알아낼 수도 있을 것 같단 말이지. 내가 보기엔 수요와 공급 차이에서 어떤 신호가 떴을 때 거래 가격을 확 낮추는 알고리즘을 쓰는 것 같아. 그래서 말인데, 이거 파악해 줄 수 있겠어?"

"어떻게 그걸 파악할 수 있죠?"

"방법은 간단해. 그런 상황이 발생했을 때마다 수요와 공급 수치와 통계를 출력해서 그래프로 그리는 거야. 그 다음에 유의미한 상관관계가 있는지 통계 패키지로 분석을 하는 거지."

"아하. 그럼 그 상황만 몇 가지 예시로 보내주시면 제가 해볼게요!"

다른 알고리즘보다 좋은 시장점유율을 보이려면 결국 다른 회사들의 알고리즘을 어느 정도 파악할 수밖에 없다. 이를 위해서 데이터를 분석하고 그들보다 빠르게, 그들보다 좋은 가격에 거래를 성사시켜야 한다.

통계 패키지를 이용한 분석을 통해 골드만삭스는 거래량 밸런스가 편중돼 있을 때 잠시 주문을 멈추거나 가격을 확 낮춰 거래한다는 사실을 알아냈다. 그래서 나는 편중된 수치를 대략적으로 알아내 이보다 약간 적은 수치로 편중되어도 우리가 거래하도록 만들었다.

"하하. 골드만 녀석들 이제 점유율 좀 떨어졌겠군?"

실제로 미시구조 전문가 퀀트 혹은 알고 트레이더라 불리는 시앙 같은 사람들은 '다른 사람의 알고리즘'이나 이미 정보를 가지고 있는 '정보 기반 거래자'를 파악하는 데 특출나다. 거래 내역을 보고 통계적 이상징후가 보이면 이는 다른 알고리즘이거나 정보 기반 거래자일 확률이 높다 판단하고 이들의 패턴을 파악해 역으로 공격했다. 이들보다 빠르게 거래하면 알고리즘 특성상 무조건 거래를 하게 되고 반사 이익을 얻게 되는 것이다.

"젠장! 골드만 놈들이 눈치 챘나봐. 거래 알고리즘이 변한 것 같아. 새로운 세팅으로 탐색해보자."

시앙은 점유율을 늘릴 수 있도록 '상대방의 알고리즘을 탐색하는 방법'을 끊임없이 연구하였다. 사실 이러한 알고리즘을 탐색하는 작업조차도 기계 학습을 이용해서 자동화시키고자 한다는 이야기를 들은 적이 있다. 그러나 알고리즘을 변경하는 주기 자체가 그다지 짧지 않기 때문에 자동화까지 할 필요가 없다는 게 시앙의 설명이다.

거래소에서 공개한 거래 데이터에는 같은 거래자가 한 거래에 같은 일련번호가 붙어 있다. 일련번호가 같은 사람들의 거래 패턴을 분석하다 보면 비슷하게 거래하는 자들이 있다. 이들은 정보를 가지고 있거나 알고리즘인 것이다. 이 알고리즘들의 거래를 미리 파악하면 여러모로 도움이 된다.

같은 일련번호끼리 모아서 분석하는 일은 상당히 지루하다. 거래소 데이터가 크고 패턴이 없는 경우가 대다수기 때문에 큰 기대 없이 분석하곤 한다. 그렇기 때문에 나는 패턴이 있을 만한 거래만 간추려 시앙에게 넘겨주는 역할을 맡았다.

먼저 시뮬레이션 시스템을 이용해 이들 중 정보가 있을 만한 거래들만 추려냈다. 같은 일련번호를 가진 거래끼리 묶은 다음, 이 거래들의 수익이 100밀리세컨드 뒤 – 500밀리세컨드 뒤 – 1초 뒤 – 30초 뒤 – 1분 뒤 – 5분 뒤엔 어떠한지 추출하고 통계를 내 그래프로 표현한다. 대부분 일정한 패턴을 갖고 있지 않으나 어떤 일련번호는 꾸준히 수익을 내는 경우가 있다. 이럴 때 그 일련번호를 가진 거래들이 어느 타이밍에 거래하는지 역으로 추적하는 것이다. 나는 미시구조에 대한 감이 아직 부족했으므로 그래프와 데이터 분석만 한 뒤에 시앙에게 넘겨 주었다.

"호오…… 일련번호 282113 이 녀석들, 블룸버그 거대 뉴스가 나오기 전에 항상 거래를 하는 경향이 있네. 뉴스 분석 알고리즘이 있거나 뉴스를 미리 파악하는 루트가 있거나 둘 중 하나지. 다른 거래 날짜에도 비슷한 패턴이 있는지 찾아보자."

시앙은 미시구조 거래 방법에 정통했다. 비록 개발 능력은 떨어졌지만 미시구조를 파악하고 다른 알고리즘을 잡아먹는 '알고리즘 저격 트레이딩' 전문가였다. 230번부터 240번 알고리즘은 저격 전문 인공지능이다. 그동안 사로지가 호의적이지 않아서 작동시키지 않았지만 지금은 물불 가릴 때가 아니었다.

"오늘부터 238번 알고 저격 전략에 블룸버그 뉴스 전략을 추가해보자. 일련번호 282113 얘네들은 자연 언어 처리를 이용해서 뉴스 거래를 하고 있는 게 분명해. 이때는 우리가 가격을 조금 조정해보자고."

점유율을 높이기 위한 목적으로 서로의 알고리즘을 알아내고자 열심히 로그를 분석한다. 마치 상대가 누군지 모르는 채로 포커를 하는 기분이었다. 최대한 서로의 알고리즘이 들키지 않도록 거래를 분산시키고 은밀하게 시도한다. 몇 년 전만 해도 이런 시도는 하지 않았었다. 그러나 시장이 포화상태에 이르렀다. 옵션 거래량은 그대로인데 상인이 너무 많이 생긴 것이다. 시대는 점점 변하고 있었다. 에드 소프나 피터 멀러처럼 단순히 틈을 찾으면 이길 수 있는 시대는 지났다. 다른 알고리즘의 행동까지 알아내야 겨우 이길 수 있게 되었다.

■■ 소리 없는 전쟁터

거래 기록을 분석해 시앙에게 넘겨주는 일을 몇 주 정도 하고 나서 나는 이 작업들을 모두 자동화시키기 시작했다. 스크립트 언어를 이용한 프로그램을 작성해서 거래소와 날짜를 집어넣으면 패턴을 가진 일련번호가 쭈욱 출력되도록 만들었다. 어느 정도 여유시간이 생기자 우디가 구체적인 플랜을 짜기 위해 내 책상을 똑똑 두드렸다.

"아, 우디 씨!"

"우리의 위대한 계획을 실현시킬 준비가 되었나?"

"전 뭐든 환영이죠!"

자신의 알고리즘이 탑재된 인공지능을 만들어 작동시키는 게 꿈이었던 우디. 옵션팀과 사로지에겐 알고리즘 전문가가 절실하고 우디는 자신만의 알고리즘을 만들고 싶어 했으니 서로에게 윈윈이었다.

"YJ. 나의 계획은 이거야. 지금부터 수익률이 굉장했던 100번대 알고리즘들의 통계적 차익거래 방식을 분석할 거야. 이들을 네가 만든 시뮬레이션 시스템에서 복제하는 거지. 그렇지만 볼커룰 때문에 거래할 수는 없으니 옵션 거래의 분석 지표로 사용할 수 있도록 혼합 알고리즘을 만들 거야."

"네. 거기까진 저도 회의 때 들어서 이해하고 있었어요."

"하지만 거기서 끝나면 우린 여전히 알고리즘 보조만을 할 뿐이지. 여기서 더 나아가 주식을 직접 사는 단계인 헤지 단계를 이 알고리즘으로 대체할 거야."

"그게 무슨 말이죠?"

"알다시피 옵션 거래에서 헤지는 구글 옵션을 하나 팔 때 그에 알맞은 양의 구글 주식을 사는 것이라는 개념은 알고 있지?"

"네. 블랙-숄즈가 개발한 델타 헤징 방식이죠."

"그래. 만약에 구글의 가격을 예측할 수 있는 알고리즘을 우리가 가지고 있다면 어떨까? 구글 가격이 떨어지는 때를 알고 있다면?"

"아! 그렇다면 헤징을 잠시 보류할 수 있겠군요! 아니면 역으로 매도해서 수익을 노릴 수도 있고요."

"그렇지. 즉, 헤징 시간을 조절하면서 예전의 주식팀이 하던 방식을 어느 정도 복제할 수 있어. 이렇게 되면 이 알고리즘 자체에서 수익이 나기 시작하지. 예전처럼 거대한 수익은 아니겠지만 적지도 않을 거야."

굉장한 아이디어였다. 옵션팀의 수익에도 도움이 되고, 주식팀의 알고리즘도 재활용하면서, 볼커룰에도 저촉되지 않는 방법이었다. 나와 우디는 우리의 알고리즘을 거래할 수 있게 되면서 굉장한 경험도 덤으로 얻을 것이다.

"엄청난 계획이네요. 그런데 왜 저한테 이런 제안을 하시는 거예요?"

솔직히 의구심이 들었다. 우디는 현재 퀀트 트레이딩 그룹에서 주식팀의 알고리즘을 이해하고 있는 유일한 인물이었다. 원한다면 혼자 이 프로젝트의 공을 다 차지하고 굉장한 수익률의 퀀트가 될 수 있을 터.

"물론 나도 자선 사업가는 아니야. 너는 시뮬레이션 시스템과 알고리즘 개발로 어느 정도 개발 실력을 입증했지. 퀀트로서 아직 알고리즘에 대한 지식은 적을지 몰라도 말이야. 나는 데이터 전문가라서 개발 능력이 부족하거든. 코드를 봐서 설계도를 뽑아주면 내가 알고리즘에 대한 분석을 해줄 수 있어. 훌륭한 파트너십이지. 게다가 너는 정치적 이해관계가 아직 없잖아. 지금 주식팀의 알고리즘을 손에 넣고 싶어 하는 사람들 천지야. 마이클, 사로지는 물론이고 제이크와 데이빗 또한 마찬가지지."

"인정해 주셔서 감사합니다. 저도 도움 되는 편이 마음이 놓일 것 같네요."

"그래서 합류인가, 거절인가?"

"당연히 합류입니다."

나와 우디는 사로지의 전폭적인 지지하에 연구를 시작하였다. 주식팀의 알고리즘은 100번부터 199번까지였는데 결번이 꽤 많아서 총 70개 정도 되었다. 코드는 몇만 줄이 되었고 복잡도는 이루 말할 수 없었다. 우디는 일단 가장 간단해 보이는 121번 알고리즘부터 차근차근 시작하자고 했다. 주식팀 시스템은 같은 데이터를 이용했지만 시뮬레이션과 데이터 처리, 구조 전부 미묘하게 달랐다.

"여기서 포트-옵트라는 라이브러리 기술을 썼는데 이게 어떤 의미일까요?"

나는 설계도를 읽을 수는 있었지만 알고리즘적으로는 어떤 의미인지 잘 알지 못하였다. 경험이 많던 우디는 그동안 주식팀 퀀트에게 듣거나 논문에서 읽은 자료를 바탕으로 나의 설계도를 해석하고 완성시켰다.

"아마 포트폴리오 최적화(Portfolio Optimization) 기술을 말하는 걸 거야. 선형 프로그래밍 기술을 사용해 주어진 제약 안에서 가장 좋은 포트폴리오를 도출해 주는 기술이지. 퀀트 쪽보다는 자산관리에서 자주 이용하는 기술이고. 그걸 초단타매매에서도 이용하다니. 흥미롭네?"

알고리즘 121번을 분석하던 때는 퀀트 생활 2년 남짓이었던 내게 가장 바쁜 시기였던 것 같다. 코드를 이해해서 설계도를 변환시키는 작업만 한참이 걸렸고 이를 우디가 해석해주면 나는 새롭게 익힌 기술이나 알고리즘에 대해 논문이나 책을 찾아보느라 정신이 없었다.

사로지는 이례적으로 매주 우리 프로젝트에 대한 보고를 부탁했다. 회의 때 사로지의 표정은 침착했지만 사실 그는 이번 프로젝트에 사활을 걸었다. 사로지는 제이크가 신설한 퀀트 거래 분석팀이 그다지 성공적이지 못할 것임을 직감했다. 그렇다면 옵션팀의 수익을 늘리는 것이 유일한 생존 방법이었다. 속도는 이미 한계에 다다랐고 시앙이 다른 경쟁자의 알고리즘을 저격하는 것으로는 수익을 어느 정도 올릴 수는 있어도 비약적인 상승을 기대하긴 힘들다. 통계적 차익거래와 결합된 혼합 알고리즘의 등장이야말로 이 난관을 타개할 유일한 방법이었다.

"그래, 121번 알고리즘부터 시작한다고?"

"네. 121번 알고리즘은 주식을 산업별로 묶어서 통계적인 움직임을 계량화한 다음 틈이 벌어지면 거래하는 알고리즘입니다. 저희도 산업별로 옵션을 거래하는 경우가 많은데 이를 혼합하면 좋은 알고리즘이 탄생할 것 같습니다."

"자네만 믿겠네, 우디. 그리고 YJ."

사로지 그리고 그 뒤의 제이크가 거는 기대가 큰 만큼 우리는 쉬지 않고 121번 설계도를 분석하기 위해 최선을 다했다. 한 달여 시간이 지나자 121번의 윤곽이 거의 다 드러나고 나의 시뮬레이션 시스템에서도 비슷한 결과를 보여주기 시작했다. 이제 옵션 시스템인 200번대 알고리즘들과 융합만 시키면 되는 것이다.

'좋았어. 거의 다 됐다.'

◇ ◇ ◇

한편 제이크는 거래 분석 팀장, 즉 매니징 디렉터(MD)를 뽑기 위해 이력서들을 검토하고 있었다. 매니징 디렉터 수준이 되려면 굉장히 세분화된 경험을 가지고 있어야 하기 때문에 딱 맞는 인재를 찾기가 어려웠다. 데이터 분석과 퀀트 알고리즘에 대한 지식이 깊으면서도 영업팀에 대한 이해도 기본적으로 갖추고 있어 좋은 관계를 유지할 수 있는 인물이 필요했다.

하지만 아무리 수십 장의 이력서를 검토해 보아도 영 마음에 드는 사람이 없었다. 사실 퀀트 트레이딩 그룹같이 초고속 마이크로초 급의 데이터를 다루는 회사는 경쟁사일 확률이 높은데 이들 중 고위급 인재가 쉽사리 이직할 수는 없을 것이다. 중요한 기로에 서 있는 만큼 제이크는 신중했다. 그러다 전화 한 통이 걸려왔다.

"여보세요?"

"안녕하세요. 기술 이사급 헤드헌팅 전문 회사 GXG입니다. 퀀트 트레이딩 그룹의 새로운 디렉터를 찾고 계신다 들었습니다."

"예. 맞습니다. 초단타거래 데이터를 분석해서 영업팀의 거래 전략을 컨설팅하는 팀입니다."

전쟁의 시작

273

"제가 딱 맞는 인물을 하나 알고 있습니다. 세르게이라는 사람인데, BNP 파리 은행 초단타거래팀에서 17년간 거래를 한 사람입니다. 모스크바국립대학교에서 물리학 박사를 했고요. 현재 디렉터인데 매니징 디렉터로의 승진이 무산되어 이직을 원하는 것 같습니다."

"오. 듣기엔 괜찮은 것 같습니다. 이력서를 한 번 보내주시겠습니까?"

"예. 알겠습니다. 미리 말씀드리지만 매니징 디렉터급은 연봉의 50%를 수수료로 지불 받고 있습니다. 업계 평균이지요."

"예. 알고 있습니다. 그 부분은 인사과와 연락하시면 됩니다."

"그럼 곧 보내드리겠습니다. 식사 맛있게 하십시오."

제이크는 약간 상기된 표정으로 수화기를 내려놓았다. 사실 팀장 자리가 공석인 것이 가장 큰 걱정이었다. 이사진에게 팀의 명분도 살렸기 때문에 구색을 갖추어야만 자금 지원도 받을 수 있고 시간도 벌 수 있기 때문이다.

다시 전화벨이 울렸다.

"여보세요? 아, 그렇지 제가 이메일 주소를 알려드리지 않았군요?"

"제이크! 나야, 메이슨. 벌써 목소리를 까먹었나?"

제이크는 발신자 번호를 확인하지 않은 것을 잠시 후회하였다.

"오랜만이군, 메이슨. 어떻게 지내?"

"나야 뭐 그럭저럭 잘 지내지. 침몰하는 퀀트 트레이딩 그룹을 살려보려고 애를 쓰나 보군. 보아하니 헤드헌터 전화도 기다리는 모양인데?"

"네가 나간 뒤로 모든 것이 순조롭지. 본론만 말해."

"뭐 별 거 아니고. 너에게 거절할 수 없는 제안 하나를 할까 해서 말이지."

"제안? 네가 나에게? 그럴 만한 상황이 아닐 것 같은데?"

"일단 들어나 보라고. 나는 우리 메릴린치 퀀트 트레이딩 그룹 주식팀이 르네상스나 시타델만큼이나 강력한 알고리즘들을 가지고 있다고 생각해. 비록 메릴린치라는 거대 투자은행에 갇혀서 여러 가지 간섭을 받았지만, 그래도 굉장한 수익을 내지 않았어? 우리 꽤 잘 나갔잖아. 하하하."

"옛날 이야기 해봤자 소용없어. 이제 볼커룰 때문에 영광의 시대는 지났어. 퀀트들도 모두 뿔뿔이 흩어졌고."

"물론 그랬지. 모건스탠리 PDT라고 알지? 피터 멀러가 만든 팀 말이야. 볼커룰이 생기면서 이들도 모건스탠리에서 퇴출 당할 위기에 있었어. 그러자 이들이 어떻게 했는지 알지?"

"걔네는 모건스탠리에서 독자적인 헤지펀드로 분리돼 나왔지."

"그래, 우리도 충분히 그렇게 할 수 있었어. 네가 그 빌어먹을 그룹장 자리에 집착하지만 않았어도 말이야."

"당시엔 그게 최선이었어. 헤지펀드 설립에는 자금이 필요한데 우리가 분사로 빠져나온다고 해서 대체 누가 도움을 주겠어?"

"그게 바로 네가 무능력했다는 증거지. 나는 네가 해내지 못한 것을 해냈어. 지금부터 나는 위대했던 주식팀을 부활시키려 해. 얼마 전에 이미 투자는 받았고 헤지펀드를 설립했어. 굉장한 파트너도 구했지. 톰 조이스라고 알지?"

톰 조이스는 거대한 퀀트 마켓 메이킹 회사였던 나이트 캐피탈의 CEO였다. 2012년 나이트 캐피탈 사태로 나이트 캐피탈은 4,000억의 손실을 입고 부도 직전까지 갔다가 시카고 마켓 메이킹 회사였던 GETCO에 의해 인수되었다. 톰 조이스는 이 사태의 책임을 지고 사퇴하였다.

비록 불미스러운 사건으로 사퇴하였지만 톰 조이스의 아성이 무너진 것은 아니었다. 그의 인맥과 능력은 출중했고 시장에선 그의 이름만으로도 투자가 빗발쳤다.

"그 머저리 파산범 말하는 건 아니겠지?"

"좋을 대로 불러. 어쨌든 톰 조이스를 부사장으로 영입했어. 뿐만 아니라 예전 주식팀에 있던 조나단과 피터도 매니저급으로 영입해왔어. 이제 주식팀을 부활시키는 것은 시간 문제야."

"그래봐야 인프라와 시스템을 모두 다시 만드는 데 2년은 족히 걸릴 걸? 그 사이에 알고리즘들은 이미 낡은 게 되어 있을 것이고. 우리도 가만히 있지는 않지."

제이크는 애써 태연한 척 이야기했지만 내심 놀랐다. 메이슨이 퇴사한 지 불과 서너 달밖에 되지 않았는데 헤지펀드 설립에 굉장한 파트너까지 영입하였다. 게다가 몇 명 되지는 않았지만 과거 퀀트들도 모았다니 놀라울 수밖에 없었다.

"글쎄, 우리 헤지펀드는 이미 스타야. 최고급 퀀트 개발자들을 모아서 인프라를 다시 만들라고 하면 그렇게 오래 걸릴 것 같지는 않은데 말이지? 자, 이제 나의 제안을 이야기하지. 예상하겠지만 나와 톰은 투자 영업으로 바빠서 알고리즘들과 퀀트들 관리를 할 사람이 필요해. 아무리 생각해도 너만큼 적절한 인물이 없는 것 같아. 상하관계가 바뀌는 게 자존심 상할 수도 있지만 인생이란 게 이런 거 아니겠어? 좋은 기회가 더 중요하지. 하하하."

메이슨의 말이 맞았다. 이건 굉장한 기회다. 헤지펀드의 최대 난관은 투자자를 구하는 것인데 메이슨이 모든 물밑 작업을 끝내놨다. 제2의 피터 멀러가 될 수 있는 기회다. 하지만 이 모든 것이 잘되리라는 보장은 없다. 퀀트 거래 인프라는 갑자기 생기는 것이 아니며 알고리즘을 제대로 구현하는 데에도 많은 노력이 필요하다. 모든 것이 순조롭게 되었다 하더라도 알고리즘이 모두 낡아버릴 수 있다. 무엇보다도 메이슨 밑에서 일한다는 게 자존심 상했다. 제이크는 이곳에서 그룹을 다시 부흥시키겠다고 다짐하였다.

"그걸 지금 거절할 수 없는 제안이라고 하는 거야? 거절할 수밖에 없는 제안을 잘못 말한 것 같은데 말이지. 그런 오합지졸들에게 좋은 직급을 준다고 갑자기 없던 시스템이 생길 것 같아? 넌 아직 멀었어, 메이슨."

"진심이야? 아직도 그런 허수아비 그룹장 자리에 미련이 있는 거야?"

"두고 봐, 이게 허수아비 자리인지."

"좋아, 제이크. 분명 후회하게 될 거야. 퀀트 트레이딩 바닥은 전쟁터인 것 알고 있지? 크게 다칠 거야."

"고장 난 전차부터 제대로 고치고 다시 연락하기를. 그럼 나는 바빠서 이만 끊는다."

"정말 후회하……"

메이슨의 말이 미처 다 끝나기도 전화 통화를 종료하고 제이크는 싱숭 생숭해졌다. 뛰어난 정치력으로 이 자리까지 올라왔지만 항상 옳은 판단을 한 건 아니었다. 자존심 때문에 좋은 기회를 놓친 것은 아닐까 하는 생각도 들었다. 그러나 이내 정신을 가다듬고 퀀트 트레이딩 그룹의 부흥을 위해 똑바로 일을 해야겠다 생각하였다.

때마침 헤드헌터에게서 이메일이 도착했다. 세르게이라는 이름의 고위급 퀀트인 그는 한눈에 봐도 똑똑하고 능력 있는 사람이었다. 이런 사람이 승진하지 못한 것을 보면 BNP 파리 은행도 별 거 없구나 싶었다. 바로 수화기를 들었다.

"안녕하세요 GXG죠? 세르게이 씨와 면접 일정을 당장 잡아줄 수 있을까요?"

◇ ◇ ◇

사태 발생 후 네 달 뒤 드디어 121번과 옵션 알고리즘을 합친 혼합 알고리즘이 완성되었다. 우리는 285번 알고리즘이라고 이름 붙여 주었다. 거래가 중단되었던 나의 알고리즘 282번에 이은 두 번째 알고리즘이었다. 우디는 실전 거래를 진행하는 것이 이번이 처음이었기에 감격을 감출 수 없었다.

"YJ, 내가 이 순간을 얼마나 고대했는지 모를 거야. 드디어 나의 인공지능이 거래를 시작한다니."

우디는 자신의 인공지능을 만들고 싶어 틈틈이 금융 공학 석사도 밟았지만 메이슨은 좀처럼 기회를 주지 않았다. 이제 그 역량을 직접 보여줄 때가 된 것이다.

물론 285번은 직접적인 수익을 내는 인공지능이 아니다. 산업별로 손해 볼 확률이 높은 옵션 거래를 분석해서 신호를 보내면 옵션 알고리즘은 그 거래를 실행하지 않게 한다. 이러한 특성으로 인해 실제 수익을 알 수 없으므로 '285번이 막은 거래가 만약에 이루어졌을 때의 손해'라는 가상의 계산이 곧 285번의 수익률이었다.

"어떤가? 수익률 상승이 좀 있나?"

장이 끝나자마자 사로지가 우디와 내 곁으로 오더니 회의실로 가자는 말도 하지 않고 질문부터 퍼부었다.

"예. 이번 알고리즘을 시험적으로 실시한 200개의 주식에서 옵션 거래 손실의 18% 정도를 만회하였습니다."

"굉장하군! 다른 알고리즘도 적용하다 보면 우리 옵션팀의 수익률과 시장점유율을 비약적으로 올릴 점화점이 될 수 있을 것 같네. 오늘은 하트랜드 바로 가세. 내가 전부 쏠 테니!"

이렇게 285번은 화려하게 데뷔했다. 수치상 큰 금액은 아니었지만 혼합 알고리즘이 제대로 작동한다는 사실만으로도 팀을 크게 고무시켰다. 수많은 주식팀의 알고리즘 중 단 하나의 알고리즘을 적용시켰는데도 불구하고 이 정도 성과면 앞으로의 행보가 기대될 수밖에 없었다.

"이야, 축하해. YJ! 이제 명실상부한 퀀트 트레이딩 그룹의 희망이 되었네."

항상 날 응원해주는 브라이언이 맥주를 건네며 말을 걸었다.

"아닙니다. 우디의 도움 없이는 절대 해내지 못했을 거예요."

"우디도 정말 대단하지. 저런 인재를 썩혀두다니. 메이슨도 참 관리자로서 꽝이었어. 주식팀이 망할 만도 하지."

옆에서 듣고 있던 에브게니가 끼어들면서 이야기를 꺼냈다.

"그나저나 너희들 이번에 소식 들었어? 이번에 신설한 거래 분석팀에 새로운 팀장이 임명됐다던데?"

"정말? 어떤 사람인데?"

"파리 은행에서 오는 모양이야. 굉장히 유능한 퀀트라고 하더라고. 커리어도 탄탄해서 왜 우리 팀에 오는지 이해가 안 될 정도라는데?"

"제이크는 재주도 좋아. 요즘 우리 그룹 기피 대상이잖아. 침몰하는 배에 누가 타고 싶겠냐고 시티은행에 있는 내 친구가 대놓고 말하던데?"

"그 사람도 대단하네. 영웅이 될지 함께 침몰할지 두고보자고."

"우디랑 YJ가 있으니까 함께 영웅이 되지 않을까?"

"하하하! 건배!"

◇ ◇ ◇

QUANT

며칠 후 285번 알고리즘을 관리하느라 여념이 없을 때 사로지가 새로운 팀장을 소개해 주었다. 세르게이는 훤칠한 불가리아계 인물이었다. 파리에서 일을 해서인지 영어에 불어 억양도 섞여 있었다. R 발음을 하지 못해서 '런웨이'를 '헌웨이'라고 발음했다.

"세르게이 팀장은 이제부터 퀀트 거래 분석 팀장으로 영업팀의 거래 컨설팅을 맡을 것입니다. 크게 새로운 일은 아니고 기존의 데이터와 시앙의 알고 저격 기술을 이용해서 영업 부서가 다른 퀀트 트레이딩 회사들에게 당하는 일을 줄여주는 역할입니다. 현재 공식적으로 소속될 팀원은 데이빗, 하이펑, 짜오 정도입니다. 다만 팀이 자리를 잡을 때까지는 옵션팀 사람들과 협업을 할 예정입니다."

"반갑습니다. 세르게이입니다. 저는 거래 분석 팀장으로 들어오긴 했지만 무엇보다도 퀀트 트레이딩 그룹의 존속을 위해 최선을 다할 것입니다. 때문에 옵션팀에게도 제가 가진 여러 가지 기술을 전수할 것이며 함께 발전하는 방향으로 나아가길 기대합니다. 감사합니다."

세르게이는 영어 발음이 서툴렀지만 힘이 있는 어조로 이야기하였다. 그의 선한 인상과 강렬한 어조 때문인지 팀원들은 걱정을 떨치고 힘껏 박수치며 환대하였다. 그는 우리와 그다지 멀지 않은 곳에 자리를 배정받았다. 두 팀으로 나누어지긴 했지만 구성원이나 각자 자리가 거의 그대로였기 때문에 별다른 변화를 느끼진 못했다. 세르게이는 오자마자 퀀트들을 모두 불러모았다.

"여러분, 현재 연구를 할 때 어떤 식으로 진행하는지 알려주실 수 있습니까?"

이자율 전문가인 짜오가 대답했다.

"C++ 언어로 먼저 각 데이터를 출력한 뒤에 이를 스프레드 시트로 옮깁니다. 이를 다시 차트화시킨 뒤에 분석을 합니다."

"그렇게 하면 매번 분석마다 오래 걸리지 않나요?"

"네. 사실 엄청나게 오래 걸리지만 딱히 다른 대안이 없어서 이대로 진행하고 있습니다."

"하이펑 씨는 어떤 식으로 합니까?"

"저는 너무 오래 걸려서 파이썬 그래프 기술을 대충 만들어서 사용하고 있습니다. 다만 급조한 것이라 제 알고리즘을 위해서만 작동하기 때문에 다른 분들께 제공하긴 힘들 것 같습니다."

"사실 처음 며칠 동안 조사를 해 보았는데, 이 팀의 가장 큰 문제점은 연구 플랫폼이 제대로 정립되어 있지 않다는 것입니다. 알고리즘을 당장 개발하는 것도 중요하지만, 유연하게 데이터를 가져오고 그래프를 보여주는 플랫폼이 제대로 만들어져 있지 않으면 시장 상황이 변했을 때 다시 많은 시간을 들여야지만 업그레이드할 수 있어요. 매번 이런 식으로 하면 낭비도 심하고 결국 다른 경쟁자들을 따라갈 수가 없죠. 연구 플랫폼을 먼저 통일시키고 대다수의 경우에 사용할 수 있도록 만드는 게 급선무인 것 같습니다. 급할수록 기본적인 작업부터 해야 해요."

"하지만 저희는 수익 알고리즘을 만들기도 바쁜데요."

"이럴 때일수록 더 기본으로 돌아가야 합니다. 저도 함께할 테니 프로젝트를 오픈하고 파이썬 기반 연구 플랫폼을 함께 만들어봅시다."

사실 나를 포함해서 모든 퀀트들은 알고 있었다. 현재까지의 연구 과정은 비효율적이고 시간이 오래 걸렸다. 이를테면 구글 주식 연구를 위해 데이터를 갈무리하는 데 하루 이상 걸렸고, 이를 다시 그래프화시켜 보여주는 데 다시 하루가 걸렸다. 이렇게 자료를 뽑아 통계 분석을 했는데 별 의미 없는 결과가 나오면 다른 세팅으로 처음부터 다시 해야 했다.

그러나 모든 상황에서 작동하는 플랫폼을 만드는 일은 너무나 방대해 어느 누구도 손 댈 엄두를 내지 못했다. 게다가 자신의 알고리즘을 만드는 시간을 희생해 남들과 함께 쓰는 연구 플랫폼을 만들고 싶어 하는 사람은 없었다. 하지만 세르게이가 솔선수범해서 만들겠다고 하자 모두들 동참하기로 결정하였다.

"YJ, 자네는 파이썬을 가장 최근까지 사용했을 테니까 그래프와 비주얼 관리 부분을 맡아주게."

"아…… 세르게이 씨. 저는 285번 알고리즘으로 시간이 거의 남지 않는데요?"

"모두가 참여하기로 했으니까 예외는 없는 걸로 하지."

세르게이는 단호했다. 하지만 연구 플랫폼이 생기면 연구 속도가 비약적으로 빨라질 테니 어느 정도 감수하고 따르기로 하였다. 데이터 분석에서 중요시하는 부분 중 하나가 시각화다. 수치로 있을 때는 잘 몰랐던 상관관계나 핵심 추세도 시각화를 하면 눈에 보일 수 있다. 그렇지만 시각화는 눈금이나 색 등 세세한 부분을 조정해야 하는 작업이기 때문에 꽤나 지루하고 시간이 많이 걸리는 일이었다. 당장 수익률을 높이고 싶었던 나는 그 중요성을 인정하면서도 막상 시각화 작업을 맡게 되니 불만스러웠다.

마이클은 당분간 자신이 아닌 세르게이에게 보고하라고 하였다. 마이클은 애초부터 시스템과 통신을 주로 담당했기 때문에 나의 상사긴 해도 우다나 시앙에 비해 그다지 함께 일한 경우가 많지 않았다. 그렇지만 오히려 그 점이 편했다. 알고리즘 조정과 연구로 며칠을 그냥 보내도 마이 클은 크게 신경 쓰지 않았고 언제나 나의 프로젝트 스케줄을 존중했기 때문이다. 그러나 세르게이는 달랐다. 하루하루 그래프 시각화 프로젝트 에 대해 물어보았고 대부분의 연구는 우다에게 맡기라고 지시했다. 그는 아무래도 과거 퀀트 고위직들처럼 개발자 출신이 알고리즘을 다루는 것 이 못마땅한 듯해 보였다.

오기가 생긴 나는 그래프 라이브러리 웹사이트를 전부 출력해 잠들기 전까지 공부하였고 그다지 즐겨하지 않던 원격 근무로 집에서 야근을 했 다. 빨리 이 프로젝트를 끝내고 다시 알고리즘 연구에 매진하고 싶은 마 음뿐이었다. 그 덕에 2주 정도 지나자 연구 라이브러리는 윤곽을 갖추기 시작했다.

라이브러리라는 것은 최대한 범용성이 있어야 했다. 애플 주식의 경우 배당금이나 분기 발표가 포함되어 있을 수 있고, ETF(거래 가능 펀드)의 경우에는 오히려 수수료가 포함되어 있을 수 있다. 이런 경우의 수를 모 두 처리할 수 있는 라이브러리로 만들려고 하니 개인 연구 라이브러리 작업보다 훨씬 복잡했다. 세르게이는 확실히 이런 쪽에서 전문가였다. 세 르게이는 내가 복잡함을 피해 처리해 둔 부분을 모두 범용성 있게 고치 고서 조용히 이메일로 통보하였다. 세르게이는 각 기능별 간단한 사용법 을 지정한 양식대로 문서화해서 자신에게 보내라고 하였고 이를 공용 온

라인 문서로 변형해서 거대한 메뉴얼을 만들었다.

기본적인 기능이 모두 완성되자 세르게이는 모든 퀀트에게 이 라이브러리를 사용해 연구하도록 지시하였다. 이런저런 연구를 진행 중이던 퀀트들은 불만이 폭주했다. 자신이 편하게 사용하던 데이터베이스 코드나 스크립트를 모두 버린 채 새로이 적응해야 했기 때문이다. 그러나 세르게이는 인내심 있게 찬찬히 기능을 설명해주거나 필요한 메뉴얼 페이지를 링크해주었다. 열흘 정도가 지나자 퀀트들은 편리한 사용법 및 시각화에 감탄하며 세르게이의 프로젝트를 극찬하기 시작했다.

비록 한 달 정도 늦어졌지만 직접 만든 라이브러리에서 연구를 다시 시작했다. 이틀 정도를 써서 이전 연구 코드들을 모두 현재의 라이브러리인 '옴니(Omni)'로 옮겼다. 이전에 볼 수 없었던 산업별 수익률과 통계적 회귀 현상 등을 그래프로 볼 수 있었다. 어디가 부족하고 어느 산업부터 설정을 변경해야 할지 확실히 눈에 보였다. 세르게이가 옳았다는 생각에 처음의 불만이 부끄러워졌다. 당장은 285번의 연구를 위해서 미루고 있지만 언젠가 여유가 생기면 시뮬레이션 시스템 또한 옴니로 융합시켜 가상시장의 실시간 모습도 시각적으로 보여줄 수 있으면 좋을 것 같다는 생각이 들었다. 현재는 옴니가 시뮬레이션 시스템의 결과만 읽어서 출력하는 정도만 가능했다.

사로지와 제이크는 그룹 회의에서 세르게이 프로젝트의 성공적인 출범에 대해 크게 기뻐하였다. 연구 플랫폼이 낡고 비효율적인 건 모든 사람들이 알고 있었지만 어느 누구도 개선할 생각을 하지 못했으니까. 마치 매일 운행하는 뉴욕 지하철이 낡고 문제가 있다는 것을 누구나 알고 있지만 선뜻 중단시키고 뜯어 고칠 생각을 하지 못하는 것과 비슷했다. 하루하루 연구를 중단하면서 드는 손실과 문제가 너무나 많았던 것이다. 그러나 세르게이는 신속하고 빠르게 처리하였다. 이는 굉장한 업적이었다. 그렇게 세르게이는 빠르게 사람들의 신뢰를 얻고 있었다.

◼◣ 알고리즘 스파이

"메릴린치는 한 달 전, 퀀트 업계의 거대 팀이었던 주식팀을 중단시켰습니다. 업계에서는 정부 규제에 대한 안일한 대처와 미래 리스크 대비 부족을 가장 큰 이유로 꼽았습니다. 특히나 이 팀을 이끌던 메이슨 비야노브 디렉터는 톰 조이스와 손을 잡고 거대 헤지펀드를 설립하였는데요. 초단타 업계에서는 거물급 퀀트들의 행보와 그들의 알고리즘들에 대한 정보를 얻기 위해 다방면으로 뛰고 있습니다. 블룸버그 통신 킴벌리 기자였습니다."

주식팀의 해체는 극비였지만 결국 소문이 퍼져 블룸버그 금융란 첫 페이지를 장식하게 되었다. TV에서 흘러나오는 리포터의 목소리를 들으며 팀원들은 씁쓸한 웃음을 짓고 있었다. 월스트리트에서 블룸버그 뉴스에 나오는 경우 치고 좋은 일은 거의 없다. 다들 침묵을 지키는 가운데 브라이언의 '장 시작 1분 전입니다!'라는 외침만 가까스로 들렸다.

　주식팀에 대해 어느 정도 알고는 있었지만 블룸버그에서 알고리즘의 베일까지 다룰 정도로 유명한 줄은 모르고 있었다. 그만큼 한 팀의 알고리즘은 노하우의 집합체였다. 아이디어 자체는 논문이나 책으로 많이 알려져 있지만 각 시장별로 데이터를 어떻게 처리하는지, 어떤 속성을 가지고 있는지, 어떤 전략과 어떤 세팅이 잘 들어맞는지 등은 경험과 실력이 없으면 축적되기 힘든 자산이었다. 이를 구현한 작품이 바로 인공지능이자 알고리즘의 코드다. 그러나 이 코드는 모든 노하우를 구현한 것뿐이므로 코드만으로는 어떤 철학을 갖고 움직이는지 알 수 없다. 어떤 수식과 데이터를 기반으로 하는지 자세히 설명하는 설계도를 가지고 있어야만 진정으로 이 알고리즘을 완벽하게 복제할 수 있는 것이다.

　우디는 비록 설계를 해본 적은 없었지만 코드에서 설계도를 추출해내는 능력은 그룹 최고였다. 설령 굉장한 퀀트라고 해도 자신이 구상한 설계와 코드 외에는 잘 모르는 경우가 많다. 결국 알고리즘의 동작을 보고 그 내부의 동작을 유추하는 것은 굉장한 경험이 동반되어야만 할 수 있는 일이었다. 그런 우디와 함께 일한다는 것은 나에게 큰 축복이었다.

　"YJ, 이 부분의 코드를 읽는 것 좀 도와줄 수 있겠어?"

　"예. 이 코드는 좀 특이한 재귀 구조라서 언뜻 이해하기 힘들 수도 있어요. 쉬운 의사 코드로 변경해서 드릴게요."

잠시 후 나는 코드를 쉬운 설명으로 보여주는 의사 코드로 번역해 우디에게 주었다.

"고마워. 음…… 잘 봐봐. 이 124번 알고리즘은 BARRA의 요인 분석 시스템을 이용하고 있는 것을 볼 수 있지. 피터 멀러의 통계적 차익거래와 비슷한 알고리즘을 시도하고 있는 거야. 그러나 이를 자세히 보면 도쿄와 호주의 요인 파일이 다른 것을 알 수 있어. 즉, 시장별로 다른 요인을 가진다는 점을 이용한 거지."

그는 퀀트 세계에서 유명하고 자주 쓰이는 여러 가지 알고리즘들을 설명해주었다.

"이 부분은 이 알고리즘의 원작자인 개리가 연구한 부분일 거야. 그러나 현재에도 이러한 접근이 통한다는 보장은 없어. 게다가 요인 분석을 기반으로 한 전략들은 다양한 요인 데이터를 계속해서 구입해야 하기 때문에 비용이 꽤 들지. 이 알고리즘의 혼합은 조금 보류하는 게 좋을 것 같아."

나는 우디와 함께 알고리즘을 하나하나 뜯어보면서 그 의미를 해석하고 285번 이후로 합성 알고리즘을 만들 만한 알고리즘들은 설계도화시키기 시작했다.

세르게이의 옴니 연구 시스템은 이러한 알고리즘을 분석하는 데에도 많은 도움이 되었다. 예전 알고리즘을 완전히 복제하기 전에 대략적인 아이디어를 시스템에 만들어서 넣고 결과를 그래프로 그려보면 알고리즘이 현재에도 얼마큼 작동하는지, 어떤 관계를 가지는지 한눈에 보기 편했기 때문이다.

"제군들, 잘되어가나?"

세르게이는 능글맞게 웃으면서 나와 우디 사이에 꺼들었다. 나는 세르게이에게 대답하였다.

"네! 285번 수익도 안정화되어가고 이제는 좀 더 공격적인 혼성 알고리즘을 만들기 위해 주식팀의 고수익 알고리즘들을 분석하고 있습니다."

"오호, 그렇군! 설계도를 파악하는 것이 쉽지 않을 것 같은데?"

"네. 우디 씨의 도움으로 자료를 정리하고 있습니다."

"그렇군! 설계도 플랫폼은 어떻게 하고 있나?"

"딱히 플랫폼을 사용하지 않고 계정에 있는 워드파일이나 공책에 개략적인 도표를 그려놓고 있습니다."

"알다시피 우리는 최종적으로 모든 연구를 옴니를 통해서 가능하도록 만들 생각이야. 설계도 관리도 마찬가지고. 설계도상에서 설정과 스펙만 바꾸더라도 결과를 모의로 볼 수 있고 시각화 상태로 보여주는 시스템을 구상하고 있다네."

"그거 정말 멋진 생각이네요!"

"그러니 앞으로 설계도 또한 옴니의 서브 폴더에 넣어서 함께 관리해주 게나."

그러자 우디가 끼어들었다.

"그렇지만 설계도는 퀸트의 고유 아이디어입니다. 다른 사람과 공유하 는 것은 조금……"

"그건 걱정 말게! 모든 권한 설정이 철저히 되어 있어서 계정과 마찬가 지로 해당 프로젝트는 지정된 퀸트만 볼 수 있도록 해놨네. 나도 트레이 딩하는 퀸트인데 모를 리가 있겠나?"

"예. 알겠습니다."

우디는 찜찜한 표정을 지어보였다. 나는 개인적으로 세르게이의 의견에 찬성하는 편이었다. 설계도를 여러 양식으로 끄적이다 보니 다시 보면 구조를 잊는 경우도 많았다. 깜빡하고 지우거나 설정을 바꿔놓고 원래 설정을 백업해두지 않아 낭패를 본 적도 있기 때문에 좀 더 편리한 관리가 필요하단 생각을 해왔었다. 게다가 세르게이의 프로젝트 관리 능력은 이미 입증되었기 때문에 나는 절대적으로 그의 방식을 믿었다.

"우디, 그럼 앞으로 제가 설계도를 서브 폴더에 넣을 테니 검토하고 코멘트를 넣어주세요. 권한 설정은 저와 우디 씨로 요청해두겠습니다."

우리가 다음으로 목표한 알고리즘은 166번 암호 해독 알고리즘이었다. 히든 마코브 모델을 이용한 이 알고리즘은 르네상스가 이용한다고 알려진 강력한 알고리즘이었다. 166번을 연구하면 주식팀이 그동안 발견했던 다양한 패턴들을 다시 살펴볼 수 있는 기회가 될 것이었다.

우리는 166번 알고리즘에서 얻은 패턴들을 설계 도면화시켰고 옴니로 하나씩 하나씩 옮겼다. 주식시장이 오를 때 특정 수치가 되면 항상 오르는 패턴도 있었고, 개장 경매(Open Auction)에서 치우침이 어느 정도 이상이 되면 패턴이 생기는 것도 있었다. 나와 우디는 패턴들의 설계를 쭉 정리한 다음 166번 알고리즘은 혼성 알고리즘으로 사용하기 좋은 수익률과 거래 신호를 가지고 있다는 결론을 내렸다.

"YJ, 내가 분석한 바에 의하면 166번부터 173번까지 모두 암호 해독 패턴을 쓰고 있어. 이 중에 4가지 패턴 정도가 현재에도 적용 가능할 것으로 보여. 이를 시뮬레이션 시스템에서 거래를 시켜 어떤 세팅이 가장 수익률이 좋은지 알아봐줘. 세팅 자체는 옴니에 적어넣으면 나도 작동시켜 볼게."

패턴을 이용한 알고리즘은 이전의 산업 기반 알고리즘보다 좀 더 강력했다. 산업 기반 알고리즘인 121번은 애초에 신호 자체가 자주 나타나지 않았다. 현재 주식시장에서 크게 나눈 산업의 숫자는 에너지, 금융, 건강, IT, 통신, 제조 등 12개다. 12개의 산업 중에 통계적 수치와 벌어지는 경우가 하루에 생길 때도 있고 아예 없을 때도 많았다. 반면에 166번은 하루 거래 중에 생기는 여러 가지 패턴들을 분석한 것이었으므로 기회가 훨씬 많았다. 게다가 이 패턴들을 모든 주식에 적용시켜 볼 수 있으므로 경우의 수가 많았다.

본격적으로 연구를 시작하면서 각 패턴에 대한 내용을 옴니에 차곡차곡 추가하였다. 많은 주식이 시뮬레이션 시스템상에서 패턴을 보이지 않았기 때문에 이 또한 기록해두었다. 주로 러셀 2000에 포함된 2,000개의 주식을 연구했는데 이 중에서 가장 패턴이 명확한 30개를 뽑아 집중적으로 분석했다. 어느 정도 최적화된 세팅을 찾고 나서 우리는 286번으로 명명한 새로운 혼성 알고리즘을 제작하기 시작했다.

나와 우디는 순조롭게 프로덕션 단계로 넘어갔다. 브라이언이 오류를 올리면 능숙하게 디버거(Debugger)[14]를 열어서 버그를 찾아냈고, 거래가 일어날 때마다 우디는 올바른 설정으로 이루어진 거래인지 다시 한 번 확인하였다. 개장 시 패턴을 주로 거래한 286번은 무난하게 수익을 올리면서 다시 한 번 사로지를 놀라게 만들었다.

그렇게 약 2주가 지나고 갑자기 이상한 일이 발생했다. 30개의 주식 중에 일부 패턴들이 어그러지기 시작한 것이다. 그것도 같은 시기에 동시에 갑자기 패턴들이 사라지기 시작했다.

"우디, 이것 보세요! 무려 8개의 주식이 갑자기 일제히 손실을 일으키고 있어요!"

"나도 이메일을 알람을 계속 받고 있어. 도대체 무슨 일인지 모르겠네."

"이렇게 갑자기 패턴들이 동시다발적으로 없어질 수 있을까요?"

"금융 위기나 블랙 먼데이같이 거대한 사건이 발생하면 패턴과 모델이 모두 맞지 않는 상황도 있긴 하지……"

"하지만 오늘은 정말 아무 일도 없었는데 말이죠."

---

14) 버그를 고치기 위해서 프로그램을 한 단계씩 실행시키는 도구.

"나는 시장 패턴을 다시 한 번 그래프에 찍어서 확인해볼게. 너는 시앙과 예전에 했던 방식으로 미시구조를 분석해서 다른 사람들의 거래가 어떤 식으로 우리 패턴과 반응하는지 확인 좀 해줘."

"예. 알겠습니다."

나는 시뮬레이션 시스템을 이용해서 재빠르게 오늘 있었던 거래 직전의 모습으로 시장을 리플레이했다. 일반적인 날과 크게 다를 것이 없었다. 개장 경매의 불균형이 표시되었고 당연히 패턴대로 거래가 되어야 할 차례였다. 그런데 수치상으로 맞는 패턴이 전혀 다르게 움직이고 있었다. 불균형상으론 상승해야 할 주식이 하락하고 있던 것이다.

나는 시뮬레이션 시스템과 인공지능을 계속 앞뒤로 재생시키면서 자동 거래의 허점이 있는지 체크하였다. 오류나 설정에 잘못이 있는 게 유력해 보였다. 그렇지 않다면 이렇게 갑자기 동시다발적으로 여러 주식이 안 맞을 이유가 없다. 날짜를 잘못 입력했다든가 주말을 처리하지 않았다든가 하는 경우가 흔한 실수다. 그러나 아무리 찾아봐도 큰 오류는 보이지 않았다.

그러다 문득 패턴이 생겨날 때의 미시구조를 다시 한 번 확인해보게 되었다. 그런데 이상하게 불균형이 전혀 없다가 우리가 거래를 하기 직전에만 불균형이 생겨났다. 아예 불가능한 경우는 아니지만 8개의 주식 모두 똑같은 방식으로 그랬다. 마치 우리의 알고리즘을 훤히 알고 미끼를 던진 느낌이었다. 일부러 불균형을 만들었다는 느낌을 지울 수 없었다.

"우디, 이것 보세요. 모든 주식들이 이상하게 거래 직전에 패턴 신호가 갑자기 등장해요. 마치 누군가가 만든 신호처럼요."

우디는 나의 표를 뚫어지게 3분 정도 쳐다보더니 말했다.

"알고리즘이 새어 나갔어."

나는 그의 말을 듣고 화들짝 놀랐다. 나와 우디 말고 알고리즘에 대한 자세한 정보를 가진 사람은 없었다. 다른 알고리즘들이야 어느 정도 알려졌지만 286번 같은 경우에는 만든지 2주 정도밖에 되지 않은 신생 알고리즘에다가 아직 덜 완성된 테스트 절차의 알고리즘이었다. 이 알고리즘의 거래 타이밍과 설정을 정확히 알고 있다는 건 설계도를 보았다는 것밖에 다른 답이 없었다.

"원래 알고리즘인 166번을 알고 있는 주식팀 사람은 많지 않나요? 메이슨이나 그런 사람들이 아닐까요?"

"아냐. 그럴 리가 없어. 우리는 독자적인 연구를 통해서 설정과 패러미터를 정했어. 우리는 불균형이 0.387 이상이면 거래를 하게 설정해뒀어.

그들이 이런 걸 똑같이 했을 거라 생각해?"

"말이 안 되죠 그건. 같은 사람이 연구해도 다른 설정으로 나오는 판에……"

크게 당황한 나와 다르게 우디는 침착하게 상황 판단을 하려 했다. 처음 겪는 상황에 나는 어찌 해야 할 줄을 몰랐다.

"설마 사로지가 그랬을까요? 아니면 프랑수아나 하이펑? 이자율 퀀트 중에 있는 걸까요? 시앙은 저희 옆자리라 가능성이 있긴 한데……"

"아니야. 그들은 286번의 수익이 높아질수록 좋을 사람들이야. 설계도가 궁금할 수는 있지만 굳이 저격 알고리즘을 만들어서 우리를 잡아먹을 이유는 없어."

"그렇다면?"

"답은 하나지만…… 그래도 사로지와 상의하는 것이 좋을 것 같아."

나는 아직까지 상황 정리가 되지 않았지만 우디의 말을 따르기로 했다. 만약 사로지가 계획한 일이고 수익률이 떨어졌다면서 나와 우디를 쫓아내진 않을까 걱정도 되었지만…… 그럴 명분이 부족하다는 판단이 들었다.

우디는 조용히 사로지에게 회의실로 와달라는 부탁을 하였다. 사로지는 바쁘다며 장이 끝나고 보자는 식으로 이야기하려다 우디의 심각한 표정을 보고 메일 한 통만 마무리하고 따라가겠다며 3번 회의실에서 보자고 하였다. 3번 회의실은 우리 팀 자리와 약간 떨어진 불투명 회의실이었다.

5분 정도 지나자 사로지는 제이크와 함께 들어왔다. 나와 우디는 약간 놀랐지만 이미 이렇게 된 이상 전부 이야기하기로 하였다.

"제이크, 그리고 사로지. 저희 알고리즘 286번이 새어 나간 것 같습니다."

사로지는 약간 긴장이 풀린 목소리로 어이없다는 듯이 대답하였다.

"새어 나갔다니? 말이 되는 소리를 해야지. 저격 알고리즘이라도 당했단 말인가? 그렇지만 자네도 잘 알다시피 경쟁사의 알고 트레이더가 미시구조 분석으로 저격 알고리즘을 만드는 건 흔한 일이지 않은가. 수익률이 떨어진 것을 그런 식으로 만회하려고 이야기하는 건가?"

"아닙니다. 이건 이야기가 다릅니다. 8개의 주식에서 동시에 정확한 수치로 허위 신호를 탐지했습니다. 이건 정확한 설정을 알지 못하면 절대 불가능한 거래입니다. 여기 자료입니다."

사로지와 제이크에게 모의거래상의 스냅샷을 건네주었다. 사로지와 제이크는 찬찬히 쳐다보면서 이야기하였다.

"설정 파일을 다른 데다 저장한 적이 있진 않나?"

"아니요. 옴니 외에는 저장한 곳이 없습니다. 저와 YJ만 접근 권한이 있고요."

"투자은행 시스템은 접근 권한이 제한되어 있으면 제아무리 CEO가 오더라도 볼 수 없다네. 누구한테 이야기한 적도 없고?"

"네. 설령 이야기했다 치더라도 286번은 2주 전에 만들어진 알고리즘입니다. 그대로 따라 만들고자 해도 시간이 필요합니다. 이건 누군가 연구 단계 자료부터 가지고 있었단 뜻입니다. 누군가 훔쳐갔음을 확신합니다."

그러자 제이크가 입을 열었다.

"하하. 이렇게 물증이 드러나는군."

나와 우디는 깜짝 놀라서 제이크를 쳐다보았다. 역시 스파이는 제이크였던 것인가.

"범인은 너무 뻔하지 않겠어? 286번 옴니에 접근 권한이 있는 사람이 누가 있지? 나도, 사로지도 그곳엔 권한이 없어. YJ, 우디, 그리고 딱 한 사람이 더 있지."

나는 갑자기 머리를 맞은 듯하였다.

"아…… 세르게이!"

"사실 세르게이가 처음부터 약간은 의심스러웠어. 거래 분석팀을 만들겠다고 하자마자 헤드헌터에게서 딱 맞는 사람을 바로 추천받은 것도 이상하고, BNP 파리바에서 일했던 사람에게 물어보니 세르게이는 이미 정치력도 완벽하고 실력도 뛰어나서 입지가 굉장하다고 했거든. 그런 사람이 굳이 이직한다는 게 이상하다 싶었거든."

"게다가 설계도 보안이 가장 중요하다는 걸 아는 퀀트가 공용 시스템에서 관리하겠다는 것부터 이상하긴 했습니다."

우디도 말을 이었다.

"잘 들어. 세르게이가 다른 곳에 정보를 주는 정황을 내가 확실하게 잡을 테니까 너희들은 절대로 누구에게 말하지 말고 평소처럼 거래를 해. 알겠지?"

제이크는 나와 우디를 보면서 당부하였다.

"알겠습니다."

나는 숨을 몰아쉬면서 회의실을 나왔다. 어찌나 긴장했는지 다리는 후들거리고 셔츠는 흠뻑 젖어 있었다. 나와 줄곧 일하던 사람이 스파이라니…… 그것도 바로 눈앞에서 우리의 알고리즘을 빼앗기고 있었던 것이다. 무섭고 소름 돋았다.

자리로 돌아오자 세르게이의 모습이 보였다. 긴장한 모습을 들킬까봐 세르게이 앞을 지나지 않고 빙 돌아 내 자리에 가 앉았다. 그날은 집중이 되지 않고 수익도 없으므로 알고리즘을 끄고 옴니에서 설계도를 복사해 다른 곳으로 옮길 준비만 하고 있었다.

세르게이는 평소와 다름없이 사람들에게 여러 가지 지시를 내리고 있었다. 나와 우디에게도 프로젝트의 진행 상황을 묻는데 긴장된 표정을 들킬까봐 뒤돌아보지 않고 화면에 떠있는 그래프만 보여주며 진행 상황을 설명하였다. 며칠간 큰 변화는 없었고 나와 우디만 긴장한 상태로 거래 화면을 지켜보고 있었다. 이렇게 된 이상 진행 상황을 재정비하고 세세하게 신경쓰지 못한 부분을 다듬었다. 무언가 기다리는 듯이 연구가 잘 되어가냐고 계속 묻는 세르게이에게 수익이 원하는 만큼 나오지 않아 재정비하는 시간을 가지고 있다고 둘러댔다.

며칠 후 사로지와 제이크가 나와 우디를 회의실로 호출했다. 여러 방면으로 조사하였지만 세르게이가 다른 곳에 알고리즘을 유출하고 있다는 결정적인 물증을 찾을 수 없었다고 한다. 그러나 그가 옴니 기록의 일부를 출력한 기록이 있고 급진적인 그의 개혁이 팀과 맞지 않는 부분이 있다는 명분으로 해고할 것이라고 이야기했다. 다만 팀의 사기를 크게 떨어뜨릴 수도 있으니 세르게이의 이야기는 비밀에 부치자는 합의를 보았다. 나와 우디 또한 이에 동의하였다. 자신의 알고리즘이 위험에 처했었다는 사실을 알고도 가만히 있을 퀀트는 없을 것이다. 인재 하나가 아쉬운 상황에서 이런 사태는 의욕을 저하시키는 요소가 될 것임이 분명했다.

그렇지만 세르게이가 알고리즘 설계도를 통째로 가져갔는데도 증명할 방법이 없다는 사실이 분했다. 퀀트들의 알고리즘은 맛집의 비밀 레시피와 비슷하다. 여러 가지 시행착오와 데이터 분석을 통해서 최적의 비율과 시장 상황을 적용시켜 탄생한 비기(祕器)이다. 그러나 이 비기를 만드는 노력에 비해 훔치기는 크게 어렵지 않다. 설정과 비율을 가져가서 그대로 실행하면 비슷한 수익이 나올 수 있기 때문이다. 코드를 그대로 가져다 쓴 것이 아니기 때문에 증명하기도 쉽지 않다. 설령 그대로 가져다 썼다고 하더라도 그들의 거래 알고리즘 코드를 볼 수 있는 것이 아니므로 소용이 없다. 다른 식당의 레시피가 우리 식당과 같다는 것을 무슨 수로 증명할까?

그나마 다행인 점은 시장 상황이 식당의 유행보다 훨씬 빠르게 변하기 때문에 근본적인 원리나 지속적인 보완을 위한 연구 인프라가 없다면 그 알고리즘은 곧 도태되기 마련이다. 세르게이의 행동은 무섭고 분했지만 좀 더 조심해야겠다는 교훈을 삼기로 하였다. 사실 그동안 사람들이 알고리즘 설계나 전략 공유에 대해 지나치게 보수적이라는 생각을 가지고 있었다. 함께 발전해나가야 하는 팀 내에서도 서로 토론을 꺼리고 경계하는 모습이 초보 퀀트인 내게 영 불편하고 아쉽게 다가왔기 때문이다. 그러나 막상 일을 겪게 되니 그들이 왜 이리 보안에 목숨을 거는지 알게 되었다.

다음날 세르게이는 출근하지 않았다. 제이크는 그룹 전체 이메일로 세르게이가 팀의 운영 방향과 맞지 않아 퇴사하게 되었다는 짧은 메시지만 남겼다. 꽤나 신뢰를 얻었다고 생각한 세르게이의 갑작스러운 퇴사는 화제가 되었지만 팀원들은 자신의 앞가림이 더 중요하다 생각했는지 제 일에 이내 곧 집중하였다. 입사한 지 3일 만에 퇴사하는 경우도 가끔 있는 월스트리트의 문화상, 고위직들의 빈번한 퇴사와 이직은 큰 뉴스거리도 아니었다. 송별회도 없이 평일에 퇴사했다는 것은 분명 정치적인 문제가 껴있었다는 뜻이란 것을 대부분의 사람들은 알고 있었기에 크게 궁금해하지도 않았다.

엄청난 사건이었지만 그룹의 분위기는 마치 태풍의 눈 한가운데 있는 것과 같이 고요했다. 다만 언제 누구든지 간에 해고되고 재배치되어도 이상하지 않은 상태라는 것을 모든 사람들에게 다시금 일깨워줬을 뿐이다. 그러나 나는 말로만 듣던 스파이의 존재를 직접 경험하게 된 사건이었다. 또한 안일하게 생각했던 퀀트의 세계는 경쟁사들과 치열하게 전쟁 중이라는 것도 깨달았다. 그들은 눈을 부릅뜨고 다른 회사의 알고리즘을 알아내기 위해 노력하고 있다. 우디는 자신이 듣고 경험한 알고리즘 스파이들에 대해서 이야기를 해주었다.

"업계에서 헤드헌터로 빙자한 경쟁사들이 알고리즘의 정보를 알아내기 위해 면접에서 대략적인 설계를 물어보기도 하고 수익률 같은 것을 세세하게 물어보기도 해. 그리고 탈락 통보를 한 다음 알고리즘을 비슷하게 만들거나 공격형 인공지능을 만들어서 수익을 얻는 거지. 그렇기 때문에 지인 혹은 믿을 만한 헤드헌터를 통해 안전하게 면접 보는 게 중요해. 어떤 회사는 수익률 배분 조건을 아주 좋게 한 뒤에 입사시키고 거래 인공지능을 만들어서 수익을 내게 한 다음 서서히 인공지능의 회선에 지연시간이 걸리도록 하는 거야. 스피드가 생명인 퀀트 트레이딩에서 찰나의 지연시간도 치명적이고 수익률을 떨어지게 만들잖아. 이를 핑계로 수익 배분을 줄이다가 해고시키든지 본인이 직접 나가게끔 유도하는 거지. 그렇게 퇴사하고 나면 다시 지연시간을 원래대로 되돌려서 그 알고리즘과 설계를 훔쳐간다고 해. 매우 악랄한 수법이지."

실제로는 직접적으로 훔쳐가려는 시도 또한 많았다. 2011년 소시에테제네럴 은행의 한 퀀트는 회사 내에 알고리즘 설계도를 프린트했다가 맨하튼 법원에서 3년형을 받았다. 2013년에는 한 프로그래머가 시타델에서 코드를 하드디스크에 넣었다가 10년형을 받기도 했다. 2014년에는 캉가오라는 투시그마의 퀀트가 기소되는 사건이 있었다. 그는 자신의 설계도가 아닌 다른 알고리즘의 설계도를 알아내기 위해 리버스 엔지니어링 프로그램을 사용했다고 한다. 리버스 엔지니어링이란 이미 작동 중인 프로그램의 행동을 역으로 추적해서 원래 설계를 알아내는 방식이다. 이밖에도 2009년에 UBS(스위스 은행)에서 3명의 퀀트가 자신들의 핵심 알고리즘을 훔쳐갔다고 고소한 사건도 있다. 법적으로 공개되고 언론에 퍼진 사건만 이 정도이니 얼마나 많은 알고리즘 스파이 사건이 있을지 상상할 수조차 없다.

그 후 세르게이가 어디로 갔는지 소식을 알 수는 없었다. 자신의 헤지 펀드를 만들었다는 소문이 들려오기는 했다. 나와 우디는 그가 사용하는 알고리즘 또한 BNP 파리바에서 훔친 알고리즘이 아닐까 하고 냉소적인 농담을 나누곤 하였다.

◀ 테러를 당한 퀀트 그룹

세르게이는 퇴사하였지만 퀀트 그룹의 분위기는 그다지 나쁘지 않았다. 그가 남긴 연구 플랫폼으로 연구 속도는 빨라졌고 그것을 이용해서 프랑수아와 에브게니 같은 모델링 중심 퀀트들이 팀에 맞는 블랙-숄즈 모델을 처음 선보였다. 마이클과 올레그 같은 퀀트 개발자들의 노력으로 데이터베이스를 기존의 SQL이 아닌

HDF5로 바꿔서 연속적으로 입력받는 데이터의 실시간 처리와 계산 속도를 비약적으로 발전시켰다. 시앙은 옴니를 이용해서 매일매일 시장 상황과 거래 질을 보여주는 스크립트 프로그램을 만들었고 이를 통해 다른 알고리즘들의 동향을 쉽게 파악할 수 있게 되었다.

무엇보다도 나와 우디의 예측 알고리즘 수익률도 상당히 기여했다. 285번과 286번의 조합으로 헤지 전략에서 받는 손실이 상당히 줄어들었고 심지어 직접 수익을 내는 경우도 많았다. 나와 우디는 굉장히 고무적이었다. 아직 혼합 알고리즘을 만들 수 있는 주식팀의 아이디어는 쌓여 있었다. 특히나 주식팀 수익의 반을 차지하고 있었던 궁극의 알고리즘, 186번에 대해서는 아직 손도 대지 않은 상태였다. 시스템 정비도 어느 정도 마쳤고 몇 달 간의 경험과 지식으로 무장한 나와 우디는 곧 186번에 대한 분석을 시작할 예정이었다.

"드디어 저희 옵션들의 거래점유율이 전체 4%를 돌파하였습니다. 비록 그룹 전체의 수익률은 주식팀 이전과 비교할 수는 없지만 옵션팀 단독으로는 최고 수익률을 경신하였습니다!"

경쾌한 목소리로 시작한 시앙의 보고에 오랜만에 전체 회의 분위기가 화기애애했다. 수익 자체가 15% 정도 증가했고 샤프 지수도 증가해서 안정적인 수입이라는 것을 증명하였다. 무엇보다도 단발적인 해결책이 아니라 새로운 비즈니스 모델과 알고리즘들의 개발로 이루어낸 성장이기 때문에 의미가 컸다. 앞으로 많은 연구와 노력으로 더 발전할 가능성이 높았다.

"또한 분석팀의 컨설팅 또한 어느 정도 효과를 보여서 영업팀에서 데이터 비용을 어느 정도 부담하기로 합의 보았습니다. 이를 통해 옵션팀의 실제적 수익은 1.5배 가량 증가한 효과를 보이고 있습니다. 이런 기세라면 퀀트 그룹이 정상 궤도에 오르기까지는 시간 문제입니다."

모두들 박수를 치며 환호했다. 항상 우중충한 소식만 감돌던 전체 회의에서 들려온 좋은 소식은 단비와도 같았다. 많은 사람들이 노력했지만 내가 285번과 286번을 만들고 수익을 올리는 작업에는 우디의 도움 없이는 절대적으로 불가능한 일이었다.

회의가 끝나고 회사 1층 스타벅스에서 자바칩 프라푸치노 두 잔을 산 뒤에 우디에게 건넸다. 나와 우디는 해가 약간 기운 오후 5시의 브라이언트 공원을 거닐며 성공적인 프로젝트 시작을 자축하였다.

"정말 쉴 틈 없이 달려온 몇 달이었어요. 처음에 주식팀이 없어질 때만 해도 모든 게 끝이라고 생각했는데, 이렇게 다시 일어날 수 있을 거라곤 생각하지 못했어요. 정말 우디 씨의 활약이 대단해요."

"다 먹고 살려고 한 일이지 뭐. 하하."

"정말 저는 우디 씨에게 배운 것이 그 어떤 경험이나 프로젝트보다 컸어요. 알고리즘들부터 설계하는 방법, 여러 가지 대처 방안…… 우디 씨가 없었다면 아직도 모니터링이나 하면서 그래프를 표시하는 프로그램을 만들고 있었을 거예요."

"하하. 나를 너무 좋아하지 마. 나 또한 절실하게 인공지능을 만들어 작동시켜 보고 싶었고, 너의 개발 능력이 그만큼 뛰어나서 함께한 것뿐이니까."

"앞으로도 잘 부탁드립니다."

"나야말로!"

직장 생활에서 멘토가 중요하다는 말을 수없이 들어왔지만 우디는 지금까지도 내 최고의 멘토다. 그와 함께 브라이언트 공원을 거닐며 아이디어 회의를 할 때마다 많은 것을 배웠다. 그러나 이런 시간도 그리 오래가지는 못하였다.

◇ ◇ ◇

여느 때처럼 인공지능들의 움직임을 지켜보며 연구를 하던 나에게 마이클이 심각한 표정으로 다가왔다.

"저기 YJ, 아무래도 3시부터 시간을 좀 비워줘야 할 것 같아."

"3시요? 장도 끝나지 않은 시간인데 무슨 일이죠?"

"감사팀에서 조사를 나온다고 하네. 사로지와 우디 그리고 네가 참여해야 한다고 연락이 왔어."

"네? 감사팀이요?"

감사팀이라니. 설마 세르게이 사건이 알려져서 문제가 된 건 아닐까? 윗선에 보고하지 않은 것이 문제일까?

"무슨 일 때문이죠? 제가 무슨 큰 잘못을 했나요?"

"그건 나도 잘 모르겠어. 그렇지만 긴장하지 말고 당당하게 다녀와. 트레이딩 데스크에서는 일상적인 일이야. 잘못한 게 없어도 꼭 체크를 하려고 그러지."

마이클의 응원으로 조금 마음이 놓였지만 그래도 두려운 건 어쩔 수 없었다. 점심을 먹는 둥 마는 둥 하면서 회의실로 들어갔다. 그곳에는 우리와 다르게 정장에 자켓까지 차려입은 두 명의 남자가 위압적인 자세로 앉아 있었다. 사로지와 우디도 곧이어 긴장된 표정으로 들어왔다.

정장 차림의 남자 중 한 사람이 운을 뗐다.

"안녕하십니까. 퀀트 그룹 여러분. 다름이 아니라 저희가 얼마 전에 퀀트 그룹에서 볼커룰을 어기고 있다는 신고가 들어와서 이를 조사하기 위해 나왔습니다."

사로지는 말도 안 된다는 표정으로 답하였다.

"볼커룰을 어기다니요? 저희는 철저하게 마켓 메이킹 위주의 전략을 이용하고 리스크나 샤프 지수도 정해진 수치를 이용해서 인공지능을 운용하고 있습니다."

"물론 저희도 그동안 그렇게 보고 받았습니다. 하지만 한 사람으로부터 아직까지 위험한 베팅 알고리즘을 사용하고 있다는 제보가 들어왔습니다. 아닐 거라 믿지만 제보가 들어온 만큼 조사에 응해주셔야 하겠습니다."

우디는 손을 내저으며 황급히 설명을 하였다.

"뭔가 오해가 있으신 것 같습니다. 주식팀 알고리즘이었던 100번대 알고리즘의 원리를 이용한 것은 사실이나 철저히 마켓 메이킹 세팅에 이용하기 위해 완전히 새로운 알고리즘을 작성하였고 이는 모두 리스크 부서의 규제 안입니다."

"그건 조사해봐야 알 것 같습니다. 저희 리스크 부서에서 알고리즘을 면밀하게 조사할 테니 먼저 코드와 개략적인 설계를 제출해 주시기 바랍니다. 그리고 조사기간 동안에는 그와 관련된 모든 알고리즘의 거래를 금지하겠습니다."

하늘이 무너지는 이야기였다. 거래를 금지하겠다니 이게 무슨 말인가? 얼마나 고생해서 만든 알고리즘이었는데. 앞으로 발전시켜야 할 알고리즘이 얼마나 많은데.

사로지는 절규했다.

"아니, 조사해봐야 한다는 건 그렇다 칩시다. 왜 멀쩡한 거래 알고리즘까지 중단시켜야 합니까?"

"만약에 조사를 하는데 위험한 알고리즘이 여전히 포함되어 있다면 조사 이후에 거래한 것까지 처벌 받게 됩니다. 이를 방지하기 위해선 거래를 전면 중단하는 것이 옳습니다."

"위험하지 않다니까요!"

"그건 저희 리스크 부서가 판단할 일이지요. 처분은 이메일로 통보해드리겠습니다. 이상입니다."

두 감사팀 사람이 나가고 나서도 우리 셋은 정적 가운데 가만히 앉아 있었다. 도저히 더 이상의 악재는 없을 것처럼 나쁜 일이 겹쳤다. 도대체 누가 이런 제보를 한 걸까? 우리 그룹 사람들은 모두 알고리즘을 안전하고 규제에 맞게 하기 위해 노력하고 있었다. 이를 모르는 사람은 없을 것이다.

사로지가 조용히 중얼거렸다.

"메이슨…… 제기랄!"

그는 허탈함과 분노가 섞인 듯한 목소리로 작게 내뱉었다.

메이슨은 철저하고 냉정했다. 주식팀 알고리즘을 사용하는 것을 막기 위해서 전 그룹의 부조리를 고발한다는 명목하에 감사팀에 제보를 한 것이다. 설령 결백하다 하더라도 조사기간 동안의 알고리즘 연구와 거래를 지연시킬 수 있고 보수적인 은행의 특성상 문제의 소지가 있는 알고리즘들을 금지시킬 수도 있었다. 전혀 문제가 없는데도 말이다.

메이슨의 헤지펀드는 생각보다 진행이 느렸다. 퀀트 연구 인프라를 처음부터 만드는 작업은 굉장히 어렵고 복잡하다. 은행에서는 기존의 데이터를 재사용하거나 가공만 하면 되지만, 이를 처음부터 기록하고 적절하게 저장하는 시스템조차 제대로 없었기 때문에 이를 구축하는 데는 많은 노력이 필요했을 것이다. 반년이 넘도록 제대로된 알고리즘 1개도 만들어지지 않았다. 메이슨은 조바심이 났고 투자자들의 독촉은 거세져만 갔다. 이런 상황에서 우리 그룹이 알고리즘들을 먼저 연구해 거래하기 시작하면 더욱 큰일이었다. 그는 이를 막기 위해 테러를 감행한 것이다.

몇 분이 지나자 제이크가 회의실로 찾아왔다. 그는 이미 감사팀의 통보를 알고 있었고, 메이슨의 소행이라는 것도 알고 있었다.

"그 자식이 선물 잘 받았냐면서 음성메시지를 남겼더군. 악랄한 놈."

제이크는 급했는지 나와 우디가 있다는 것도 잊은 채 말을 내뱉기 시작했다.

"상황은 더 좋지 않아, 사로지. 데이빗을 포함한 3명의 핵심 개발자가 오늘 사표를 냈어. 말은 안 했지만 메이슨에게로 갈 것이 분명해."

인프라 구축에 애를 먹던 메이슨은 퀀트 그룹에 있는 개발자들을 빼가기에 이르렀다. 투자 금액이 상당하였기에 아마도 굉장히 좋은 대우를 해준 것 같았다. 개발자 하나하나가 아쉬운 현 상황에서 치명타였다.

"메이슨…… 치명적인 곳을 노렸네."

나와 우디는 회의실을 나와 망연자실한 상태로 스타벅스에 내려갔다. 시럽을 두 배로 넣은 바닐라 라떼를 시켰지만 여전히 쓴맛이 느껴졌다.

주식팀 알고리즘을 혼합할 수 없는 이상 새로운 알고리즘을 처음부터 만드는 수밖에 없고 그러기엔 시간이 절대적으로 부족했다. 안 그래도 겨우 떠받치던 수익과 점유율은 곤두박질칠 것이 뻔했다. 게다가 유일한 장점인 속도 부분도 핵심 개발자를 뺏기면서 경쟁력을 잃을 것이다. 어느 측면에서나 암울한 상황이었다.

"감사팀과 리스크 부서가 멀쩡하다면 우리가 결백하다는 것을 증명할 거야. 너무 걱정하지마."

우디가 위로했다. 그러나 메릴린치 안에서 퀀트 전략을 제대로 이해하는 사람들은 우리 부서밖에 없다. 리스크팀들이 이를 제대로 이해할 리가 만무하고, 분명 안전을 위해 불합격 처분을 할 것이다. 옵션팀 나아가 퀀트 그룹의 미래는 어둡기만 하였다.

"우린 이제 어떻게 할까요?"

"별 수 없지. 새로운 알고리즘을 만들어 보자. 그동안 많이 배웠으니 알고리즘을 새롭게 만들어도 충분히 강력하고 수익률이 좋을 거야."

나는 그동안의 고생과 노력들이 물거품됐다는 사실이 안타까우면서도 서글펐다. 규제가 무엇이고 정치가 무엇이기에 열심히 일하고 좋은 결과를 얻어도 이런 상황에 놓여야 하는 걸까? 어쩌면 정체성이 완전히 정립되지 않은 퀀트의 숙명이 아닐까 싶기도 하였다.

며칠 뒤 감사팀에서 최종 처분이 내려왔다.

기본 마켓 메이킹 전략들 이외에 모든 알고리즘은 금지

그뿐만 아니라 주식팀 알고리즘을 사용하겠다고 한 퀀트는 리스크의 이해도 부족이란 명분으로 징계까지 내려졌다. 그룹 대표였던 제이크나 사로지에게 징계란 추후 승진이나 입지에 치명적이었기 때문에 그 둘은 우디에게 모든 책임을 넘겼다. 우디는 다운타운에 있는 IT팀으로 좌천되었다. 이는 사실상 해고다. 우디도 이 사실을 잘 알았기에 2주 후에 퇴사한다고 통보했다.

"제이크도, 사로지도 정말 너무하네요. 그렇게 퀀트 그룹 부흥을 위해서 힘썼는데…… 누구보다도 열심히 일했는데 이렇게 쉽게 팽하다니요!"

"괜찮아. 이게 원래 이 바닥의 생태야. 철저히 이득관계로만 움직이지.

난 제이크는 조금 밉지만 사로지에겐 고마워. 사로지가 아니었으면 내가 너와 알고리즘을 만들어서 인공지능 거래를 할 기회조차 있었겠어? 메이슨 밑에서 6년간 꿈꿔온 일이었어. 다른 좋은 기회가 어딘가에 있겠지."

"우디 씨, 다른 회사에 가더라도 꼭 연락할게요."

"그래. 우리 모두 각자의 자리에서 강력한 인공지능을 만들어서 나중에 같이 헤지펀드를 차려보자."

"우디 씨가 한다면 저는 무조건 콜이지요!"

나는 그가 좋아하던 잠바주스가게의 딸기 주스를 함께 마시는 것을 마지막으로 그와의 동료 생활을 마무리 지었다.

감사팀의 조치 이후로 퀀트 그룹은 활력을 잃었다. 더 이상 수익을 비약적으로 증가시킬 아이디어도 부족했고 개발자도 부족해서 매일매일 거래를 처리하는 것도 벅찼다. 현상 유지에 모든 힘을 쏟았고 팀은 제자리걸음을 하고 있었다. 나는 원래부터 담당하던 일이 많지 않았기 때문에 그동안 경험하였던 것들을 정리하면서 마지막으로 우디와 내가 계획하였던 나의 알고리즘을 만들기로 마음먹었다.

연구 서버에서 이제는 껍데기밖에 남지 않은 주식팀 알고리즘들을 찬찬히 살펴보면서 새로운 아이디어를 구상하고 있는데, 속도가 굉장히 느려졌다. 커서가 제대로 움직이지도 않고 클릭도 버벅였다. 누군가 거대한 작업을 연구 서버에서 구동하고 있는 것이다. 나는 프로그램별 메모리 사용 비율을 보여주는 TOP 명령어를 쳤다. 이상하게도 시스템 개발자인 안드레가 주식팀 시뮬레이션 시스템에서 주식팀 최고의 알고리즘인 186번을 테스트하고 있었다.

'안드레가 왜?'

이내 곧 안드레도 186번 알고리즘의 설계를 이해해서 이직하거나 메이슨의 사주를 받고 분석하고 있을 것이라는 생각이 들었다. 그러나 186번은 시스템 개발자인 안드레가 쉽사리 이해할 정도로 쉬운 알고리즘은 아니었다. 나는 그다지 문제 삼지 않고 다른 서버로 옮겨서 연구를 계속했다. 어차피 모두가 비슷한 생각일 터. 나 또한 우디 없이 홀로서기로 새로운 알고리즘 개발을 위해 달려나가자고 마음먹고 빈 설계도면을 켰다.

제4장
헤지펀드 퀀트

▄▆▆ 마지막 알고리즘

        2014년 메릴린치 퀀트 트레이딩 그룹의 사기는 바닥을 치고 있었다. 자신의 알고리즘이 이미 완성되어 있던 퀀트들은 살 길을 찾아 다른 헤지펀드나 은행으로 이직하였다. 남아 있는 퀀트들은 기존의 블랙-숄즈 모델을 발전시키는 데 온 힘을 쏟았지만 한계였다.

    우디는 나가기 전 기운 없는 내게 이렇게 이야기했다.

    "거대한 데이터가 있고, 연구 플랫폼이 있고, 시뮬레이션 시스템이 있다. 팀의 수익률에 연연해 하지 마라. 너의 알고리즘을 만들어라. 어차피 밖으로 나가도 퀀트가 믿을 건 이전 회사의 수익률도 아니고 인맥도 아니다. 오직 너의 알고리즘뿐이다."

맞는 말이다. 팀의 수익률이 늘어나면 거대한 상여금을 받고 승진하는 건 사실이다. 그러나 그건 은행에서나 가능한 시스템이다. 밖으로 나가서 홀로서기를 시작하면 결국 나의 알고리즘이 유일한 무기이자 연봉이고 가치이다. 285번, 286번 등을 만들었지만 우디의 도움이 컸다. 이제 내가 스스로 아이디어를 발굴해 직접 만들어 보기로 하였다. 비록 팀이 의욕적이지 않더라도.

우디는 항상 퀀트가 알고리즘을 만드는 과정을 레스토랑 창업에 빗대어 설명했다. 아이디어를 찾을 때에는 먼저 많은 식당에서 먹어보고 레시피들을 이해해야 한다. 나는 그동안 주식팀의 많은 알고리즘을 보아왔지만 좀 더 깊은 이해를 위해서 논문을 파보기로 하였다. 급한 일이 없기 때문에 피터에게 들었던 히든 마코브 모델과 머신러닝에 대한 논문도 꺼내들었다. 3일을 꼬박 논문 읽는 데에만 보냈다. 논문을 읽으면서 받는 월급이라니…… 나름 괜찮았다.

여기에 요인 분석에 대한 지식도 조금 더 쌓기로 했다. 액티브 포트폴리오 관리 같은 재무 포트폴리오 이론 책도 읽어보기로 했다. 나는 사실 재무나 회계에 관련된 지식이 전혀 없었다. 그러나 BARRA의 요인 분석 모델을 이해하기 위해선 이러한 지식이 어느 정도 있어야 한다고 느꼈다. 보통 퀀트들은 '재무 지식은 너무 고지식한 방법이다. 이제는 빅데이터만 가지고 분석해야 한다'고 많이 주장하는데, 초보 레벨에서는 맞는 말이라 생각하지만 연구를 거듭하다 보니 철학적인 부분도 이해를 해야 데이터가 왜 그렇게 되는지도 이해할 수 있다는 것이 나의 판단이었다.

나는 히든 마코브 모델과 요인 분석 모델을 합쳐서 요인 비율의 변화 패턴을 찾기로 했다. 피터 멀러식 위험 요인 회귀 방식은 요인 비율이 항상 일정하다는 가정하에 거래하는 알고리즘이었다. 그러나 이 요인 비율도 시간이 지남에 따라 미묘하게 변화했다. 이러한 요인의 변화가 보이는 부분이라면, 숨겨져 있는 주식의 움직임을 예측할 수 있지 않을까 하는 가정이었다. 물론 관련 논문도 없고 말도 안 되는 논리일 수도 있기 때문에 검증을 해보아야 한다. 즉시 필요한 데이터들을 모으기 시작하였다.

데이터 전문가였던 우디는 데이터의 중요성에 대해서 수없이 강조하였다. 결국 분석 방법이나 모델, 아이디어 등은 늘 널리 퍼지고 그다음에 한계가 오기 때문에 좋은 데이터와 이를 효과적으로 다루는 것이야말로 퀀트 알고리즘과의 전쟁에서 이길 수 있는 방법이라는 것이었다. 최근에 빅데이터가 뜨면서 데이터 관리와 선별에 대해서 이슈가 되는 것을 보면 옳은 판단임이 틀림없다. 그는 '데이터는 곧 요리 재료'라고 표현하였다. 아무리 좋은 레시피와 조리 기구가 있어도 재료가 썩었거나 신선하지 않으면 좋은 요리가 절대 나올 수 없다. 마찬가지로 결함이 있는 데이터나 완벽하지 않은 데이터를 가지고 알고리즘을 만들면 그 인공지능의 거래는 실전에서 아무짝에도 쓸모가 없을 것이다. 재료 선택뿐만 아니라 손질에 최선을 다해야만 좋은 요리가 나오듯, 데이터를 적절한 방식으로 도려내고 알고리즘에 맞는 방식으로 변환해주는 작업은 어찌 보면 가장 중요한 단계이다. 어떤 데이터는 너무 방대해 모두 사용할 수 없기 때문에 가장 핵심적인 영향을 주는 성분만 추출하는 주성분 분석(PCA) 기법도 사용한다. 항상 우디가 데이터 관리를 해서 나에게 넘겨주었기 때문에 이 단계가 얼마나 복잡하고 귀찮은 일인지 이제야 깨달았다. 메릴린치와 월스트리트에서 많이 사용하는 시계열 데이터베이스 언어인 kdb 또한 새롭게 공부해서 데이터 관리에 익숙해지려 노력하였다.

재료 손질이 끝났다면 이제 기본적인 재료 연구에 들어간다. 데이터가 준비되었다고 해서 무작정 알고리즘 제작에 돌입하지는 않는다. 데이터에서 여러 가지 유의미한 통계와 상관관계를 추출해 데이터가 어떤 상태이고 어떤 형태를 가졌는지 개략적인 부분을 가늠해 보아야 한다. 안타깝게도 BARRA에서는 일일 요인밖에 제공해 주지 않기 때문에 시간별로 변하는 요인은 내가 직접 만들 수밖에 없었다. 먼저 가격과 각 요인별 관계를 통계적으로 추출한 뒤에 표로 정리하였다. 그리고 이 표를 시간순으로 그래프화시켰다. 마찬가지로 주식의 가격 또한 같은 그래프에 배치했다. 시각적으로 관계가 보일 때도 있고 그렇지 않을 때도 있다. 상관관계, 공분산, 표준 편차 등 통계적 지표를 구해서 검증을 시도하였다. 재료를 가지고 여러 가지 연구를 시도하는 것이다. 원하는 결과가 나오지 않을 땐 데이터를 다시 검증해 보고 다시 다듬기 과정으로 돌아가기도 했다.

어느 정도 재료 연구가 끝나면 어떤 식으로 레시피를 만들어야 할지 윤곽이 잡힌다. 각 재료마다 어떤 궁합을 가졌는지, 어떤 조리법에 알맞는지 다른 것처럼 데이터의 분석 결과에 따라 구체적인 알고리즘을 기획한다. 상관관계가 일정 수치 이상 벌어졌을 때 거래를 한다든가 움직임의 패턴이 그대로 보였을 때 예측대로 거래한다든가 하는 식이다. 구체적인 수치는 언제든 바뀔 수 있다. 이 수치들과 설정들을 정리해두면 바로 설계도가 된다.

알고리즘을 완성하고 인공지능화시켰다면 시뮬레이션 시스템에서 백테스트를 한다. 백테스트는 백(Back)과 테스트(Test)를 합친 말로서, 과거 데이터와 시뮬레이션 시스템을 이용해서 인공지능을 모의로 거래해보는 것을 뜻한다. 이 시뮬레이션을 통해서 인공지능이 얼마나 수익을 내는지, 어떤 경우에 수익/손실이 발생하는지 알아낼 수 있다. 물론 원하는 대로 나오지 않는 경우가 대다수다. 그럴 땐 수치나 설정을 바꿔서 다시 시도한다. 또한 시뮬레이션상의 스냅샷을 보고 어떤 경우에 알고리즘이 제대로 작동하지 않는지 확인해서 데이터나 가설 자체를 바꿀 수도 있다.

수많은 백테스트를 통해 어느 정도 알고리즘을 완성하였다. 과거 데이터에 지나치게 맞춰서 설정을 바꾸는 오버피팅 현상도 주의해야 한다. 과거 데이터는 이미 결정돼있는 사항이기 때문에 그에 맞춰서 모델을 맞추면 수익률은 당연히 좋아진다. 그러나 앞으로도 똑같은 양상으로 흘러간다는 보장이 없어서 실제론 엉망인 경우가 많다. 과거 데이터에 맞춘 알고리즘이 아닌, 객관성을 유지하면서 최적화시키는 작업은 쉽지 않다. 그렇기 때문에 데이터를 전부 입력하는 게 아니라 일부만 입력하면서 알고리즘을 고쳐나가는 인샘플-아웃샘플 기법을 종종 이용한다. 데이터를 전부 입력해 인공지능을 훈련시키면 그 데이터 자체를 배워버리기 때문이다.

이러한 백테스트 및 최적화 단계에 학교에서 배웠던 여러 가지 인공지능 기술을 사용해보았다. 요즘은 딥러닝이 가장 핫하지만 퀀트 업계에선 크게 각광받지 않는다. 요인 자체를 알아서 선택해주는 딥러닝은 퀀트에겐 굉장히 위험한 발상일 수 있기 때문이다. 다른 인공지능과 다르게 딥러닝은 어떤 요인을 이용해 판단을 내렸는지 퀀트가 직접 알기가 힘들다. 데이터가 오류가 있거나 엉뚱한 패턴을 발견한 상태로 거래를 시작하면 끔찍한 손실을 가져올 것이다. 그렇기 때문에 자신의 철학을 명확히 정한 뒤에 학습하는 인공지능 방식인 일반적인 뉴럴네트워크 방식을 좀 더 많이 사용했다.

2014년 초 내가 할 수 있는 모든 기술과 지식을 동원해 288번 알고리즘을 완성하였다. 사로지를 찾아가서 이 계획을 이야기했을 때 그는 신경 쓰지 않는다는 말투로 '리스크 부서의 제한만 넘지 않도록 작게 작게 거래하라'고만 하였다. 어차피 감사팀과 리스크 부서의 눈총을 받는 상황이라 전체 거래량에 비해 미미한 양의 거래만 할 수 있는 상황이었다. 어차피 나는 실제 시장에서도 무사히 작동하는 것을 검증하는 것이 가장 큰 목표였으므로 그 정도의 제한은 받아들였다. 100주씩 거래하던 나의 알고리즘은 생각보다 출발이 좋았다. 최소 거래량으로 거래해도 2

주 정도는 여러 가지 오류 때문에 수익을 내지 못하는 것이 일반적인데, 그동안 서너 개의 알고리즘을 만들고 프로덕션하는 과정에서 내공이 쌓였는지 예상된 수치만큼 수익률이 감소된 상태로 결과가 나왔다.

주식 대상을 넓히고 더 정교한 요인 데이터를 이용하면 수익률이 더욱 오를 것이라고 생각했다. 그러나 사로지는 허락하지 않았다. 더 이상의 위험한 일은 지양하라는 것이었다. 그 대신 거래량을 2배로 높여주었다. 나는 설정을 약간씩 바꾸면서 시장에 맞는 상태를 찾아갔다.

288번 알고리즘으로 거래하는 것은 지금까지 우디와 했던 286번이나 285번 프로젝트와는 사뭇 다른 경험이었다. 이전의 거래 규모는 컸지만 마켓 메이킹 거래를 도와주는 보조 알고리즘이었기 때문에 수익 수치 또한 가상 수익이었다. '이 거래를 하지 않음으로써 아낀 비용'을 수익으로 계산한 것이었으므로 실제 손해 자체는 크게 기록되지 않았다. .

그러나 이번 알고리즘은 달랐다. 작은 양이었지만 실제로 거래를 하였고 수수료 또한 지불하였다. 만약에 매수를 했는데 알고리즘이 예측한 방향으로 움직이지 않으면 손해가 즉각 즉각 반영되었다. 매수를 하는 순간 수수료와 스프레드 때문에 손해를 본 것과 마찬가지였다. 가격이 아예 움직이지 않더라도 손해였다. 모든 것이 비용이고 수익을 내는 것 자체는 굉장히 어려웠다.

오류가 발생하거나 예상치 못한 뉴스 때문에 큰 손해를 볼 때도 있었다. 한 번은 화장실 갔다 오니 오류가 나 있었고 거래가 제대로 청산돼 있지 않아 큰 손해를 입었다. 나는 그동안 필요없다고 느꼈던 블랙베리 전화기를 신청해서 알람을 만들어놓고 항상 휴대하고 다니기로 했다.

그동안 만들어왔던 보조 알고리즘들은 수익률이 떨어져도 '나중에 잘 작동하겠지' 생각하며 내버려두곤 했다. 실제로 모델을 믿고 계속 놔둬야만 제대로 된 승률이 적용되기 때문에 그렇게 해야만 했다. 하지만 직접적인 수익을 목적으로 하는 실제 거래 알고리즘이 된다면 상황이 달라진다. 내가 만든 모델이 아무리 백테스트에서 좋은 효과를 내고 논리적으로 맞더라도 3-4일 연속으로 손실을 입으면 의문이 생길 수밖에 없다. 모델의 문제인지 통계적인 이상 현상이 나타난 건지 구분하기가 쉽지 않아 계속 설정을 바꾸려는 유혹에 빠지게 된다.

실제 시장은 불확실의 향연이었다. 승률이 90%인 알고리즘이라 하더라도 10%에 해당하는 사건이 연속해서 몇 번씩 발생할 수 있는 곳이 바로 시장이었다. 이에 미리미리 방지해 여러 가지 안전장치를 만들어줘야 한다. 가장 흔한 것이 최대 고저차(Maximum Drawdown)이다. 알고리즘이 잃는 경우도 흔하기 때문에 잃었다고 무조건 중단시키면 안 되지만, 손실의 최대액은 설정해 주어야 한다. 거기다 손실중지(Stoploss) 같이 최대 수익에서 갑자기 일정 수준 떨어지면 알고리즘이 멈추거나 한쪽 방향 거래만 하도록 바꾸는 등의 설정도 추가해 주어야 한다. 이렇게 수많은 위험 관리 구문을 추가하다 보니 코드가 300줄 이상 늘어나 있었다.

288번 알고리즘의 수익률이 점점 좋아지고 성공적으로 거래를 하자 사로지는 거래량을 늘리는 것에 동의하였다. 그러나 거래량이 일정 수준 이상 넘어가면 리스크 부서와 감사팀에서 볼커룰에 저촉된다며 엄격하게 관리했다. 결국 사로지는 미국 시장 대신 유럽 시장에서 같은 알고리즘을 도입하기로 결정했다. 미국 시장과 유럽 시장의 한도를 따로 계산했기 때문에 가능한 일이었다.

나는 기존의 플랫폼 데이터를 모두 유럽으로 바꾸고 288-2번 알고리즘을 만들기 시작했다. 여러 가지 세부적인 설정이 전부 바뀌기는 했지만 기본적인 아이디어 자체는 작동을 하였다. 알고리즘을 그대로 사용했는데도 불구하고 상당히 많은 시간이 걸렸는데, 기존 288번 미국 알고리즘의 거래를 지속적으로 모니터링하고 이상 케이스를 분석하는 동시에 유럽 설정을 연구하느라 정신이 없었기 때문이다. 이제야 자신이 관리하는 알고리즘이 많아져 눈코 뜰 새 없이 바빴던 예전 주식팀 퀀트들을 이해할 수 있게 되었다.

유럽 알고리즘 거래가 시작되었고 모니터링은 런던 메릴린치 퀀트에게 부탁했다. 그러나 그는 모니터링밖에 할 수 없었고 문제가 생기면 원작자인 내가 처리해야 했기 때문에 새벽에도 블랙베리를 꼭 안고 자야 했다. 새벽 3시에 오류가 났다거나 이상 거래가 포착되었다는 전화가 오면 눈을 비비며 노트북을 펴고 원격 접속을 이용해 고쳤다. 고된 일이었지만 돈을 버는 나의 알고리즘들을 보면서 힘든 줄을 몰랐다.

처음에는 알고리즘 수익 이메일이 10분에 한 번씩 오게 하였다. 그랬더니 도저히 일상생활이 유지될 수 없었다. 메일이 올 때마다 끊임없이 수익을 체크해 수익이 오르면 기분 좋게 커피를, 떨어지면 초조해하면서 잠을 이루지 못했다. 설정이 잘못된 건가, 시장에 큰일이 생긴 건가 하면서 말이다. 이대로는 도저히 안 되겠다 판단한 나는 1시간에 한 번씩 이메일이 오도록 설정을 바꿨고 나중에는 하루에 두 번만 메일이 오도록 변경했다. 어차피 거래는 알고리즘이 하는 것이고 퀀트가 자주 본다고 해서 좋을 것은 하나도 없었다. 자신의 논리와 데이터 분석 결과를 믿고, 오류와 편향만 주기적으로 고쳐주면 그만이었다.

날씨가 따뜻해지고 월스트리트에는 연봉 협상 시즌이 다가왔다. 사로지와 마이클은 288번의 수익률과 그동안의 여러가지 기여를 참작해 보너스를 두둑히 챙겨 주었다. 사실 실제적인 기여도는 우디와 함께했던 285번이나 286번이 더 높았겠지만, 역시 눈에 보이는 수익이라는 게 무시할 수 없구나 싶었다. 사로지는 '앞으로도 알고리즘 개발에 힘쓰면서 좋은 관계를 유지하자'는 의미심장한 말을 남겼다. 우디를 내보낸 일을 신경 써서 한 말 같기도 하고 이직할까봐 노파심에 하는 말 같기도 하였다. 시앙과 쉑쉑버거를 먹으면서 한 이야기도 문득 생각났다.

"사로지와 마이클은 지금 우리 그룹의 끝이 다가오는 것을 직감하고 있어. 그래서 퀀트 기술을 기반으로 자산관리를 하는 새로운 팀을 만들려는 계획을 세우고 있다는 소문이 돌고 있어. 전부 다는 아니고 우리 그룹에서 자기 라인에 있을 만한 사람만 보너스를 두둑히 챙겨주면서 끌어들이고 있다나봐. 확실한 건, 나는 포함이 안 된 것 같아."

정말 그런 걸까? 퀀트 기반 자산관리라…… 나쁘지 않을 것 같기도 하고, 비슷한 일을 겪을 것 같기도 했다. 그러나 어찌 되었건 지금은 굉장한 보너스를 받았고, 나의 알고리즘이 발전하고 있다는 사실에 집중하기로 하였다. 시앙을 통해 알게 되었지만 사로지와 마이클의 선택을 받지 못한 것으로 보이는 개발자들이나 퀀트들의 불만이 은연중에 쌓이고 있었다. 보너스가 거의 없었음은 물론 미래가 불투명하다라는 불안감이 그들을 감싸고 있었기 때문이다.

퀀트 트레이딩 그룹의 몰락

플래시 보이즈, 투자자들을 약탈하는 초단타매매!

불법 선행 매매, 허위 매물 등을 이용한 악랄한 사기꾼들

초고속 컴퓨터들이 당신의 주머니를 노린다

2014년 초여름 월스트리트는 발칵 뒤집혔다. 스타 작가 마이클 루이

스의 신작 《플래시 보이즈》가 고발한 초단타매매에 대한 이야기 때문이었다. 《플래시 보이즈》는 단숨에 베스트셀러가 되었다. 블룸버그와 CNN 등의 언론에서는 알고리즘 트레이더와 퀀트 그리고 금융 전문가가 나와서 치열하게 토론을 하였다. 《플래시 보이즈》는 수상한 회사들이 시카고와 뉴욕 사이에 엄청난 돈을 투자해 광케이블을 매설하였다는 이야기로 시작된다. 이미 충분히 빠른 통신선이 있음에도 불구하고 단지 이 새로운 케이블을 위해서 터널을 뚫고 강 위에 다리를 놓아서 최대한 직선으로 연결하려 하였다. 이를 위해서 수천 억이 소요되었는데도 이 회사들은 아랑곳하지 않았다. 오히려 이용비를 두 배로 올려 다른 경쟁 회사들이 이 회선을 이용하지 못하도록 하자고 제안하기도 하였다. 이렇게 하면 기존의 회선보다 통신 속도가 0.0008초 정도 빨라지는데 일반 사람들이나 대부분의 컴퓨터조차 크게 상관이 없을 정도로 미미한 속도라는 것이다. 그런데 왜 수천 억을 쓰면서까지 선을 연결할까라는 의문에서 조사가 시작된다. 이들은 증권거래위원회에서 제정한 전국거래소시스템 규율(Reg NMS)을 악용해 돈을 번 초단타 알고리즘 트레이더들이었다. 전국거래소시스템 규율은 2007년에 제정된 법으로 투자자들을 보호하기 위해 어떤 주문을 거래소에 보냈을 때, 전국에서 가장 좋은 가격을 먼저 체결하는 의무를 말한다. 예를 들어 뉴욕거래소에서 A 주식을 100달러에 10,000주를 살 수 있고 켄자스거래소에서 99달러에 10주를 살 수 있다면 설령 투자자가 주식을 뉴욕거래소에서 10,000주 사겠다 하더라도 먼저 켄자스거래소에서 99달러에 10주를 사게 해준 뒤에 나머지 9,900주를 뉴욕거래소에서 거래하게 되는 법이다.

원래는 좋은 의도로 만든 법이다. 어떤 물건을 샀는데 다른 곳에서 더 싸게 팔고 있으면 당연히 배가 아프지 않을까? 이를 방지해주기 위해 만든 법이었다. 그러나 문제가 있었다. 거래소 간의 거리가 있었기 때문에 최적의 가격 정보를 받아오는 데 약간의 시간이 걸린다. 그 틈을 이용해 악성 초단타매매 알고리즘들이 돈을 벌 수 있는 것이다. 위와 같은 예에서 투자자가 A를 10,000주 사려고 하는데 만약에 켄자스거래소의 99달러 거래가 알고리즘이 뿌려놓은 미끼였다면 어떻게 될까? 먼저 이 거래가 뉴욕에 도달하지만 켄자스에 더 싼 주식이 있으므로 켄자스거래소에서 먼저 10주가 체결된다. 그러면 초단타 알고리즘들이 이 투자자가 나머지 9,900주를 사려 한다는 사실을 알고 그들보다 빠른 회선으로 재빠르게 9,900주를 100달러에 모조리 사버린 다음 100.1달러로 가격을 올려버린다. 투자자들은 영문도 모른 채 손해를 보는 것이다.

이러한 수많은 거래의 우위를 차지하기 위해 수천 억을 들여서라도 미세한 속도 차이가 나는 회선을 만드는 것이었다. 일단 우위를 차지하게 되면 수많은 거래에서 공짜 수익을 얻을 수 있기 때문이다. 이러한 유의 초단타매매는 다른 퀸트처럼 통계적 분석으로 예측한 것도 아니고, 유동성을 공급해주지도 않고, 수수료를 싸게 해주지도 않는다. 그저 거래 사이에서 돈을 뜯는 불량배 같은 것이다. 시민들은 분노하였고 초단타매매에 대한 대대적인 불신이 생겨났다. 퀸트들은 2008년 서브 프라임 모기지 사태에 이어 신랄한 비난을 받았다.

물론 퀀트들도 가만히 있었던 것은 아니다. 토론 패널로 등장해서 그러한 불법 선행 매매는 일부에 불과하고, 여러 가지 시장 안정화에 기여하고 있다고 외쳤지만 그다지 설득력을 얻지는 못하였다. 초고속 인공지능들이 시장을 약탈해간다는 사실 자체가 대중들에게 너무나 충격적이었고 퀀트와 알고리즘 트레이더에 대해 잘 알지 못했던 사람들에게는 심각한 공포를 초래했다. 정치인들도 초단타매매의 규제에 대해서 끊임없이 토론하였고 월스트리트 전문가들은 이들의 정체에 대해 설명하려고 애썼다. 안타깝게도 퀀트, 특히 그 중에서도 초단타매매는 여전히 좁은 분야라 전문가가 그리 많지 않았다. 오바마와 증권거래협회는 초단타매매 특별 규제를 선포하고 여러 가지 새로운 법안을 제정하였다. 수많은 퀀트 업계 회사들은 규제 대상이 되어 증권거래위원회의 조사를 받게 되었다.

◇ ◇ ◇

"우리 팀은 현재 사태와 상관 없이 정상 운영합니다. 혼란스러워 하지 마시고 각자 자기가 맡은 일에 충실하며 무사히 거래하는 것에 집중합시다. 다만 외부 이메일이나 전화에는 일절 답하지 말 것을 부탁드립니다."

사로지는 이례적으로 회의 소집 없이 사무실 안에서 큰소리로 외쳤다. 걱정하지 말라고 연신 당부했지만 불안감이 스며들어있는 그의 목소리를 눈치 채지 못한 사람은 없었던 것 같다. 안 그래도 수익률 악화에 리스크 부서의 제동으로 악재가 겹쳐 있는 상황에서 퀀트팀의 운명은 바람

앞의 등불 같았다. 수익이 떨어져가는 초단타 퀀트 부서를 유지하다가 명성에 금이 가느니 해체시킴으로써 도덕적인 떳떳함을 얻는 게 도움이 될 것이라는 판단을 하게 되리라는 게 유력한 상황이었다.

알고리즘들을 켜둔 채로 시앙과 함께 불고기 도시락을 사먹으러 한인 타운으로 걸어갔다. 그는 한탄했다.

"3년 전만 해도 거대 퀀트 헤지펀드들과 어깨를 나란히하던 우리 퀀트 그룹이 어쩌다 이렇게까지 되었을까."

사실 투자은행과 헤지펀드들의 근본적인 구조적 차이가 있었다. 헤지펀드 혹은 트레이딩 회사들은 인공지능들이 철저히 퀀트들의 소유물이었으며, 이 인공지능들이 얻은 수익은 회사와 퀀트가 미리 정해놓은 비율로 정확하게 나누어 가진다. 명확한 수익이 표시되기 때문에 다른 요인이 개입할 틈이 없고 수익률로 모든 것을 이야기한다. 물론 단점이 없는 것은 아니다. 수익을 내지 못하면 해고될 가능성이 있었다. 또한 서로 각자의 알고리즘만 관리하기 때문에 협력이나 토론은 기대하기 힘들다. 특히 별다른 아이디어가 없는 초보 퀀트에게는 시행착오를 겪을 수밖에 없는 환경이 된다. 게다가 인공지능을 구동시키는 데 드는 데이터, 서버, 연구 플랫폼, 수수료, 개발자 월급 등 모든 것을 철저하게 부과하기 때문에 어중간한 알고리즘으론 수익을 내기 어렵다. 혹시라도 손실을 보았다면 이는 계속 이월되면서 실적에 포함시킨다. 철저한 개인 플레이, 성과 주의, 수치 중심인 생태계이다.

반면 투자은행에서는 이미 거대한 생태계가 갖추어져 있기 때문에 개발자나 데이터 같은 공유 자원을 자유롭게 사용할 수 있다. 주식팀은 헤지펀드와 비슷한 분위기였지만 은행은 옵션팀처럼 모든 팀이 협력관계에서 수익 상승을 위해 노력하는 경우가 많다. 매니저의 판단하에 기여도에 따라 수익을 분배하기 때문에 매니저와의 관계나 기여도에 대한 여러 가지 보고 또한 중요하다. 아무래도 공개된 기업이다 보니 규제와 언론에게서 자유롭지 못하다는 것도 단점이다. 얼핏 보면 헤지펀드의 생태계가 합리적이고 좋아 보일 수 있지만 꼭 그런 것만은 아니다. 비용을 최적화한 결과로 투자은행에서의 수익 구조가 효율적인 경우가 많고, 각 분야의 전문가가 존재하기 때문에 불필요한 지식까지 전부 습득해야 하는 번거로움도 적다. 헤지펀드에서 직접 알고리즘을 만들기 위해서는 데이터 관리부터 개발, 거래 모니터링까지 모든 일을 처리해야 하기 때문에 시간도 부족하고 필요없는 지식까지 배워야 하는 수고로움이 있다. 무엇보다도 수익이 나지 않으면 즉각 표시되는 헤지펀드의 스트레스는 이루 말할 수 없다.

시앙은 우리 팀의 가장 큰 문제점으로 투자은행이란 환경이 주는 장점을 제대로 활용하지 못하면서 규제와 정치에 휘둘린 것을 꼽았다. 다양한 분야의 전문가들이 협력해 새로운 인공지능을 개발하고 수익을 낼 수도 있었지만, 각자 자신의 프로젝트에만 집중하도록 하였다는 것이다. 보너스 기준도 명확하지 않아 사람들이 자신의 수익형 알고리즘을 만들게

끔 하는 의욕을 반감시켰다. 이러나 저러나 퀀트 그룹은 플래시 보이즈 사태로 사라지게 될 확률이 높아지고 있었다.

점심을 먹고 돌아오자 제이크가 조용히 나를 개인 사무실로 불렀다. 우리 그룹 전체에서 유일하게 제이크만이 개인 사무실을 가지고 있었다. 그가 조심스럽게 말을 꺼냈다.

"자네는 186번 알고리즘이 뭔지 알지?"

◇ ◇ ◇

나는 제이크의 제안을 받아들였다. 그는 두 가지 계획을 가지고 있었다. 만약 186번과 몇 가지 알고리즘의 설계도를 성공적으로 복제하면 자산관리 그룹 밑으로 들어가 퀀트 자산관리팀을 만들 것이라는 계획이었다. 사로지가 먼저 계획한 일이었지만 제이크는 먼저 그쪽 그룹 대표와 이야기를 끝냈다고 한다. 무서운 사람이었다. 만약에 계획이 뜻대로 되지 않는다면, 친분이 있는 뉴저지 헤지펀드 매니저와 함께 헤지펀드를 세우기로 하였다고 이야기했다. 이때 나를 데리고 가겠다는 첨언까지.

좌우지간 186번 코드를 다시 볼 수 있게 된 건 나에게 행운이었다. 감사팀이 다녀간 이후로 많은 코드들의 접근 권한이 사라졌다. 186번도 그 중 하나였고, 설령 복제하지 못하더라도 그 원리를 한 번도 분석해보지 못해 아쉬움이 남아 있던 차였다. 그동안 여러가지 상황을 지켜보면서 제이크가 전적으로 신뢰할 만한 사람이 아니라는 것을 깨달았다. 하지만 나는 언제나 무기를 가지고 있어야 했다. 제이크는 현재 설계도를 해석해 줄 사람이 유일하게 나뿐이라서 손을 내민 것뿐이었고. 이 카드를 나는 계속 가지고 있어야 했다. 지금까지 만든 알고리즘들의 설계도와 다른 알고리즘들의 구조도를 공책에 차근차근 그려나가기 시작했다. 내가 설계한 알고리즘이라도 기초 알고리즘인 20번, 25번, 80번 등을 이용하였기 때문에 좀 더 자세히 공부할 필요가 있었다. 하루 하루 상황이 심각해졌기 때문에 나는 밤을 새고 원격 근무를 하며 설계도를 끊임없이 분석했다. 제이크가 여러 가지 알고리즘의 원리에 대해 물어봤지만 나는 모델이 생각보다 어렵다고 하면서 대답을 피했다.

아쉽게도 186번의 설계도를 반 정도 해석했을 때, 감사팀과 이사진에서 기습적으로 퀀트팀을 해체하였다. 심지어 나는 이 소식을 뉴스와 기자를 통해 전해 들었다. 제이크는 미리 말해주지 못해 미안하다는 말만 남겼다. 하지만 그가 말을 해주지 않았던 이유는 내가 다른 생각을 하지 않고 설계도 해석에 매진하길 바라는 마음 때문이었을지도 모르겠다.

제이크는 해고되었고 자신과 헤지펀드 설립에 합류하자는 제안이 왔다. 그러나 이야기를 들어보니 제이크의 입지는 너무도 불안했다. 또한 그가 신뢰 가는 인물인가라는 점에 의문이 생겼다. 사로지는 자신의 계획대로 자산관리팀으로 옮겨갔다. 그러나 새로운 팀을 설립하진 못하고 퀀트 전략을 이용한 분석을 도와주는 일 정도만 맡게 되었다고 한다. 마이클은 의외로 사로지와 함께하지 않고 남은 퀀트 개발자들과 함께 초고속 거래 플랫폼팀이라는 기술 부서를 만들었다. 개발자가 아닌 퀀트들은 모두 해고되었다.

이렇게 거대 헤지펀드들과 어깨를 견주고 최고의 퀀트 그룹을 꿈꾸었던 메릴린치 초단타 퀀트 그룹은 2014년 10월부로 역사 속으로 사라지게 되었다. 물론 뱀버거와 타탈리아가 떠난 모건스탠리의 퀀트 그룹에 피터 멀러가 와서 화려하게 부활시킨 것처럼, 누군가 또 이곳에 강력한 퀀트 그룹을 세울지도 모르는 일이다. 그러나 지금도 메릴린치 9층에는 오로지 세일즈 부서만이 남아 있었고 초고속 서버 몇 대가 구석에 덩그러니 남아 과거의 영광을 유일하게 기억하고 있을 뿐이었다.

🔲 끝나지 않은 인공지능 전쟁

　　　　　　　　　　　처음으로 직장을 잃어버린 나에게 남은 것은 메릴린치 생활 동안 만들었던 4-5가지 알고리즘뿐이었다. 나는 이력서에 알고리즘들의 대략적인 개요를 적었다. 물론 자세한 내용은 쓰지 않는다. 헤지펀드나 다른 퀀트들의 흥미를 유발할 정도의 내용만 써야 한다.

처음으로 알고리즘을 들고 퀀트 트레이딩 시장에 나선 나는 회사마다 전혀 다른 방식으로 전쟁에 참여하고 있다는 것을 알았다. 어떤 회사는 기존 초단타 그룹처럼 1초에 수천 번씩 거래하며 몇 센트를 벌어들였고, 어떤 회사는 1분이나 15분에 한 번씩 거래하며 패턴들을 발굴하였다. 은행에 있을 때는 주로 간단한 통계 분석만으로도 전략을 구성하는 데 큰 문제가 없었는데, 텍사스 오스틴의 한 헤지펀드는 딥러닝 인공지능을 이용해서 거래한다고 한다. 데이터 편향에 대해 물어보자 그들은 아직까지 그런 일이 없으므로 걱정말라고 하였다. 그다지 신뢰가 가지는 않았다. 기존의 거래량과 가격, 주문 등과 같은 데이터 외에 새로운 데이터를 이용한 인공지능을 만드는 회사도 꽤나 있었다. 트위터나 구글 트렌드를 이용한 가격 트렌드, 뉴스의 단어들을 읽어들여서 빈도수에 따른 거래, 애널리스트의 분석 어조를 학습하여서 방향을 읽는 인공지능까지 다양한 시도를 하고 있었다. 보수적인 은행에 비해 작은 헤지펀드들은 굉장히 다양한 시도를 하고 있었다.

퀀트 트레이딩 회사 면접은 다른 업계 면접과 조금 다르다. 나 자신이 아닌 내가 가진 알고리즘에 대해 소개하는 것이다. 어떤 수익률을 가지는지, 어떤 데이터를 필요로 하는지, 위험 처리나 업데이트는 어떤 식으로 이루어지는지, 연구 과정은 어떤 식으로 하는지 등을 이야기한다. 물론 가장 중요한 건 수익률과 논리이다. 입으로 수익률이 좋다고 해봤자 논리적으로 이상하다면 고급 퀀트들은 손쉽게 눈치 챈다. 직접 거래를 해본 퀀트와 백테스트나 모의 거래만 해본 퀀트들은 이야기를 할 때 많은 차이를 보인다. 예를 들어 마켓 메이킹 주문을 한다고 해도, 몇 단계에 걸쳐서 주문을 낼지, 주문이 취소되거나 시장이 거꾸로 움직일 때 움직임 같은 것은 모의로 해서는 절대로 알기 힘든 경험들이기 때문이다.

그렇게 나는 한 헤지펀드에 합류하게 되었다. 디즈니를 사랑하던 나는 288번, 286번, 282번 알고리즘의 이름을 각각 지니(알라딘), 엘사(겨울왕국), 심바(라이온킹)로 지었다. 그들은 알고리즘의 수익률의 X%를 분배하기로 하고, 수익이 올라감에 따라 점차 분배율을 올려준다고 하였다. 데이터 비용까지는 포함되어 있지만 시뮬레이터 시스템으로 어떤 것을 쓰느냐에 따라 월 사용료가 다르고, 클라우드 연구 시스템이나 병렬 계산을 쓸 때는 쓰는 시간에 비례해서 비용을 청구한다고 한다. 이 비용은 나의 수익에서 제하게 된다. 은행과는 정말 다른 환경에 적잖이 놀랐다.

헤지펀드에서는 서로 이야기할 일이 거의 없다. 어차피 서로 자신의 알고리즘만 관리하고 다른 사람과 이야기해 봤자 얻을 수 있는 것이 거의 없기 때문이다. 심지어 감사팀에서는 서로의 거래가 상충되는 것을 막기 위해서 이야기하지 않는 것을 원칙으로 한다고 교육하였다. A라는 퀀트가 애플을 사는 주문을 보냈는데 B가 애플을 파는 주문을 낸다면 서로 거래가 이루어져서 마치 주가 조작을 하려는 것처럼 보일 수 있기 때문이다. 플래시 보이즈 사태 이후로 증권거래위원회에서 이런 부분을 굉장히 민감하게 감사하기 때문에 거래와 관련된 채팅이나 이메일을 가급적 보내지 말라고 하였다.

헤지펀드 생활 3년, 퀀트 생활 6년차가 되면서 더욱 치열해지는 퀀트들의 인공지능 전쟁이 느껴진다. 예전처럼 틈을 그냥 찾아서는 절대 돈을 벌 수 없고 다른 인공지능들의 행동까지 모두 예측해야 수익을 낼 수 있다. 전통적인 데이터인 거래소 데이터는 물론이고 펀더멘털과 SNS 데이터, 심지어 이미지 같은 비정형 데이터까지 이용하는 경우가 많아지고 있다. 이제 퀀트들은 어디로 가는 걸까? 그들은 오늘도 최고의 투자 인공지능을 만들기 위해 데이터를 분석하고 있다.

TODAY
AND
TOMORROW
OF QUANT

제 3 부

퀀트의 현재와 미래

머신러닝과 빅데이터 시대를 맞이하는 인공지능 트레이더들의 고찰

제1장

퀀트의 현재

██ 퀀트의 다양화

제1부에서 살펴보았듯이 퀀트는 느낌과 감정에 의한 투자 및 수익 대신 수치와 통계, 컴퓨터를 이용한 객관적인 투자 및 수익을 목적으로 하여 탄생했다. 초창기에는 어떤 방식이든 계량적인(Quantitative) 방법만 이용하면 퀀트라고 불렸다. 그러나 퀀트 또한 계속 발전해나가면서 다양한 목표와 방법으로 인해 필요한 기술과 지식에 변화가 생겼고 그에 따른 업무 방식에 차이가 발생하기 시작했다. 퀀트의 종류 또한 많아져서 데스크 퀀트(Desk Quant), 모델 검증 퀀트(Model Validation Quant), 리스크 매니지먼트 퀀트(Risk Management Quant), 퀀트 애널리스트(Quant Analyst), 알고 트레이더(Algo Trader), 퀀트 트레이더(Quant Trader), 퀀트 개발자(Quant Developer) 등 지금도 계속해서 다양해지고 있다.

먼저 퀀트를 크게 두 가지로 나눈다면 적정 가격을 계산하고 상품 합성을 하는 셀사이드(Sell side) 퀀트와 직접적인 투자로 수익을 내는 바이사이드(Buy Side) 퀀트가 있다. 블로거 노모뱃 씨가 아주 좋은 예시를 제시하였다.

예를 들어, 시장에서 고객이 보라색 페인트를 원한다. 하지만, 보라색 페인트가 시중에 없다. 셀사이드 퀀트는 고민하다 기발한 생각을 해낸다. 시장에 있는 빨간 페인트와 파란 페인트를 이용하여 보라색을 만들자. 자 빨간색 페인트가 1통에 4,600원. 파란색 페인트가 1통에 6,200원이네. 일단 두개를 섞으면 보라색 2통을 얻을 수 있다. 자, 가격을 보자 4,600원 + 6,200원은 10,800원이다. 한 통에 5,400원에 팔면 된다. 아니지. 페인트 원료비, 페인트 섞는 솥단지가 있는 공장까지 운임비. 내 옷에 다 튀어서 옷이 엉망이 되면 세탁비까지 따져서 한 통에 7,000원에 팔자. 하나 팔면 1,600원씩 이익이다. 두 통을 파니 3,200원의 수익을 냈다. 신난다. 이것이 셀사이드 퀀트다.

바이사이드는 어떤가? 수많은 셀사이드가 보라색 페인트를 팔기 시작했다. 시장엔 보라색 페인트가 대유행이다. 보라색 페인트 가격은 쉽게 구할 수 있다. 인터넷을 조회해 보니 보라색 페인트 시세는 한 통에 7,000원이다. 바이사이드 퀀트는 고민한다. 이 보라색 페인트가 나중에 가격이 오를까? 지금 사둘까? 역사적 연구를 통해 발견한 것은 가을이 되면 보라색 수요가 크다는 것이다. 단언컨대 보라색 페인트 가격은 오를 것이다. 며칠 후 보라색 페인트 가격은 10,200원이 되었다. 바로 되파니 3,200원의 수익을 냈다. 셀사이드, 바이사이드 똑같은 3,200원의 수익이다. 하지만 비즈니스 구조가 다르다. 퀀트에게 요구하는 능력도 당연히 다르다.

출처 : http://m.blog.naver.com/nomore_bet/70184174191

위의 예처럼 시장에서 필요하거나 고객이 원하는 상품을 적절한 재료를 이용해서 합성하고 이를 팔면 셀사이드 퀀트이고, 미래 가격이나 가치를 예측해서 거래를 하는 퀀트를 바이사이드 퀀트라고 한다. 일반적으로 퀀트라 하면 가장 먼저 떠올리는 것은 보통 셀사이드의 '데스크 퀀트'이다. 데스크 퀀트는 피셔 블랙이나 임마누엘 더만처럼 복잡한 파생상품의 가격을 계산하는 모델을 만들어 적절한 가격을 산출해주는 퀀트이다. 주로 투자은행에서 활동하며 기업이 자신의 거래 위험을 줄이기 위해 파생상품을 요구할 시 그에 맞는 상품을 개발해 적절한 가격을 책정해주는 역할을 한다. 골드만삭스 최재혁 박사가 글 〈금융, 수학 그리고 퀀트〉에 언뜻 복잡해 보일 수도 있는 데스크 퀀트의 업무를 쉽게 설명한 바 있다.

프로야구 한국 시리즈 결승에서는 일곱 경기 중 네 경기를 먼저 이기는 팀이 우승한다. 2013년에는 삼성과 두산이 7차전까지 가는 접전을 펼쳤다. 때마침 두산은 자신들이 우승하면 10억이 소요되는 고객 감사 이벤트를 열기로 하였다. 이 경우 두산이 우승을 하면 10억의 비용이 들고 삼성이 우승하면 비용이 들지 않는다. 두산 입장에서는 이겼을 때와 졌을 때의 비용 차이가 커서 지출 위험을 예측하기가 힘들 것이다. 이럴 경우 투자은행에 찾아가 삼성이 우승하든 두산이 우승하든 간에 일정한 지출을 하는 파생상품을 요구할 수 있다. 실제로 2002년 한국의 월드컵 16강 진출에 기업들이 수많은 이벤트를 걸었는데 이러한 보험 계약을 통해서 위험을 전가했다고 한다.

투자은행에서는 계약을 받아들이고 어느 경우에나 5억을 지출하는 파생상품을 만드려고 하였다. 그런데 문제는 시장에 여러 가지 베팅 상품들이 있었지만 한국 시리즈 우승에 대한 베팅 상품은 없었던 것이다. 만약 그런 상품이 있었다면 고객에게 5억에 상품을 판매하고 그 5억을 두산에 베팅해두면 두산이 우승하든 삼성이 우승하든 손해가 없다. 하지만 그런 베팅 시장이 없기 때문에 다른 방법으로 합성을 해야 한다. 대신 일곱 경기의 결과에 각각 베팅하는 시장이 있다고 해보자. 그리고 몇 가지 조건이 있다고 하자. 첫 번째, 각 경기마다 승패에 대한 내기를 걸 수 있으며 이기면 건 만큼 돈을 더 받고 지면 건 돈을 잃는다. 두 번째, 무승부는 없다. 세 번째, 승률은 50대 50이다.

사람들이 많이 하는 착각 중 하나가 첫 경기에서 5억을 전부 두산에 걸어버리면 되지 않나 하는 것이다. 그렇게 되면 삼성이 1승 했을 시 5억을 모두 잃고 그 후에 두산이 4승으로 승리하게 됐을 시 고객에게 다시 10억을 돌려줘야 하는 상황이 발생한다. 즉, 완전한 중립이 아닌 것이다. 따라서 단순히 한 경기에 올인하는 것이 아닌, 각 경기마다 삼성이 우승할 확률을 계산해 적절한 금액을 걸어야 한다.

이 일곱 경기의 모든 경우의 수를 격자로 그려보면 다음과 같다. 두 팀의 승률이 같으므로 대칭이기 때문에 격자 아래쪽은 생략하였다. 두산이 이기면 오른쪽 대각선 위쪽으로 한 칸, 삼성이 이기면 오른쪽 대각선 아래쪽으로 내려가면 된다. 이 격자에서 각 경기 상황마다 걸어야 할 돈의 비율을 D로, 그 상황까지 가지고 있어야 하는 손익을 P로 표현하였다. 우리의 목표는 두산이 우승하였을 때에 P=100%, 즉 5억이 되는 것이다.

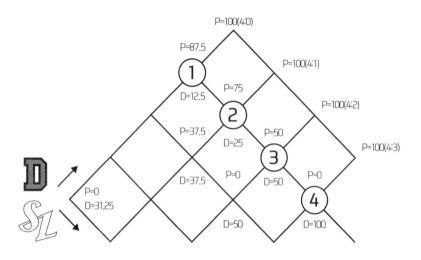

이 경우 첫 경기에 얼마를 걸어야 할까? 이를 처음부터 계산하기 힘들므로 경우의 수가 적은 시간을 역순으로 생각하는 것이 쉽다. 먼저 두산과 삼성의 현재 스코어가 3:3인 경우를 생각해보자. 위 격자에서 ④의 상황이다. 이 경우 마지막 경기를 이긴 팀이 우승하게 된다. 각각 이길 확률이 50%이므로 이 경기에서는 두산에 100%를 걸면 된다. 뿐만 아니라 그동안 베팅하면서 손익의 총합이 0이어야 한다. 그렇지 않으면 내기의 결과는 상쇄되더라도 그동안의 손익으로 인해 이익 혹은 손해 상태가 되므로 완전한 중립(헤지)은 아닌 게 된다. 이번엔 한 경기 전인 상황으로 돌아가서 두산 대 삼성이 3:2인 경우를 생각해보자. 격자에서 ③의 상황이다. 이 경우 두산이 승리하면 4:2가 되면서 우승을 하게 되고 고객에게

100을 줘야 한다. 삼성이 승리하면 다시 3:3이 되면서 방금 계산한 ④ 상황과 동일하게 된다. 그러므로 50% 확률로 P=100인 상황이 되어야 하고 50% 확률로 P=0이 되어야 한다. 이 경우는 50%의 손익을 가지고 있고 50%를 베팅해야 한다.

이런 식으로 한 단계 한 단계씩 계산하다 보면 모든 경우에 대해서 D와 P, 즉 걸어야 할 돈과 그때까지의 수익을 구할 수 있다. 위 격자에서 알 수 있듯이, 첫 경기에는 31.25%의 돈, 즉 1억5천2백6십2만5천을 걸어야 한다. 이후에 격자를 따라 적절히 베팅하면 50대 50으로 누가 우승하든 완벽하게 중립인 상태로 만들 수 있다. 이 상품의 기대값은 5억이므로, 5억에 이 상품을 판매하면 손익이 0인 중립이 되는 것이다. 투자은행에선 이러한 상품에 위험을 헤지 해준 대가로 수수료와 설계 비용을 추가하여 수익을 얻게 된다. 데스크 퀀트는 이렇게 시장에 있는 재료를 이용해 고객들이 원하는 상품을 적절한 모델로 설계하고 적정 가격을 계산하는 역할을 한다. 데스크 퀀트였던 피셔 블랙과 마이런 숄즈가 발표한 블랙-숄즈 모델이 기초상품(경기별 베팅)을 이용해 파생상품(어느 팀이 우승을 할 것인가)을 설계하는 방법론을 제시해 퀀트와 금융수학 시대를 연 것이다.

데스크 퀀트는 미래를 예측하기보다는 위와 같이 모든 상황의 확률을 고려해 적절한 가격을 산출하는 전문가이다. 실제 상황에서는 프로야구 한국 시리즈 예보다 훨씬 복잡하다. 위의 경우에는 베팅하는 경우가 일곱 경기뿐이고 승률도 50:50으로 단순화시켰지만 실제로는 시장이 열려 있는 순간마다 베팅할 수 있고 수많은 증권이 있으며 1년에 252일 정도 거래할 수 있으므로 고도의 컴퓨터와 분석도구를 다룰 줄 알아야만 적정가격을 계산할 수 있다. 연속된 모델을 분석하고 튜닝해야 하기 때문에 편미분방정식, 확률 프로세스 등 고난도 수학과 연구 능력이 필요해 대부분 박사로 이루어져 있다가 최근에는 파생상품들이 어느 정도 정형화돼 금융 공학 석사도 진입하는 추세이다. 미래를 예측하는 것이 데스크 퀀트의 주된 업무가 아님에도 불구하고 많은 사람들이 'A 주식이 오를까요?', 'B 산업이 뜨는 것 같나요?'라고 묻는다. 이러한 질문은 데스크 퀀트에게 적합한 질문이 아니다.

데스크 퀀트는 피셔 블랙이 골드만삭스에서 파생상품을 설계할 때부터 2008년 서브 프라임 사태까지 각광을 받았다. 그들은 고객들에게 적절한 파생상품을 설계해주고 많은 수수료를 챙겼다. 이를테면 수출 중심 업체인 삼성이 달러화를 많이 가지고 있는데 달러 가치가 떨어져 매출에 큰 타격을 입는 상황에 처해 있을 경우 환율 관련 상품을 설계해주는 식이다. 위험을 완벽하게 헤지한 파생상품은 투자은행 입장에선 리스크 없이 얻는 수익이나 마찬가지였고 다른 은행들과 경쟁하기 위해 더욱 복잡하고 특이한 상품을 개발해 고객사에 제공하기 시작하였다. 파생상품의 최대 장점은 다양한 리스크가 섞여 있는 주식, 채권, 부동산 등과 달리 자신이 원하는 리스크만 쏙 빼서 사고 팔 수 있다는 점이다. 제1부에서 소개했던 풋옵션 같은 경우 자산의 가격이 떨어질 위험만 상쇄시킨 상품인 것이다. 이런 위험의 자유로운 관리는 투자시장의 폭발적인 성장을 가져왔고 블랙-숄즈는 영웅이 되었다. 블랙-숄즈 방정식과 그 기초가 되는 확률 미적분학(Stochastic Calculus)은 필수 과목이 되었고 파생상품 설계를 공부하는 새로운 학문인 '금융 공학'이 등장했다.

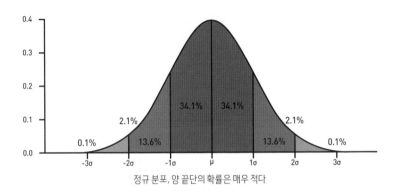

정규 분포, 양 끝단의 확률은 매우 적다

금융 공학 기술은 점점 더 정교해졌다. 정교해진 기술을 이용해 위험 관리용도뿐만 아니라 수익을 얻기 위한 파생상품을 설계하기 시작했다. 앞서 블랙-숄즈는 '모든 사건은 무작위로 일어난다'는 정규 분포를 따른다고 가정하였다. 그렇기 때문에 분포상 양 끝단에 있는 사건은 일어날 확률이 거의 0에 가까웠다. 쉽게 말해 리스크가 거의 없는 상황인 것이다. 파생상품 설계 전문 퀀트 혹은 금융 공학자들은 리스크가 거의 없는 상황만 모아 새로운 파생상품을 만들었다. 심지어 이 파생상품끼리 모아서 다시 파생상품을 만들었다. 리스크 없이 큰 수익을 준다는데 누가 싫어하겠는가? 많은 은행들은 앞다투어 여러 가지 파생상품을 사들였고 여기서 생긴 리스크들을 모아 또다시 새로운 파생상품으로 판매하였다. 하지만 일어날 확률이 거의 없다고 해도 일어날 확률이 아예 없는 것은 아니다. 블랙-숄즈 방정식에 의하면 시장이 25% 하락할 확률은 빅뱅이 150억 번 일어나도 절대 발생하지 않을 거라 장담하였다. 그러나 시장이 25%가량 하락했던 1987년 블랙 먼데이 사건으로 인해 전 세계는 공황에 빠졌다. LTCM도 절대 일어나지 않을 사건이라던 러시아의 디폴트로 미국을 위기에 빠뜨렸다. 절대 발생하지않을 거라 믿었던 사건이 일어나는 검은 백조(Black swan) 현상이 나타나면서 이러한 파생상품을 대량으로 가지고 있던 기업들이 줄줄이 파산하고 서브 프라임 모기지 금융위기를 초래한 것이었다.

쿼트들은 엄청난 비난을 받았다. 수익에 눈이 멀어 위험한 설계를 무리하게 했기 때문이다. 2008년 이후 투자은행과 기업은 확실한 파생상품만을 취급하기 시작했고 파생상품 시장은 엄청난 불황을 맞이하게 되었다. 금융 위기 이전보다 약 75% 거래량이 감소하였고 많은 수의 투자은행 파생상품 데스크는 일거리를 잃고 금융 공학자들을 해고하거나 데스크 자체의 문을 닫았다. 그나마 구조가 단순한 바닐라(Vanilla) 파생상품들은 그래도 어느 정도 수요가 있었지만, 복잡하고 특이한 파생상품을 주로 다루는 이그조틱(Exotic) 파생상품 데스크들은 대부분 어려움을 겪고 있다.

지금은 2008년 금융 위기의 아픔이 상당히 회복된 상태이다. 파생상품 시장은 어느 정도 회복세를 보이고 있고 다시 활성화되는 분위기지만 금융 위기 이전처럼 무분별한 파생상품 개발보다는 철저한 구조 이해가 선행되는 추세이다. 이를 위해 여러 가지 퀀트가 등장했다. 그 중 하나는 '모델 검증 퀀트'이다. 이들은 데스크 퀀트가 개발한 가격 모델이나 설계한 파생상품이 옳은 논리로 만들어졌는지 검증해보는 퀀트이다. 시뮬레이션을 이용해서 이상현상이나 이상가격이 나타나지 않는지, 식이 잘못되었거나 가정에 오류가 있는지를 잡아낸다. 소프트웨어나 제품의 불량을 검사하는 QA 직군과 비슷하다.

비슷한 직군으로 '리스크 매니지먼트 퀀트'도 나타났다. 이들은 이해하기 어려운 파생상품들의 위험을 분석하고 수치화시켜서 커다란 위험에 노출되는 상황을 방지하는 역할이다. 서브 프라임 모기지 사태 또한 서브 프라임으로 이루어진 파생상품들의 위험을 이해하지 못하고 무리하게 위험을 쌓아서 생긴 일이기 때문에 이를 이해할 수 있는 퀀트들을 뽑아 요인 분석이나 블랙-숄즈를 이용한 재료 분석을 통해 위험을 측정하게 했다. 그리고 증권거래위원회(SEC)와 보험회사에서 위험을 감독하기 위해 리스크 매니지먼트 퀀트를 선발하는 비율도 점점 증가하고 있다.

리스크 퀀트와 모델 검증 퀀트는 직접적으로 수익을 얻는 부서라기보다 데스크 퀀트를 보조하는 역할이므로 연봉이 비교적 낮은 편이다. 하지만 이들이 하는 역할이 매우 중요하고 업무 스트레스가 적으며 직업 안정도가 높기 때문에 안정성을 중요시하는 퀀트에게 인기가 높다. 데스크 퀀트는 2008년 이전엔 새로운 상품 개발 및 판매로 수억 대 보너스를 받으면서 각광 받았지만 파생상품 거래가 급감한 이후로는 연봉과 보너스 모두 투자은행의 여타 일반 부서와 같이 평준화되어가는 추세이다. 물론 예외는 있다.

파생상품이 수학적으로 복잡했기 때문에 초창기에는 에드워드 소프나 피셔 블랙 같은 퀀트들이 주로 활동했지만 일반 애널리스트의 업무에도 점차 영향을 미치면서 '퀀트 애널리스트'라는 것이 생겨났다. 전통적인 애널리스트는 주가의 동향과 재무제표, 뉴스 등을 종합적으로 분석해 평가 내리는 직종이다. 신문이나 방송에 나와서 자신의 견해를 피력하기도 하고 사내 컨설팅을 전문으로 해 투자 부서에 자문을 하기도 한다. 요즘에는 이런 분석을 자동화시키고 데이터와 통계를 기반으로 하는 퀀트가 생겨난 것이다. 이들은 블룸버그에서 제공하는 재무 데이터나 뉴스, 주가 동향 등을 자동으로 분석하는 프로그램을 작성하거나 통계적인 분석을 통해 투자 자문을 하는 역할을 한다. 예전에는 '애플의 아이폰은 경쟁 제품인 갤럭시에 비해 기능이 많으므로 애플을 매수해야 합니다'라는 분석이 있었다면 퀀트 애널리스트는 '아이폰의 현재 뉴스 노출도가 22% 증가하였고 팩터 분석을 통하면 아이폰 매출이 주가에 미치는 민감도는 11% 정도이기 때문에 매수하는 것이 좋습니다'라는 식이다. 전통적인 투자기관인 헤지펀드나 사모펀드 그리고 자산관리사 등에서 퀀트 애널리스트를 고용하고 있으며 골드만삭스나 모건스탠리 같은 투자은행은 물론 체이스 은행, 웰스파고 같은 상업은행에서도 통계와 컴퓨터 기술을 이용한 분석을 위해 퀀트 애널리스트를 고용하기 시작했다. 이들은 자문 역할을 하고 있으므로 컨설팅 업무와 비슷한 양상을 띠기도 한다. 이들은 최근에 데이터 과학자나 빅데이터·머신러닝 엔지니어와 기술이나 업무가 겹치는 점이 많아서 왕래하는 경우도 많아지고 경쟁도 하는 추세이다. 금융 데이터냐 마케팅, 매출, 운송, 의료 데이터냐의 차이일 뿐 데이터를 통해 미래를 예측하고 어떤 요인을 가지는지 어떤 모델을 만들지 등 근본적인 업무는 비슷하기 때문이다. 퀀트 애널리스트는 주로 통계나 산업 공학 출신이 많아 데이터 분석 기술과 프로그래밍 능력이 매우 출중하다.

바이사이드에 속하는 퀀트 트레이더는 위에서 소개한 데스크 퀀트나 퀀트 애널리스트와 다르게 시장에서 직접 거래하고 수익을 창출하는 모든 종류의 퀀트를 이야기한다. 이들은 거래 속도에 따라 '초단타매매 퀀트', '장기투자 퀀트' 등으로 나뉘기도 하고, 전략별로 '통계적 차익거래 퀀트', '마켓 메이킹 퀀트', '이벤트 중심 퀀트', '상품 모멘텀 퀀트', '알고 트레이더' 식으로 나뉘기도 한다. 어떤 식이든 개인의 판단이 아닌 데이터와 통계 그리고 시뮬레이션을 통해서만 트레이딩 하고 수익을 낸다는 공통점이 있다. 그러나 각자의 전략과 환경에 따라서 필요한 기술과 배경이 천차만별이다. 단기 투자로 갈수록 기술적 의존도가 높아지며 시장미시구조에 대한 지식이 높아야 한다. 경제나 재무 지식보다는 데이터와 통계에 대한 지식이 더 요구되고 초단타의 경우 시스템 단계의 프로그래밍이나 네트워크 기술에 대해 알고 있으면 좋다. 장기 투자를 중심으로 하는 퀀트의 경우 거시경제와 사회현상에 대한 이해도가 필요하고 재무 구조나 포트폴리오 이론에 대한 것이 단기 거래보다 중요해진다. 전략별로 구분해도 마찬가지이다. 초고속 거래를 중심으로 하는 마켓 메이킹 퀀트의 경우에는 미시구조와 기술에 대한 이해도가 높을수록 좋다. 통계적 차익거래를 중심으로 하는 퀀트의 경우 데이터 분석에 대한 조예가 높고 모델을 만드는 능력이 뛰어날수록 좋다. 통계적 차익거래의 경우 속도 자체가 경쟁력인 경우보다는 알파를 잘 찾아내는 능력이 더 중요한 편이다.

알고리즘 트레이더, 줄여서 알고 트레이더는 조금 다른 역할을 하는 경우이다. 퀀트 트레이더와 혼용하는 경우도 있고 미시구조 전문가를 이야기하는 경우도 있다. 용어는 회사마다 학교마다 다르게 사용한다. 필자의 경우 미시구조 전문가를 좁게 지칭하는 편이다. 이들은 알고리즘을 이용해 다른 퀀트 트레이더의 개입이나 시장 충격을 최소화하면서 거래를할지 연구한다. 물론 이러한 연구 결과를 이용해 수익을 낼 수도 있기 때문에 초단타매매 퀀트와 업무가 비슷한 편이다. 이들은 거래가 일어났을때의 단기적인 충격이나 움직임, 확률적인 상태 등을 분석하기 때문에 기술적인 배경이 강한 통계/컴퓨터 공학/전자 공학 출신이 많다.

퀀트 트레이더는 수익을 직접 내기 때문에 큰 수익을 얻을수록 수입이어마어마해지며 수익을 내지 못할 경우 수입이 대폭 감소되며 해고를 당할 확률이 높다는 것이 공통점이다.

트레이더의 특성상 경력이나 연차보다 수익률 자체가 중요하기 때문에10-20년의 경력자라 할지라도 경력이 짧은 사람보다 연봉이나 직급이 낮을 수 있다. 그러나 큰 수입을 얻어서 사이먼스 같은 스타 퀀트가 될 수도 있기 때문에 여전히 많은 사람들이 선망한다. 다른 분야 퀀트들의 최종 목적지가 이쪽인 경우가 많다.

그러나 최근에는 상황이 힘들어지고 있다. 시장의 불균형이 널리 알려지면서 퀀트 트레이더의 수익은 점점 떨어지고 있고 레드오션화로 진입 비용이 너무 커져 소수 플레이어들의 싸움으로 변질되고 있다. 특히 초단타매매 쪽은 수익과 거래량이 줄어드는데 비해 기술 경쟁은 심화되어 비용 문제로 많은 업체들이 문을 닫는 추세이다. 결국 데이터 분석 싸움보다는 얼마나 기술을 최적화하는가의 싸움으로 흘러가고 있는 것이다. 그럼에도 불구하고 자신의 인공지능을 만들어서 거래한다는 사실에 매료돼 많은 사람들이 도전하고 있다. 퀀트 트레이더는 데스크 퀀트나 퀀트 애널리스트와 달리 다양한 기술로 수익을 내는 것이 더 중요하기 때문에 배경이 다양한 편이다. 박사뿐만 아니라 학부 졸업생도 종종 보이고 전공도 분석적 능력을 가진 분야라는 공통점 외에는 정해져 있지 않다. 그러나 공통적으로 연구 능력과 프로그래밍 능력이 뛰어나고 수익률이 높은 인공지능을 만드는 데 탁월한 사람들이 주로 분포되어 있는 곳이다.

마지막으로 소개할 퀀트는 '퀀트 개발자'이다. 데스크 퀀트, 리스크 퀀트, 퀀트 애널리스트 그리고 퀀트 트레이더까지 모두 엄청난 양의 데이터와 시뮬레이션 시스템을 이용한다. 금융 데이터에 대한 이해도가 높고 이를 활용할 수 있는 프로그램이나 시스템을 개발하는 역할이 퀀트 개발자이다. 속도가 곧 돈인 초단타매매의 경우 퀀트 트레이더보다 퀀트 개발자의 역할이 더 중요한 경우도 많다. 특히 알파나 모델에 대한 중요성이 점점 떨어지는 추세에 최적화된 시스템으로 같은 시간 내에 많은 분석과 거래를 시도할 수 있도록 하는 퀀트 개발자 위상은 점점 높아지고 있다. 최근에는 머신러닝이나 빅데이터 처리 전문가인 퀀트 개발자가 트레이더 나 애널리스트의 역할을 겸하기도 한다.

이렇듯 퀀트의 종류는 다양해졌으며 이외에도 수많은 세부 분야가 있 다. 그리고 실무에서는 이런 식으로 명확하게 나누지 않고 두세 가지 업 무를 함께 하거나 중간 일을 하는 경우도 많다. 골드만삭스나 모건스탠리 에서는 'Strategist'라는 이름의 직종을 만들어 퀀트 애널리스트와 퀀트 개 발자 사이의 일을 담당하기도 한다. 복잡해지는 시스템 속에서 분석 능력 과 시스템 개발 및 해석 능력을 함께 가진 퀀트들의 수요가 생기는 것이 다. 각 퀀트마다 업무 강도와 연봉, 스타일, 환경 등이 천차만별이기 때문 에 퀀트를 하나로 정의하는 것은 무의미하다. 어떤 퀀트는 연구 위주로 조 용히 일을 하기도 하고, 어떤 퀀트는 하루하루 피말리는 시장에서 수익을 위해 매달리기도 한다. 필자는 퀀트 트레이더이기 때문에 퀀트 트레이더 를 위주로 소개하였지만 이제 퀀트는 하나의 거대한 분야에 가까워졌다.

퀀트의 진로

현재 국내에는 퀀트의 진로에 대한 정보가 전무한 편이다. 지금은 꽤나 다양화되었지만 당시 국내에는 퀀트가 거의 없었고 있더라도 데스크 퀀트나 리스크 퀀트 업무가 주였기 때문에 다양한 직군과 배경을 이해하기 어려웠다. 사실 해외에서도 그다지 알려지지 않은 편이었다.

컴퓨터 기술과 인공지능 그리고 고도의 수학·통계를 이용해 투자한다는 점에서 많은 사람들이 매력을 느끼고 퀀트로 진로를 정하는 추세이다. 그러나 미리 알아둬야 할 점은 '앞으로는 제임스 사이먼스나 케네스 그리핀처럼 초특급 퀀트가 되기는 어려운 시대'라는 것이다. 당시에는 알파가 도처에 있었고 시장이 전자화되기 시작하면서 모델이 정립되지 않은 때라 불균형이 이곳저곳에 존재하던 시절이다. 그러나 지금은 이러한 불균형이 수많은 트레이더에 의해 해소되었고 모델 정보 또한 논문이나 교육을 통해 널리 퍼진 상황이기 때문에 큰돈을 벌기는 힘들다. 필자가 2000년대 후반 유학생 시절에 아베크롬비 티셔츠나 트루릴리전 청바지를 한국에 가져가 팔기만 해도 약 2배의 돈을 벌 수 있었다. 그러나 지금은 운송비나 세금을 생각하면 별 차이가 없을 정도로 가격이 비슷해졌다. 시장 불균형이 해소되면서 수익 기회가 사라진 것이다. 이와 비슷하게 퀀트 또한 탁월한 데이터 분석 능력과 아이디어 없이는 쉽게 알파를 찾을 수 없는 시대가 도래했다. 물론 여전히 조 단위 연봉의 초특급 퀀트가 아니더라도 수십 억 연봉의 퀀트는 쉽게 찾아볼 수 있다.

앞서 소개한 퀀트의 직종에 따라 기술과 지식이 천차만별이지만 공통적으로 일정 수준 이상의 수학·통계 능력과 프로그래밍 능력을 필요로 한다. 간혹 프로그래밍 능력을 간과하는 사람이 있으나 이는 곧 자신의 알고리즘을 직접 개발하거나 데이터 분석을 유연하게 하는 능력이 떨어짐을 의미한다. 또한 최근처럼 복합적인 퀀트가 요구되는 시대에 퀀트 개발자의 역할도 동시에 수행해야 하는 경우가 많기 때문에 스크립팅 언어나 적어도 통계 패키지인 R, SAS 같은 언어는 익혀두어야 한다.

통계 지식 같은 경우 최소한 선형 회귀나 확률론 정도는 확실히 익혀두어야 하고 데이터에 대한 통계적 상태를 추출할 줄 알아야 한다. 데스크 퀀트처럼 파생상품 설계를 직접 하는 경우에는 푸리에 변환, 편미분 방정식, 실해석학 등 고급 수학을 요구하지만 퀀트 트레이더처럼 시계열이 더 중요한 직종 같은 경우에는 고급 수학 지식을 많이 쓰진 않는다. 오히려 데이터 분석과 관련된 지식이 더 중요한 편이다. 물론 수학 지식을 적용시켜서 자신만의 방법을 구축하는 수학 고수 퀀트 트레이더도 굉장히 많다. 다만 필수가 아니라는 것이다.

경영·재무학과나 경제학과 같은 상경계에서 퀀트를 목표로 하는 경우도 있는데 위의 이유로 복수전공이나 기술적인 부분을 바탕으로 하지 않으면 쉽지 않다. 대부분의 퀀트 채용 공고에는 '공학·과학 같은 계량적 학위를 가진 자'라고 명시되어 있다. 학위 자체를 본다기보다 계량적인 분석 경험이 있는지를 중점적으로 본다. 계량 경제나 수리 재무 쪽을 공부한 사람은 프로그래밍 능력을 배양한다면 충분히 가능성이 있다.

프로그래밍 능력과 수학·통계 능력을 기본적으로 갖추고 있다면 그 다음은 직종별 필요한 기술과 선호하는 배경이 각각 다르다는 것을 염두에 두어야 한다. 먼저 데스크 퀀트는 주로 골드만삭스, 모건스탠리, 도이치뱅크 같은 투자은행에서 주로 뽑는다. 이들은 피셔 블랙 같은 전통적인 퀀트상, 즉 물리학 박사 같은 인재를 선호한다. 파생상품 설계 자체가 블랙-숄즈를 기본으로 하며 블랙-숄즈는 브라운 운동과 확률 프로세스를 기초로 하고 있기 때문에 이를 이해할 수 있는 자연과학이나 공학 박사를 선호한다. 또한 연구 자체가 끊임없이 실험하고 탐구하는 일이며 초창기 파생상품 쪽 퀀트가 모두 박사였기 때문에 박사가 기본이 돼버린 것도 있다. 최근에는 파생상품 설계에 이공계 박사까지는 낭비라는 이야기가 흘러나오고 있어 석사도 많이 채용하는 추세이긴 하다. 학부 학위로 데스크 퀀트에 진입하는 경우는 흔치 않으나 월스트리트의 특성상 보조 업무나 다른 업무로 입사한 후 데스크 퀀트로 정착하는 일이 종종 있다.

2000년대 중반에는 파생상품의 수요가 급격히 증가해 박사만으로 데스크 퀀트를 충당할 수 없게 되고 박사 학위 자체가 길고 바로 적용하기 어렵다는 이야기가 많아지면서 각종 경영학과 공학이 골고루 좋은 학교들에서 앞다투어 금융 공학 석사 과정을 만들기 시작했다. 금융 공학은 컴퓨터 공학·통계학·금융 수학 및 재무를 융합해서 가르치는 학과로 퀀트에 필요한 지식을 속성으로 1-2년 안에 가르치는 과정이다. 편미분방정식과 확률과정, 블랙-숄즈 모델링, C++ 프로그래밍 등에 대해 가르치고 여러 은행에 데스크 퀀트로서 진입하게 되어 퀀트가 되고 싶었던 사람들에게는 좋은 투자이자 가장 빠른 루트였다. 그러나 금융 위기 이후 퀀트는 포화상태가 되고 거래량과 대우 모두 떨어지면서 금융 공학 석사 졸업생들의 취업 경쟁률이 점점 높아지고 있다. 데스크 퀀트도 포화상태여서 예전처럼 다시 박사를 더 선호하게 되었고 최근에는 금융 공학 석사를 졸업한 사람은 주로 데스크 퀀트의 보조나 리스크 퀀트, 모델 검증 퀀트로 많이 진출하는 편이다. 물론 각자의 배경과 실력에 따라 천차만별이기 때문에 일반화하기는 어렵다.

금융 공학 석사에 대해 좀 더 구체적으로 이야기해보자면 현재 금융 공학 석사로 유명한 미국의 대학에는 콜롬비아대학교, 뉴욕시립대 버룩대학교, 카네기멜론대학교, 버클리대학교, MIT, 뉴욕대학교, 코넬대학교, 시카고대학교 등이 있다. 모두 공대(혹은 수학과)와 경영학이 강한 학교들이다. 이들 학교들은 외국인 비율이 80% 이상임에도 취직률이 90%에 육박해 퀀트로 진입하기 좋은 학교라고 알려져 있다. 비록 학비가 비싸지만 월스트리트나 시카고 파생 시장에 진입할 확률이 굉장히 높기 때문에 좋은 선택이 될 수 있다. 그러나 이러한 금융 공학 석사 학위는 속성이기 때문에 전통적인 통계·공학·컴퓨터 박사에 비해 경쟁력이 떨어질 수밖에 없고 80% 이상은 데스크 퀀트나 퀀트 트레이더보다는 리스크 퀀트, 퀀트 개발자 혹은 퀀트 데이터 보조로 많이 입사한다. 이런 점을 참고해 진입이 먼저라는 생각이 들거나 프로그래밍 능력과 통계 능력이 뛰어나서 바로 수익부서 퀀트로 정착할 수 있다면 금융 공학 석사를 추천

한다. 몇몇 분들은 퀀트 트레이더나 데스크 퀀트를 꿈꿔 거금을 들여서 금융 공학 석사를 하였는데 몇 년을 보조 일만 하게 되어 다시 직업을 바꾸는 불상사가 발생하기도 한다. 그러나 일단 월스트리트에 진입하면 노력 여하에 따라 얼마든지 이직과 부서 이동이 가능하기 때문에 90% 이상의 진입률은 매력적임이 틀림없다. 이들 학교 홈페이지에 가면 취업한 회사와 업무, 연봉을 모두 적어놓은 경우가 많으니 참고하면 좋다. 졸업생 중의 10% 정도만 르네상스, 시타델, 투시그마 등 거대 헤지펀드의 퀀트 트레이더가 되는 것을 보면 실력과 운에 따라 다르다는 것을 알 수 있다. 여러 가지 이유로 퀀트를 목표로 한다면 MBA는 추천하지 않는다. 계량적인 접근을 하는 퀀트 직업 특성상 경영이나 인간 행동을 배우는 것은 크게 도움이 되지는 않는다. 그보다 머신러닝이나 시스템 개발, 통계 등을 배우는 것이 도움 된다. 실제로 머신러닝, 통계학, 산업 공학 석사를 마치고 퀀트가 되는 사례도 많다.

퀀트 개발자의 진로 또한 다변화되어서 하나로 정의하기 어렵다. 크게 두 가지로 나눌 수 있는데 연구나 시각화, 퀀트가 사용하는 각종 툴을 만들 수 있도록 돕는 개발자가 있고, 네트워크나 시스템의 속도를 높이거나 시뮬레이션 및 거래 시스템을 만드는 개발자가 있다. 전자는 다른 업계의 개발자와 일도 비슷하고 커리어 자체도 크게 다르지 않다. 자바, 자바스크립트, 파이썬 등의 언어로 퀀트의 요구에 맞게 개발하는 일이기 때문이다. 그러나 후자는 조금 더 복잡하다. 속도가 민감한 초단타매매의 개발자의 경우 C++를 주로 사용하고 최적화와 병렬 프로그래밍, 멀티

쓰레딩 등에 조예가 깊어야 하기 때문에 시스템 프로그래밍 레벨의 지식을 필요로 한다. 면접에서도 이러한 부분을 위주로 많이 보며 시뮬레이터나 거래 시스템을 개발하는 경우에는 설계 자체도 중요시해 인프라 개발 경험을 많이 보게 된다. 트레이딩을 직접 하는 헤지펀드나 초단타 트레이딩 회사가 아니더라도 거래소나 블룸버그, 거래 대행사 등 많은 곳에서 수요도 있고 상당히 고연봉이다. 퀀트 트레이더나 데스크 퀀트 중에서도 개발에 뛰어난 사람들이 많기 때문에 퀀트 개발자 일을 병행하거나 전향하는 경우도 아주 많다. 반대로 퀀트 개발자로 시뮬레이션을 하거나 거대 데이터베이스를 다루다 보면 데이터 분석에 대한 인사이트가 생겨서 퀀트 트레이더나 퀀트 애널리스트로 전향하는 경우도 있다. 퀀트 개발자를 한 뒤에 금융 지식을 배우기 위해 금융 공학 공부를 한다면 쉽게 퀀트 트레이더나 애널리스트로 전향할 수 있다. 앞으로는 시스템의 중요성이 점점 더 커지고 데이터 분석 또한 머신러닝 같은 인공지능을 이용하는 경우가 많아지기 때문에 경계가 많이 허물어질 것으로 예상된다.

퀀트 트레이더는 전략의 종류와 거래 빈도, 회사의 운영 스타일에 따라서 진로와 요구조건이 천차만별이다. 거대 퀀트 헤지펀드인 AQR, 시타델, 디이쇼, Point72, 브릿지워터, 르네상스, 투시그마 등은 장기 투자 부서와 초단타 부서가 공존하는 경우가 많다. 장기 투자 부서는 주로 증권에 대한 다양한 통계적 분석으로 짧게는 하루 이틀, 길게는 몇 달에 한번씩 포트폴리오를 재배치한다. 통계적 지식과 데이터 분석에 능한 박사급 인재나 교수들을 선호하는 편이다. 그러나 앞서 말한 것처럼 드물게 분석 능력이 뛰어난 신입이 진입하기도 한다. 이때는 주로 뛰어난 개발 능력과 통계 지식이 동반되어야 한다. 초단타매매 중심 회사인 Teza, Virtu, Jump, Hudson River, Tower Research 등은 장기 투자 회사보다 개발 능력을 훨씬 많이 본다. 주로 모든 알고리즘 프로그래밍을 스스로 해야 하는 경우가 많기 때문에 최소한 스크립트 언어 하나 정도는 자유자재로 쓸 수 있어야 한다. 장기 투자나 초단타매매 회사, 퀀트 트레이더에게 공통적으로 요구되는 요건은 수익률이다. 앞서 설명한 것과 같이 주로 샤프 지수로 표현되는 퀀트 알고리즘의 수익률을 면접 때 면밀히 검토하며 이 수익률이 자신들의 조건에 맞을 경우 고용한다. 그렇기 때문에 입사를 위해서는 이전 경력에서 수익률이 괜찮은 알고리즘을 만들었거나 최소한 자신의 시뮬레이션 시스템에서 수익률이 어느 정도 충족되어야 한다. 최근에는 구글의 데이터 과학 챌린지인 Kaggle이나 집에서도 퀀트 알고리즘을 만들어서 테스트하거나 실제 거래까지 할 수 있는 Quantopian, Interactive Brokers 등으로 경험을 쌓고 수익을 낼 수도 있으니 도전해보자.

물론 이러한 거래 알고리즘이 처음부터 생길 수는 없다. 때문에 경력이 없거나 새로 진입하려는 사람에게 몇 가지 차선책이 있다. 만약 굉장한 개발 능력과 통계 지식이 있다면 면접 시 두각을 나타내서 처음부터 새로운 알고리즘을 개발할 기회를 주는 회사도 있다. 어느 회사건 신입을 가르쳐서 새로운 알고리즘을 개발하려는 시도를 하고 있기 때문에 자신이 있다면 이러한 루트로 도전하는 것이 가장 빠르다. 다른 방법으론 퀀트 개발자나 퀀트 트레이더 보조로 입사해 데이터를 다루면서 알고리즘을 만들어나가는 것이다. 그러나 주의할 점은 보조나 개발자를 아예 다른 장소에 두거나 기회를 주지 않는 회사도 많다는 것이다. 최근에는 이러한 경계가 무너지고 있긴 하지만 미리 이러한 정보를 알아보고 다양한 기회가 있는지 살펴봐야 한다. 시카고에서 시작되어 글로벌 오피스를 열고 있는 Wolverine, KCG(구 GETCO), DRW, SIG, IMC 등의 초단타 마켓 메이킹 회사들은 주로 전략을 공유하면서 다양한 직종의 퀀트가 함께 성장하는 곳이기 때문에 신입 퀀트로 진입하기에 가장 수월하고 많이 배울 수 있는 곳이다. 다만 데이터 관리를 맡았다면 데이터 관리만, 거래 체결 업무만 한다면 체결 업무만 배우게 될 수 있고 기여도와 보너스 분배 같은 것이 명확하게 나뉘어 있지 않기 때문에 정치적인 요소를 감안해야 할 수도 있다.

수익 분배가 확실한 트레이딩 회사나 헤지펀드들은 직급이나 경력이 무의미하고 알고리즘의 수익률에 따라서 연봉을 책정한다. 때문에 20대에 파트너가 된 사례도 심심치 않게 보인다. 우리 회사에도 20대 파트너가 꽤나 있다. 아무리 경력 많고 은행에서 매니징 디렉터를 하던 사람도 수익률이 높지 않으면 바로 해고된다. 반면에 퀀트 펀드들은 경력에서 나오는 매니지먼트 능력도 중요하기 때문에 투자은행과 비슷하게 직급이 존재한다.

국내는 아직까지 퀀트 시장이 큰 편이 아니지만 2016년 알파고의 등장 이후 폭발적으로 성장 중이다. 한국은 거래소가 많지 않고 규제도 심심하기 때문에 초단타매매 쪽 회사나 기술 중심의 회사는 거의 없고 주로 장기 투자를 중심으로 하는 자산 관리사나 헤지펀드에서 퀀트 투자 열풍이 불고 있다. 그러나 아직까지 명확한 인재 채용 가이드라인 같은 것이 확립되지 않은 상태여서 퀀트라 불리는 사람들의 배경이 제각각인 실정이다.

마지막으로 퀀트의 면접을 살펴보자. 일반적으로 퀀트 면접은 기술 면접이 90%를 차지한다. 인성과 포부 등을 보기도 하지만 구글 면접처럼 기술과 알고리즘의 능력이 훨씬 더 중요하다. 주니어 레벨과 시니어 레벨의 면접 문제에도 약간 차이가 있다. 주니어 면접은 통계와 수학, 재무, 알고리즘 및 개발 면접을 주로 본다. 다음은 주니어 면접에서 주로 나오는 문제를 대략적으로 모아본 것이다.

[암산 및 수학]

"364 나누기 56은?"

"913.92의 대략적인 제곱근은?"

"3의 8제곱은?"

"88의 35%는?"

"주사위를 한 번 던지고 나서 마음에 들지 않아 두 번 던질 수 있을 때의 기대값은?" 등

암산 문제들은 주로 트레이딩 회사에서 많이 물어본다. 위기상황을 빠

르게 대처하거나 아비트라지 기회를 잡게 하려는 것으로 보인다. 데스크 퀀트나 퀀트 애널리스트에게는 많이 묻지 않는다.

처음에 수학 시험을 보는 경우도 있다. 보통은 한국인에게 그리 어려운 수준은 아니다. GRE Math 정도의 수학 문제라고 생각하면 된다. 선형대수나 미적분을 묻는 문제도 종종 등장한다.

[확률과 통계]

"동전을 계속 던졌을 때 두 동전이 연속으로 앞면이 나올 기대 시행 횟수는?"

"1,000개의 동전 중 하나가 양면이 모두 앞면인 불량 동전이 있다고 가정하자. 동전 하나를 꺼내서 10번 던졌는데 모두 앞면이었다. 이때 동전이 불량일 확률은?"

"R^2의 의미는 무엇인가? 선형 회귀에서 제곱을 이용하는 이유는?"

"5카드 포커에서 투페어가 잡힐 확률은?"

"주어진 데이터를 모델링 해보아라." 등

확률과 관련된 질문은 퀀트 면접에서 가장 많이 등장하는 문제이다. 최근에는 데이터 과학이나 머신러닝과 관련한 문제도 추가되고 있다.

[프로그래밍 및 알고리즘]

"객체 지향 프로그래밍의 개념과 여러 가지 키워드"

"자료구조와 시간·공간 복잡도"

"알고리즘 문제들"

"선형 시간 복잡도로 카드 섞기, 최단거리 구하기, K번째까지 큰 숫자 합 구하기" 등

회사마다 면접 과정이 매우 다르므로 글래스도어(Glassdoor.com) 같은 면접 문제 관련 자료를 찾아보는 것이 가장 좋다. 위의 면접 문제들은 주로 거래 경력이나 알고리즘이 없는 신입들을 위한 문제들이고 경력직 면접에는 수익 알고리즘이나 시장에 대한 질문이 추가되는 경우가 많다. 실제 시장에서 어떤 식으로 거래를 할건지 혹은 거래소와 주문 특성 등을 묻는 경우도 많다.

퀀트에 대한 오해와 진실

"퀀트는 미래를 예측한다. 퀀트는 투자계의 알파고이다."

가장 대표적인 착각 중 하나. 퀀트 투자 및 트레이딩은 인공지능 기술과 빅데이터를 이용하기 때문에 인간보다 항상 현명한 판단을 하고 심지어 인간은 모르는 진리를 볼 수 있다며 맹신하는 사람들을 쉽게 찾아볼

수 있다. 그러나 퀀트나 알고리즘은 인간이 투자나 거래를 할 때의 의사 과정을 논리화시키고 수치화된 데이터를 기반으로 분석을 통해 거래하는 것뿐이다. 퀀트 투자의 마음가짐을 소개한 책《프로야구 명감독이 주식 투자를 한다면》을 보면 스포츠에서 어느 팀이 더 강한 팀인지 정확히 분석을 하더라도 실제 경기에서는 수많은 변수로 인해 결과가 천차만별인 것처럼 애널리스트의 데이터 분석이 아무리 정확하고 타당하다 할지라도 실전에서의 다양한 변수 때문에 분석이 틀리거나 실패할 가능성이 언제나 존재하는 것이다.

제1부에서 소개한 바 있지만 에드 소프의 전략은 항상 승리하는 것이 아니라 데이터 분석을 통해 승률이 높은 베팅만 하는 것이었다. 그러나 에드 소프도 철저한 캘리 공식을 따르지 않았을 때는 실패했다. 이미 우위에 있다고 믿었던 게임에서도 철저한 베팅 전략 없이는 절대적인 승리란 없는 것이다. 하물며 항상 변화하는 시장의 생태를 분석해서 승률이 조금 더 높은 패턴을 찾았다 하더라도 이것이 무조건적인 미래를 예측한다던가 진리라고 믿는 것은 굉장히 위험한 발상이다. 퀀트 분석은 기본적으로 데이터를 좀 더 계량화되고 과학적인 방법으로 분석한다는 것 이상의 의미는 없다. 이러한 분석 결과를 패턴화해서 알고리즘으로 만드는 작업은 전적으로 퀀트의 역량에 달려있다. 이 때문에 같은 알고리즘과 기술을 이용하더라도 수익률과 결과가 제각각인 것이다. 퀀트의 역량이 부족하면 데이터에 지나치게 모델을 맞추는 오버 피팅(Overfitting) 오류나 관계가 없는 데이터를 나열해서 상관 계수가 있는 것처럼 착각하는 오류 등을 범하기 쉽다. 이는 인공지능 기술로 들어갈수록 심화된다.

머신러닝으로 학습된 알고리즘 자체가 내부적으로 통계적 오류를 가지거나 편향된 데이터로 학습했을 수도 있기 때문이다.

데스크 퀀트는 파생상품이나 복잡한 금융 거래를 분석해 가치와 흐름을 찾는 일이므로 미래 예측보다는 가치 판단에 더 가까운 일을 한다. 알고 트레이더나 마켓 메이킹 전략을 구사하는 퀀트 트레이더는 싸게 사서 마진을 붙여 파는 전략을 이용하기 때문에 미래 예측보다는 재고 관리와 단기적 수요 공급 차이를 분석하는 전문가이다. 그렇기 때문에 퀀트라고 해서 미래를 백퍼센트 예측한다거나 무조건적인 고수익률을 보장한다고 맹신해서는 안 된다.

"퀀트는 슈퍼컴퓨터를 이용해 개미를 잡아먹는 악이다."

플래시 보이즈 사태로 미국에서 논란이 되기도 했다. 책《플래시 보이즈》의 핵심은 고속 인공지능과 나노초급으로 받는 주가 정보력으로 개미들의 시장을 공격한다는 것이다. 실제로도 있었던 일이기에 틀린 말이 아닐 수도 있다.《플래시 보이즈》에서 문제가 된 초단타매매의 행위에는 레이어링(Layering), 스푸핑(Spoofing), 뱅잉(Banging), 조작(Manipulation) 등이 있다. 레이어링은 매수를 싸게 하기 위해서 허위 매물을 싸게 내놓았다가 다른 거래자들이 이를 보고 비슷한 가격에 시도할 때 재빨리 취소하는 행위이다. 스푸핑은 비슷하게 끊임없이 주문을 올렸다 취소했다를 반복하면서 마치 시장이 어떠한 트렌드에 있는 것처럼 허위로 보이게 하는 행위이다. 뱅잉이나 조작은 연결돼있는 증권을 가지고 있을 때 한 쪽을 조작해 나머지에서 더 큰 이익을 얻는 행위이다. 이 모든 초단타 거래 행위들은 모두 불법이 되었고 증권거래위원회의 철저한 감사를 받는다.

정보의 불균형을 이용한 기관들의 부당한 이익 취득은 항상 있었다. 영화 〈더 울프 오브 월스트리트〉에서처럼 초저가 주식들을 사기 쳐서 고가에 판매하는 행위나 내부 정보를 이용해서 선행 매매를 하는 내부자 거래, 작전이라 불리는 주가 조작으로 부당 이득을 취하는 것들이 대표적이다. 감사기관들이 이러한 행위를 더욱 철저히 감시하고 예방하는 것이 유일한 대안이다. 2008년 금융 위기와 2014년 플래시 보이스 사태로 증권거래위원회에서는 복잡한 알고리즘과 파생상품 설계에 대한 이해도가 높은 리스크 퀸트가 새로이 생겨나 불법적인 행위를 감시하고 있다.

퀸트는 오히려 개인 투자자, 즉 개미들과 공생관계에 있다. 초단타 거래자들은 일시적인 불균형을 찾아 안정화시키는 대가로 돈을 버는 전략을 사용하면서 지난 10년간 1달러에 가까웠던 주식 거래 스프레드 혹은 수수료가 1센트까지 100배 가까이 떨어졌다. 예전에는 브로커를 통해 거래해야 했기 때문에 수수료를 비싸게 냈고 정보의 비대칭성도 많았지만 퀸트들이 그러한 비밀스러운 정보를 재빠르게 잡아내 이익을 얻고 시장을 효율적으로 만들어 정보의 불균형을 어느 정도 해소하는 역할을 하기 때문이다.

줄어드는 수수료와 스프레드

출처: Credit Suisse Trading Strategy

　물론 정보의 일시적 불균형을 이용해 단타매매를 하던 개미들의 수익은 대부분 알고리즘과 고속 인공지능에게 넘어간 것은 사실이다. 그러나 대부분의 개인 투자자들이 주식에 장기적으로 투자하는 가치 투자자인 것, 수동 거래자인 것을 생각하면 오히려 공생관계에 가까운 것이다. 정보의 비대칭성 때문에 자신들의 분석 정보와 다른 방향으로 움직이는 것을 줄여주고 스프레드와 위험성 또한 낮추는 역할을 할 수 있다. 팩터 분석이나 데이터 분석으로 미래를 예측하려 하는 퀀트 투자와 개미들의 관계 또한 경쟁과 공생에 모두 해당된다고 볼 수 있다. 앞으로는 데이터를 기반으로 한 투자 결정 또한 개미들의 필수 소양이 될 것이고 이러한 플랫폼을 제공하는 도구로서의 역할을 퀀트가 수행하게 될 것이다. 여전히 펀더멘탈 투자나 가치 투자 및 자산 관리 분야에서 인공지능이나 알고리즘 투자는 걸음마 단계이기 때문에 개미들의 수익을 뺏는 것은 아니다. 오히려 개인 투자자들이 기술과 데이터를 적극 이용해 시장을 이기는 투자로서 원동력 삼을 수 있는 시대가 오고 있다.

> "퀀트 투자나 일반 인덱스 투자나 수익률 차이가 크지 않다.
> 퀀트는 허상이거나 사기 아닌가?"

두 가지 측면이 있다. 지금 이 책을 읽는 사람도 통계 패키지나 컴퓨터 시뮬레이션을 이용해서 시중에 나와있는 논문이나 알고리즘 몇 개를 시도해보면 금방 패턴을 찾고 페이퍼상으로 굉장한 수익을 낼 수 있을 것이다. 그만큼 시장에는 여전히 많은 패턴이 있고 구조상으로 이루어지는 불균형이 있다. 그러나 이를 실행하다 보면 이러한 수익을 얻는 것이 쉽지 않다는 것 또한 알 수 있다. 일반적인 수동 거래와 다르게 퀀트 트레이딩을 위해서는 고가의 장비와 거래 회선이 필요하고 이를 유지할 프로그래머나 네트워크 전문가도 필요하다. 게다가 이러한 패턴을 유지시키고 지속적으로 설정을 업데이트하기 위해서는 잘 정제되어 있는 데이터가 필요한데 관련 비용이 만만치가 않다. 게다가 잦은 거래에서 나오는 수수료까지 포함하면 발견한 패턴으로 인한 수익이 거의 나지 않거나 심지어 손실을 얻는 경우가 많다. 들어가는 기초 비용이 너무 높기 때문에 퀀트 트레이딩으로 수익을 내기 위해서는 일반적인 투자로 벌 수 있는 승률보다 훨씬 높아야 한다. 이 때문에 최근에는 여러가지 패턴과 알파를 섞어서 신호를 강화시키거나 거래 수수료를 최소화시키는 방법이 필수이다.

또한 모델링과 통계 분석의 태생적 한계에 기인한 것도 있다. 과거 데이터를 가지고 미래를 예측하려다 보니 언제나 확률 과정을 동반한다. 무조건적인 수익이라는 것도 존재하지 않는다. 그러므로 언제나 철저한 관리와 시장에 대한 끊임없는 조절 그리고 철저한 원리 이해가 필요하다. 예를 들어 승률이 51%인 퀀트 투자 전략이 있는데 4번 연속 손실을 입었다고 해서 전략을 폐기하면 영영 그 우위를 실현할 수 없게 된다. 이 때문에 모델과 분석 방법, 알고리즘이 널리 알려진다 하더라도 모두가 같은 수익을 얻지는 못한다.

경쟁이 심화되고 장비들이 고급화되면서 수익을 얻기 힘들어져 일반 패시브 인덱스 펀드보다 못한 경우가 많아지고 있다. 그러나 퀀트가 찾아낸 패턴이나 분석들이 허구라는 것을 의미하진 않는다. 다만 그 알파가 비용을 감당할 정도로 틈이 넓지 않기 때문에 적절한 수위의 수익이 나지 않는 것일 뿐이다. 이를 해결하기 위한 퀀트들의 노력은 다음 장에서 다뤄보도록 한다.

제2장

퀀트의 미래

❚❘ 한계에 다다른 초고속 시대

　　　　　2000년대 중반부터 현재에 이르기까지 퀀트 업계는 그야말로 속도 전쟁이었다. 다른 시장 참여자보다 빠른 속도와 낮은 지연시간은 곧 돈이었다. 1등이 모든 수익을 독식하는 구조였다. 2등으로 정보를 얻고 거래에 참여해봤자 불균형은 가장 빠른 알고리즘의 손에 모두 넘어간 뒤였다.

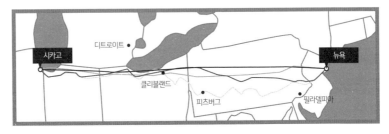

──────── 기존 케이블: 시카고-뉴욕 간 왕복 약 14.5밀리초,

──────── 스프레드 네트웍스선: 시카고-뉴욕 간 왕복 약 13.1밀리초

──────── 맥케이브라더스선: 시카고-뉴욕 간 왕복 약 9밀리초

──────── 트레이드웍스선: 시카고-뉴욕 간 왕복 약 8.5밀리초

초단타매매 퀀트 회사들은 1등이 되기 위해 다양하게 시도했다. 그 중에서도 차액을 많이 낼 수 있는 가능성은 시카고와 뉴욕 사이의 통신을 빠르게 연결하는 것이 가장 높았다. 그들은 기존의 기차 선을 따라 설치된 1,000마일 정도의 광 케이블을 새로 설치하기로 하였다. 기존의 케이블(──)을 이용하면 시카고에서 뉴욕까지 왕복 14.5밀리초(ms, 0.00초) 정도 걸렸다. 이 케이블은 대도시였던 필라델피아와 피츠버그를 경유해 지나가므로 뉴욕에서 시카고까지 직선거리인 730마일보다 훨씬 길었다. 속도 전쟁에서 승리하기 위해 알고리즘 트레이딩 회사들은 스프레드네트웍스(Spread Networks)라는 새로운 통신선(──)에 투자하였다. 필라델피아나 피츠버그를 경유하지 않고 산에 터널을 파거나 호수에 다리를 놓으면서까지 직선거리를 유지해 광 케이블을 매설하였다. 산과 강을 건너야 하는 이 작업은 굉장히 복잡하고 어려워서 스프레드네트웍스선을 설치하는 데만 8,000만 달러가 투자되었다. 그러나 알고리즘 트레이딩 회사들은 이런 거금을 망설이지 않고 투자하였으며 심지어 일반 업체들은 사용하지 못하도록 사용료를 올려서 받자는 제안까지 하였다. 그만큼 빠른 속도가 주는 이점은 엄청난 것이었다.

2010년에 완공된 스프레드네트웍스선은 825마일 정도로 시카고-뉴욕 왕복 약 13.1밀리초가 걸렸다. 1.4밀리초를 더 빠르게 하기 위해서 엄청난 대공사를 한 것이다. 일반인은 눈도 깜짝하기 어려울 정도로 짧은 시간이지만 알고리즘들과 인공지능에겐 모든 데이터를 처리하고 결정 내리기에 충분한 시간이다. 여기서 멈추지 않고 거래 서버 자체를 조금이라도 거래소와 가까이 위치시켜 거래소와 서버 사이의 지연시간을 최대한 줄이고자 노력하였다. 거래소는 이러한 수요를 인지하고 거래소 안에 가까운 자리부터 비싼 값으로 임대해주는 코로케이션(co-location) 서비스를 시작하였다. 속도에 민감한 알고리즘들은 비싼 값을 주더라도 거래소와 가장 가까운 자리에 자신들의 인공지능을 위치시켰다.

그렇게 속도 경쟁이 심화되자 초단타매매자들은 땅에서 벗어나 하늘에 관심을 가지기 시작했다. 유선 통신은 땅에 붙어가야 하므로 한계가 있었다. 광 케이블은 케이블에 빛이 반사되며 지연 시간이 조금씩 생길 수밖에 없는 구조다. 그러나 무선 통신은 장애물 없이 갈 수 있으므로 더 빠를 것이라는 계산이었다. 이들은 주파수가 큰 마이크로파를 공중에 쏘아 시카고와 뉴욕 사이를 직접 통신하는 방식을 연구하였다. 마이크로파는 위성통신이나 레이더에도 쓰이는 전자파인데 주파수가 크고 파장이 짧아서 빛과 같이 직진하는 성질을 가지고 있다. 맥케이브라더스(McKay Brothers)(一)라는 회사는 2012년 여름에 마이크로파 통신을 위해 20개의 송신탑을 직선 거리에 가까운 744마일에 걸쳐 시카고와 뉴욕 사이에 설치하고 통신을 개시했다. 이 획기적인 통신 기술로 왕복 데이터 전송 시간이 9밀리초까지 줄어들었다. 하지만 공중에서 통신하기 때문에 날씨의 영향을 받는다는 단점이 있었다. 날씨가 좋지 않은 날에는 통신 손실도도 높아지고 지연시간이 길어져서 기존의 유선 통신을 보조 통신선으로 사용해야 했다. 필자가 일했던 헤지펀드에서는 날씨가 좋지 않은 날엔 일부 초고속 알고리즘 거래를 중지하면서 화창한 날씨를 기다리기도 했다. 또한 마이크로파는 용량이 적어서 많은 정보를 담기가 힘들었다.

마이크로파 통신으로 속도가 더욱 빨라졌지만 여기서 경쟁을 멈추지 않았다. 트레이드웍스(Tradeworks)(—)라는 회사는 맥케이브라더스보다 더 빠른 마이크로파 통신을 위해 송전탑 배치를 더욱 효율적으로 바꿔 15마일 정도 단축시키고 통신 방식도 최적화시켰다. 이로써 트레이드웍스의 통신은 맥케이브라더스보다 0.5밀리초 줄여 왕복 데이터 전송 시간이 8.5밀리초가 되었다. 그들은 0.5밀리초 우위를 원하는 회사들에게 프리미엄 서비스로 1년에 25만 달러, 약 2억 8천만 원 가량의 사용료를 받았다.

이렇게 통신 속도 경쟁은 물리적 한계에 도달하면서 제로를 향한 레이스(Race to zero)라는 이름이 붙여졌다. 결국 이들의 목표는 빛의 속도와 차이가 없는(Zero) 통신인 것이다. 2014년에 아노바테크놀로지^{Anova Technologies}라는 회사가 이러한 시도를 위해서 마이크로파보다 더욱 빠르고 빛의 속도에 가까운 군사용 레이저를 도입하기로 했다. 이들은 먼저 뉴저지 주에 있는 뉴욕증권거래소(NYSE) 데이터 센터와 나스닥(NASDAQ) 데이터 센터를 레이저로 연결하였다. 두 센터의 거리는 $56km$ 정도인데 그 사이에 있는 고층 건물에 레이저 장비를 달아서 통신하려고 한다. 결과가 성공적이면 레이저로 모든 거래소를 연결할 것이라고 한다. 그러나 마이크로파 통신도 이미 빛의 속도에 근접하였기 때문에 레이저가 성공적으로 도입된다고 해도 아주 미미한 1밀리초 이하의 속도 향상만 있을 것이라고 예상한다. 그렇지만 레이저는 날씨의 영향이 없고 용량이 높으므로 조금이라도 빠른 속도와 우위를 선점하기 위해 경쟁을 멈추지 않고 있다.

2016년 시타델, 버투파이낸셜, 점프트레이딩 등이 합작하여 'Go West'라는 프로젝트를 발표했다. 아시아에서 가장 큰 시장이자 세계에서 손꼽히는 일본과 시카고를 연결하기 위해 마이크로파 송신탑을 시애틀까지 직선으로 설치한 뒤 해저 케이블을 이용해 둘을 연결하는 프로젝트이다. 국가 간 거래소를 초고속 통신으로 연결하려는 이 프로젝트는 이전엔 거의 없었던 시도이다. 시카고-뉴욕, 캔자스-뉴욕 혹은 프랑크푸르트-런던 같은 시도는 많았지만 대륙 간의 연결은 바다를 통과해야 해서 쉽사리 시도하지 않았던 영역이다. 게다가 상대적으로 기회가 적어 시도하지 않았던 환율이나 상품 등에도 알고리즘 트레이딩의 속도 전쟁이 시작되었다는 것을 의미하기도 한다.

마이크로파와 레이저 기술로 통신은 물리적 한계에 도달했다. 거래소 간의 거리는 줄일 수 없고 통신 속도는 빛의 속도의 99.9%에 도달하였다. 결국 퀀트 알고리즘들의 속도 경쟁은 통신이 아닌 데이터 처리 속도와 알고리즘이 얼마나 똑똑한지에 결정되기 시작했다. 이들은 속도 처리를 늘리기 위해서 고급 소프트웨어 엔지니어와 회로 전문가들을 고용했다. 그들은 FPGA(Field Programmable Gate Array)라는 칩을 도입했다. FPGA는 설계와 프로그래밍이 가능한 회로이다. 일반적으로 칩은 용량도 작고 유연하지 못해 CPU나 메모리상으로 먼저 이동시킨 뒤에 계산했었다. 그러나 FPGA를 사용함으로써 서버로 데이터를 전송하지 않더라도 통신 회로상에서 바로바로 계산할 수 있게 된 것이다. FPGA는 2011년경부터 월스트리트에서 각광을 받아 많은 회사들이 도입해 데이터 처리 시간을 줄였다. 거래소에서 오는 시세 정보를 해석해서 반응 속도를 높였는데, 이는 소프트웨어상으로 처리하는 것보다 최소 4배, 최대 10배까지 빨라졌다.

2016년 호주의 메타마코^{Metamako}라는 회사는 4나노초(ns, 0.000000001초) 만에 정보를 받아서 서버로 보내는 네트워크 스위치를 개발하였다. 이들은 자신들의 스위치를 이용하면 시세 정보를 받아들이고 이를 처리한 뒤 다시 주문을 보내는 데까지 85나노초면 된다고 설명했다. 85나노초는 번개가 50cm, 총알이 0.13mm밖에 갈 수 없는 찰나의 시간이다.

하드웨어뿐만 아니라 알고리즘 최적화에 능한 소프트웨어 엔지니어들도 대거 채용했다. 구글과 아마존 등에서 소프트웨어 엔지니어들을 공격적으로 데려오고 각종 공대에서 유망한 엔지니어들을 모집했다. 투시그마는 2015년 구글의 부사장인 알프레드 스펙터$^{Alfred\ Spector}$를 CTO로 고용하였고 브릿지워터 어쏘시에이트$^{Bridgewater\ Associate}$는 2012년 IBM의 슈퍼컴퓨터 왓슨의 책임자 데이비드 페루치$^{David\ Ferrucci}$를 고용하였다. 이런 소프트웨어 엔지니어들은 그래픽 카드를 이용한 병렬 처리, 복잡한 데이터의 효율적 관리, 알고리즘 속도 개선 등 다양한 부분에서 소프트웨어적 속도 향상을 위해 노력하였다.

네트워크의 속도는 한계에 다다랐으므로 받는 거대한 시세 정보를 바탕으로 계산 알고리즘을 빠르게 시행하는 것이 중요해졌다. 그렇기 때문에 알고리즘의 처리 과정에 군더더기가 없도록 최적화시켜주는 것은 당연하다. 기업들에서는 문제해결에 능하고 더 빠른 해결법을 찾는데 능숙한 인재들이 모여있는 구글 코드잼이나 ACM-ICPC 같은 알고리즘 대회에 찾아가서 고급 인력을 데려오기도 하였다.

르네상스테크놀로지는 2016년 2월에 원자 시계를 이용한 트레이딩 전략에 대한 특허를 발표했다. 제임스 사이먼스의 후계자인 로버트 머서와 피터 브라운에 의해 개발된 이 기술은 각 거래소에 있는 서버들의 시간이 동기화되는 오차마저 줄이기 위해 원자 시계를 도입한 것이다. 캔자스와 시카고, 뉴욕 등 거래소 간의 시간을 동기화하기 위해서는 약간의 시간이 필요했고 종종 미세한 오차가 나기도 하였다. 물론 이 오차는 몇 나노초밖에 되지 않았다. 그러나 이렇게 되면 거래소마다 동시에 보내야 하는 거래들 간의 시간차가 생기고 곧 알고리즘들의 먹잇감이 되었다. 이를 막기 위해 도입한 기술인 것이다. 이렇게 퀀트 트레이딩 회사들의 기술 진보는 극에 달하고 있었다.

속도 경쟁도, 소프트웨어 최적화도 가능한 한 거의 모든 방법으로 이루어지고 있다. 2017년 알고리즘 트레이딩이 전체 시장의 80% 가까이 차지하면서 속도상 우위를 점하기가 점점 더 어려워지고 조금이라도 더 빨라지기 위해서는 천문학적인 돈을 투자해야 하는 단계에 이르렀다. 이제는 새로운 트레이딩 회사들이나 퀀트 펀드들이 새롭게 진입하기는 어려운 구조가 되었다.

초단타매매를 중심으로 하는 회사들의 수익성은 급격히 떨어졌다. 도이치은행보고서[15]에 의하면 2009년에 7.2조 가까이 하던 초단타매매 수익이 2014년엔 1.3조로 대폭 줄어들었다. 강화된 규제와 정체된 거래량 그리고 무엇보다 치열한 경쟁 때문에 수익성이 떨어진 것이다.

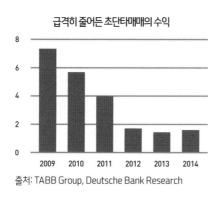

급격히 줄어든 초단타매매의 수익

출처: TABB Group, Deutsche Bank Research

어떤 사람들은 지나치게 빨라진 속도 때문에 일반 투자자에게 심각한 불이익이 작용하지 않는가 하는 우려도 있다. 그러나 반대다. 이전에 비해 회사들이 속도적 우위를 점하기에 갈수록 더 어려워지고 결국 물리학적 한계에 가까운 속도로 모두가 평준화될 것으로 예상된다.

---

15) https://www.dbresearch.com/PROD/DBR_INTERNET_EN-PROD/PROD0000000000406105/
   High-frequency_trading%3A_Reaching_the_limits.pdf

█▆ 인공지능과 머신러닝의 시대

2016년 이세돌 9단과 바둑 인공지능 알파고의 대결에서 알파고가 승리하면서 온 세상이 들썩였다. 구글의 주가는 단번에 10% 상승하였고 기업가치를 무려 58조나 상승시키는 효과를 가져왔다. 그동안 먼 훗날 이야기인 줄로만 알았던 인공지능 기술이 눈앞까지 와있다는 것을 실감한 기업들은 앞다투어 인공지능 기술을 모든 문제해결에 도입하고 홍보하였다.

여기서 인공지능의 정의에 대해 다시 한 번 짚고 넘어가보자. 인공지능이란 사람의 손을 거치지 않고 판단을 내리며 실행에 옮기는 프로그램을 말한다. 퀀트들은 컴퓨터가 등장한 초창기부터 이러한 인공지능을 이용해 자동으로 증권의 가격을 계산하고 예측하며 거래하였다. 이러한 인공지능의 가장 큰 장점은 감정기복 없이 주어진 로직과 데이터에 의해서만 거래한다는 점이다. 물론 단점도 있었다. 위기 상황에서 유연하게 대처하지 못하였고 인간이 끊임없이 알고리즘을 업데이트시켜주어야만 현재 시장에 맞게 적응할 수 있었다.

그러다 2000년대 후반부터 급격히 재조명된 인공지능 기술이 있다. 바로 머신러닝(Machine Learning, 기계 학습) 기술이다. 머신러닝은 기존의 통계적 모델링 방법과 다른 방식의 접근법이다. 기존의 규칙 기반 통계 모델링 방법은 먼저 인간이 가설을 세운 다음 이를 통계적으로 검증해서 예측 모델을 만드는 방법이었다. 뱀버거가 사용했던 방법인 통계적 차익거래 모델의 경우 기존 데이터를 보고 펩시와 코카콜라 주가 사이에 관계가 있다고 가정한 뒤 데이터를 통해 검증한 것이다. 그러나 머신러닝 방법은 거꾸로 데이터셋을 끊임없이 알고리즘에 집어넣어 학습시킨 다음 거기에서 패턴을 찾는 모델링 방법이다. 이는 거대한 데이터를 처리하는 데에도 강력한 방법이었고 사람이 쉽게 찾을 수 없는 패턴이거나 간단하게 정의하기 어려운 규칙들을 찾아낼 수 있는 획기적인 기술이었다.

머신러닝은 어떤 원리로 학습을 하는 것일까? 가장 널리 이용하는 효과적인 방법이 뇌의 인지 구조를 본떠서 만든 인공 신경망 기술이다. 인공지능의 발전과정을 통해 머신러닝이 어떤 식으로 생겨나게 되었는지 알아보자.

필자의 고등학생 시절인 2000년대 초반 카이스트 컴퓨터공학과에서 중고등학생들을 모아서 여러 가지 활동을 하는 캠프에 참여한 적이 있다. 하루는 '뿌요뿌요'라는 게임의 인공지능을 만들어서 상대편 프로그램과 대결을 펼친 뒤 가장 잘하는 사람에게 상을 주는 이벤트가 있었다. 뿌요뿌요는 테트리스와 비슷하지만 4개의 같은 색깔 블록이 모이면 터지고 연쇄적으로 터트리면 상대방에게 공격이 가해지는 간단한 퍼즐게임이었다.

연쇄를 많이 할수록 많은 공격을 가하지만 블록을 너무 쌓다 보면 죽을 위험이 있기 때문에 나는 간단하게 3연쇄를 할 수 있는 모양으로 쌓고 터트리고를 반복하는 프로그램을 만들어 출전하였다. 하지만 빈 공간이 많을 때에도 3연쇄만 하였고 당장 죽기 직전에도 3연쇄를 하려다가 패배하기 일쑤였다. 가장 큰 문제는 같은 프로그램으로 10번을 돌리든 100번을 돌리든 똑같은 모양으로 쌓고 똑같이 패배하였다. 나는 빈 공간이 적으면 일단 빈 공간을 만들라는 식으로 프로그램을 고쳤다. 조금 나아지긴 했지만 다른 상황에서 현명하지 못한 움직임을 하고 패배하였다. 초창기 인공지능은 이런 식으로 일일이 조건을 하나하나씩 프로그래밍해 만들었었다. 하지만 모든 조건을 이렇게 일일이 추가할 수도 없고 정확도도 떨어졌다.

그러다 컴퓨터의 성능이 점점 좋아지면서 조건을 하나하나 추가하는 대신에 가능한 한 모든 경우의 수를 체크해보고 그 중 최선의 결과를 선택하는 방식이 나타나게 된다. 전 세계 체스 챔피언이 패배하면서 큰 충격을 주었던 1997 IBM의 슈퍼컴퓨터 딥블루 또한 이런 방식으로 만들어졌다.

모든 경우의 수 중에서 최선을 선택하는 컴퓨터를 무슨 수로 이길까? 마치 계산기와 암산 천재를 두고 계산 대결하는 것과 비슷하다. 컴퓨터의 빨라진 계산 속도와 여러 가지 알고리즘으로 IT 업계는 비약적인 발전을 이룩하게 된다. 금융계나 과학계에서도 다양한 경우의 수를 최대한 계산해 최선의 선택을 하는 인공지능을 만들어서 이용하였다. 특히 확률이 들어가 있는 문제에 대해서도 각각 경우에 따른 분포를 최대한 계산해 최선의 선택을 하는 몬테 카를로 시뮬레이션(Monte-Carlo Simulation)은 결과가 불확실한 사건에 대한 경우의 수도 계산할 수 있게 만들어 천체 움직임, 분자 운동, 블랙-숄즈와 파생상품의 가격 변화 등을 계산하는 인공지능을 만들 수 있게 되었다. 하지만 모든 경우의 수를 계산하는 프로그램에도 여러 가지 문제가 있었다. 먼저 답이 없는 문제는 풀수가 없다. 그리고 경우의 수가 너무 많은 경우에는 이 방법을 쓸 수가 없었다. 이미지 및 음성 인식, 번역기, 스팸 메일 필터링 등이 이런 유의 문제이다. 만약 고양이 사진을 구분하는 인공지능을 만든다고 가정해보자. 털이 있고 다리가 네 개면 고양이일까? 같은 고양이라도 자세나 사진 각도가 제각각일 것이다. 프로그램이 모든 경우의 수를 다 체크할 수 있을까? 스팸 메일을 구분한다고 해보자. 특정 이메일 주소로 오는 메일만 필터링하면 될까? 특정 단어를 필터링하면 될까? 교묘하게 필터링을 피한 메일은 어떻게 구분할까? 인간이 도저히 명확하게 정의할 수 없는 문제였다. 바둑도 마찬가지다. 바둑의 경우의 수는 우주의 원자수보다 많아서 모든 경우의 수를 다 계산하려면 현재 컴퓨터로 10^{111}년이 걸린다고 한다. 체스 인공지능인 딥블루의 방식으로 바둑 인공지능을 만들면 아마도 인류가 멸망할 때까지 한판도 못 둘 것이다.

과학자들은 컴퓨터와 다르게 모든 경우의 수를 계산하지 않고 답이 없는 문제도 쉽게 판단하는 인간의 뇌에 대해 궁금해하기 시작했다. 인간은 고양이 사진을 다른 사진과 쉽게 구분하고 메일을 보고 스팸인지 아닌지 단번에 알아본다. 여러 가지 자극과 그에 따른 뇌의 반응을 관찰하며 연구한 끝에 뇌에 있는 세포인 뉴런이 촘촘히 망을 형성해 지적 능력을 가지게 된다는 사실을 밝히게 되었다.

이 뉴런은 어떤 자극을 받았을 때 일정 수치(역치)를 넘어서면 시냅스를 통해 다음 뉴런에게 화학 신호를 보내는 역할을 한다. 그러면 다음 뉴런이 이전 뉴런들에게 받은 신호들을 합쳐서 역치 이상이면 또다시 다음 뉴런에게 보내게 된다. 뉴런마다 역치가 다르기 때문에 정보가 되고 이러한 프로세스를 통해 마지막에 나온 결과로써 판단하게 된다. 이러한 구조에 영감을 받아서 1940년경에 인공 신경망이라는 알고리즘이 등장한다. 인공 신경망도 뇌의 뉴런과 비슷한 '퍼셉트론'이라는 유닛을 만들어 입력이 일정 수치(역치) 이상이면 1을, 아니면 0을 출력하게 만들었다.

이론상으론 어렵기 때문에 예를 들어보자. 부리와 날개가 있는지 없는지 여부를 가지고 입력한 동물이 조류인지 아닌지 체크하는 인공 신경망을 만들어보자. 데이터는 다음과 같다고 하자. 1은 참이고 0은 거짓을 표현한다.

	날개	부리	조류
비둘기	1	1	1
참새	1	1	1
파리	1	0	0
오리너구리	0	1	0

먼저 간단하게 3개의 뉴런으로 신경망을 구성한다. 각 뉴런의 역치는 1

이라고 가정하자.

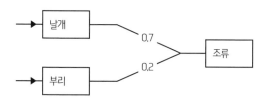

　뉴런과 뉴런 사이 시냅스 가중치(weight)는 처음에 무작위로 설정했다. 여기서는 0.7, 0.2이다. 현재로는 제대로 된 조류 판단을 하지 못한다. 실제로 그런지 데이터를 입력해보자.

　비둘기 데이터인 날개 1, 부리 1을 넣어보았다. 가중치인 0.7과 0.2를 곱해서 합이 0.9가 된다. 이는 역치 1보다 작기 때문에 아무 신호도 보내지 않는다. 결국 비둘기 데이터를 넣었더니 조류가 아니라고 나왔다! 비둘기는 새가 아니었던 것이다. 이렇게 데이터와 다른 결과가 나오면 가중치를 수정해준다. 1이 나와야 하는데 0이 나왔으므로 가중치들을 증가시켜준다.

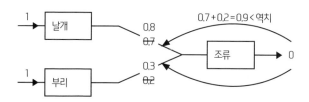

　만약 가중치가 1.0, 0.4인데 파리가 들어온다면 어떨까?

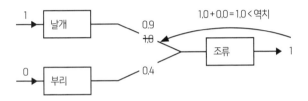

날개가 1이고 부리가 0인 파리가 들어오면 조류가 아니라고 출력해야 하는데 조류라고 출력했다. 이러면 날개의 가중치를 줄여준다. 이런 식으로 기존의 데이터를 통해 가중치를 수정하면서 원하는 결과를 찾는 단계를 학습이라고 한다. 프로그래머가 직접 수정하지 않고 데이터를 기반으로 알아서 수정하기 때문이다.

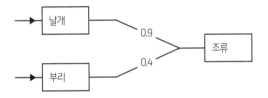

이렇게 벌써 첫 인공지능을 만들었다. 최종적으로 만들어진 신경망은 파리를 입력하든 오리너구리를 입력하든 조류를 제대로 구분할 수 있다. 심지어 모르는 동물을 입력하더라도 판단과 예측을 할 수가 있다. 이런 신경망의 뉴런의 개수가 많아지고 복잡하게 연결되면서 복잡한 데이터도 인식하고 판별할 수 있게 되는 것이다.

사실 이 신경망 이론은 1940년에 제안되긴 했지만 실제로 널리 퍼진 것은 2000년대 이후다. 많은 수의 뉴런을 학습시키고 복잡한 신경망을 구축하기엔 컴퓨터의 성능이 턱없이 부족했고 데이터를 구하는 일도 만만치 않았기 때문이다. 하지만 컴퓨터의 성능이 좋아지고 스마트폰과 데이터의 홍수 속에 살아가면서 머신러닝과 인공 신경망 알고리즘이 다시 주목을 받게 되었다. 인공 신경망이 발전에 발전을 거듭해 다양한 버전이 나오기 시작했는데 그중 인간이 데이터의 특징, 즉 위에서 부리, 날개와 같은 것들을 지정해주지 않고 데이터 안에서 알아서 찾게 만든 버전이 바로 요즘 가장 핫하다는 '딥러닝(Deep Learning)'이다.

위에서 말한 고양이 사진을 무작위로 계속 입력시키면 고양이 사진들의 특징들을 추출해서 그에 맞는 가중치를 가지는 신경망을 형성한다는 것이다. 이렇게 데이터 패턴을 추출하는 머신러닝의 강점을 이용해 페이스북 얼굴 인식, 스팸 메일 구분, 신용카드 사기 방지, 자동 운전, 범죄 예방 등 여러 가지 문제에 적용해서 해결하기 위해 노력하고 있다.

금융계, 특히 퀀트 분야는 사실 이런 부분에서 선구자였다. 속도와 지연시간 전쟁에서 한계를 느낀 퀀트들은 새로운 패턴을 찾기 위해 머신러닝을 이용하기 시작했다. 사이먼스는 이미 1990년대부터 음성 인식과 암호 해독 머신러닝 기술을 변형해 금융시장의 패턴을 찾는 데 이용하였다. 이외에도 수많은 트레이딩 회사들이 2000년대 후반부터 각종 시장 데이터인 가격, 거래량, 시간 등을 입력해서 시장의 움직임을 학습시키고 이 모델을 이용해서 거래하려고 하였다.

그러나 초창기 머신러닝 모델을 이용한 퀀트 알고리즘은 한계가 있었다. 인공 신경망을 이용한 머신러닝 기술을 투자에 이용하려다 보니 크게 두 가지 문제가 있었다. 하나는 데이터 편향성 문제이다. 통계적 모델링과 비슷한 문제점인데 애초에 신경망으로 학습한 데이터가 과거 데이터이다 보니 과거 데이터에 맞춰서 학습한 모델을 가지고 미래를 예측하려는 것이다. 이는 과거에 일어나지 않았거나 과거에 지나치게 잘 맞았던 패턴들에 의존한다는 경향이 있다. 인공 신경망 학습은 '분류(Classification)'에 특화돼있는 알고리즘이다. 각 패턴마다 매수를 해야 할지 매도를 해야 할지 분류해야 하는데 음성 인식이나 스팸처럼 답이 확실한 지도 학습(Supervised Learning)인 경우에는 이를 확실하게 학습시킬 수 있지만 매 순간 매수냐 매도냐 최선의 선택을 해야 하는 트레이딩의 특성 상 신경망으로 완벽한 예측 모델을 만드는 데에는 한계가 있었다.

또한 인공 신경망으로 학습된 결과 자체가 어떤 경제적·논리적 인과 관계를 가지고 판단하는지 알 수 없다는 치명적인 단점이 있었다. 신경망에 데이터를 입력해서 학습시키면 수많은 뉴런들과 가중치들의 조합들이 나오는데 이것만 이용해서는 어떠한 규칙을 가지고 판단하는지 알 수가 없다. 스팸 필터를 하거나 얼굴 인식을 하는 경우에는 신경망이 어떤 로직을 통해서 인식하였는지 알지 못해도 충분히 활용이 가능하였다. 인간이 친구의 얼굴을 인식할 때에도 '이 사람은 눈이 크고 인중이 넓기 때문에 내 친구인 철수이다'라고 생각하면서 인식하지 않기 때문이다. 그러나 트레이딩은 다르다. 직접적인 투자를 하기 때문에 어떠한 인과관계를 통해서 이러한 패턴으로 판단하고 투자하는지 알지 못하면 커다란 사태로 이어질 수도 있다. 《월스트리트의 괴짜들(Nerds on Wall Streets)》의 저자 데이비드 라인베버David Leinweber는 데이터를 잘못 가공하면 치명적인 결과로 이어질 수 있다고 경고하였다. 그는 실제론 아무 상관 없는 방글라데시 버터 생산량과 미국 주가 지수의 상관 관계가 85%에 달한다면서 전혀 관계 없는 데이터끼리도 우연히 상관관계가 높게 나와 이를 그대로 학습하고 투자하게 되면 위험하다고 전했다.

이렇게 머신러닝을 이용해 트레이딩 전략을 만드는 시도는 잠시 좌절되었다. 그러나 다양한 분야에서 머신러닝의 활용도는 무궁무진했기 때문에 퀀트들은 전략 자체를 머신러닝에 의존하기보다 데이터를 가공하거나 새로운 보조 지표를 얻는 것으로 활용했다. 가장 많이 활용하기 시작한 부분은 자연 언어 처리 부분이다. 머신러닝의 발달로 컴퓨터가 인간이 적은 문장이나 글을 읽고 뉘앙스를 잡아내거나 내용을 해석할 수 있게 되었다. 이를 이용해 소셜 네트워크 서비스의 방대한 글들의 흐름을 알 수 있게 되었고 실시간 뉴스의 정보나 애널리스트들의 평가를 실시간으로 수치화해서 읽어들일 수 있게 된 것이다.

퀀트 펀드들이 머신러닝을 이용한 소셜 네트워크 데이터 기반 트레이딩 알고리즘을 이용한다는 뉴스가 나왔다. 직접적인 알고리즘 공개는 없었지만 자연 언어 처리 및 소셜 네트워크 서비스 전문가를 채용하는 공고들이 하나둘씩 등장하고 있다. T3라는 회사는 트럼프의 트위터를 읽어서 매매하는 알고리즘을 소개한 적도 있다. 블룸버그 뉴스나 방송 아나운서의 목소리를 인식해 뉘앙스를 캐치한 다음 부정적인 뉴스와 긍정적인 뉴스를 구분하고 어느 정도 수준의 긍정적인 뉴스인지 가중치를 더한 뒤 거래하는 알고리즘도 등장했다. 이 모든 것은 신경망 머신러닝 알고리즘을 주로 이용한 방식이다.

이러한 인공지능은 찰나의 패턴을 잡는 초단타매매보다는 장기 투자를 하는 헤지펀드나 자산관리 업체에 더 많은 영향을 주었다. 자산관리 업체들은 인공지능이 각 투자자에 맞게 펀드를 설계해주고 자산 분배를 해주는 '로보 어드바이저'를 도입하기 시작했다. 로보 어드바이저는 퀀트 트레이더처럼 무조건적인 수익을 내는 방향이 아니라 자산의 효율적인 분배로 각 사람에 맞게 상품을 조합하는 조언의 역할을 하는 것이므로 판단 알고리즘 자체를 자세히 알지 못하더라도 크게 위험하지 않다. 펀드 매니저가 상품을 조합하고 각 사람에 맞는 투자 상품을 추천해주는 일 자체가 자동화되고 있는 것이다.

각종 금융회사들은 데이터화할 수 있는 분석 자료를 학습시키기 시작했다. 기존의 시장 정보는 물론 재무제표, 기업 자료 등도 이에 해당된다. 물론 이런 데이터의 영향은 장시간에 걸쳐 드러났기 때문에 기존의 초단타 퀀트 회사들보다는 은행이나 자산관리 회사들 위주로 점차 번져나갔다. 퀀트 펀드들도 수익성이 점점 떨어지면서 이러한 지표를 도입하고 장기 투자에 손을 대기 시작했다.

날씨 데이터나 군중 심리를 표현하는 데이터를 이용해 거래하는 알고리즘을 시도하는 회사도 생겨났다. 날씨나 심리적인 요소 같은 것들은 규칙을 정의하기가 굉장히 어려운 카오스 시스템(Chaos System, 혼돈계)과 같은 것들이기 때문에 머신러닝을 이용한 학습이 효과적이었다. 카오스 시스템은 단순한 확정 모델로 설명할 수 없는 체계를 말한다. 많은 사람들이 무작위(Randomness)와 카오스를 비슷하게 보지만 이 둘은 구분되는 개념이다. 무작위 상태는 모든 것이 영향을 주지 않고 무작위인 것을 말한다. 이를테면 동전 던지기 같은 경우 99번을 던져 앞면이 나왔다 하더라도 100번째 던지는 것은 앞면이 나올 확률과 뒷면이 나올 확률이 모두 50%으로 무작위이다. 반면 날씨 시스템 같은 경우 너무 복잡하고 많은 변수가 있어서 무작위 같지만 분명 어제 날씨와 1시간 전 구름 상태 등은 현재 날씨에 영향을 미친다. 비록 너무 미세한 변화에도 현재 상황이 크게 변하는 나비 효과 때문에 일반적인 통계 모델로 예측이 어렵지만 분명 수많은 변수가 서로에게 영향을 주는 시스템인 것이다. 이러한 시스템을 카오스 시스템이라고 한다.

　머신러닝을 이용한 날씨 데이터나 군중 심리 분석이 발진하면서 카오스 상태 중 대표격인 주식시장을 학습시키려는 논문도 발표되었다. 이는 이전의 인공지능처럼 주식 움직임의 패턴을 찾으려는 시도에서 한 단계 더 나아가 시장 자체가 어떤 변수에 의해 영향 받고 이를 설명하려는 시도에 더 가깝다. 그러나 날씨가 기온과 시간, 공간이라는 3차원의 데이터를 학습시켜 미래를 예측하려는 시도이기 때문에 아직도 예측하기 어려운 것처럼 주식시장 자체 상태를 학습시키기 위해서는 가격과 시간 외에도 수많은 요소를 함께 익혀야 하므로 연구가 더 필요한 부분이다.

한편 2010년대 중반이 되어가면서 머신러닝에도 새로운 바람이 불었다. 기존의 분류를 기반으로 하는 알고리즘이 아닌 가장 최선의 선택을 하는 보상 기반의 학습방법인 '강화 학습(Reinforcement Learning)'이 등장한 것이다. 강화 학습은 주어진 선택지 안에서 기존의 데이터를 이용한 학습을 통해 각 선택지에 대한 보상을 계산하고 이를 이용해 보상이 가장 좋을 만한 선택을 하는 인공지능 알고리즘이다. 이러한 알고리즘은 기존의 신경망만으로 해결하기 힘들었던 문제들을 해결할 수 있도록 하였다. 만약 로봇에게 걷는 방법을 가르친다고 해보자. 현재 다리 위치에서 다음 다리 위치를 학습시키기 위해서는 분류 중심의 알고리즘인 인공 신경망으로 해결하기에 어려움이 많다. 어떠한 다리 위치도 옳다 혹은 틀렸다고 판단하기 쉽지 않기 때문이다. 그러나 강화 학습을 이용하면 수많은 다리 위치 중에 움직이기 가장 좋은 다리 위치를 계산해 그쪽으로 다리를 이동시키면서 걸을 수 있게 되는 것이다. 2016년 이세돌에게 승리하면서 크게 이슈가 된 구글 딥마인드의 바둑 인공지능 알파고 또한 인공 신경망뿐만 아니라 이 강화 학습을 통해서 가장 보상이 큰 다음 수를 계산한 후에 그 수를 두도록 설계되어 있었다.

이러한 강화 학습을 이용하면 기존의 인공 신경망 머신러닝을 이용한 트레이딩 알고리즘을 개선시킬 여지가 생긴다. 매수와 매도 패턴을 찾는 것이 아니라 현재 증권 시장 및 포트폴리오 상황에서 보상과 결과가 가장 좋을 만한 선택을 하는 방식으로 인공지능을 설계할 수 있기 때문이다. 초고속 마이크로파 통신 회사 트레이드웍스의 설립자 마노즈 나랑$^{Manoj\ Narang}$은 기존의 퀀트 회사들처럼 가격이나 시장의 패턴을 찾으려는 시도로는 진정한 의미의 투자 인공지능을 만들 수 없다고 생각하였다. 아무리 사이먼스가 좋은 수익률을 내더라도 주로 초단타를 이용한 통계적 틈을 이용한 것이었고 장기 투자에서는 여전히 워런 버핏의 영향력이 강하였다. 투자는 수많은 변수를 가지고 있고 인간의 직감이나 판단력이 여전히 많은 영향력을 끼치고 있다. 마노즈 나랑은 시장의 패턴을 학습하기보다 고급 투자자들의 판단 기제를 학습해서 이행하는 인공지능을 만들어 보기로 하였다. 2016년에 설립한 그의 헤지펀드 마나 파트너스$^{MANA\ Partners}$에서는 강화 학습을 이용해서 보상이 가장 큰 선택을 하는 트레이딩 알고리즘을 개발 중에 있다. 인간 트레이더를 본뜨는 것이다. 이처럼 여러 가지 부분에서 머신러닝의 발전과 함께 퀀트 업계에도 인공지능 시대가 도래하고 있다.

◤ "골드만삭스는 IT회사이다"

2015년 골드만삭스의 CEO인 로이드 블랭크 페인$^{Lloyd\ Blankfein}$이 파격적으로 선언한 말이다. 월스트리트의 상징이자 금융회사의 대표격인 골드만삭스가 IT회사라니 세계에 적잖은 충격을 주었다. 골드만삭스의 직원 중 이미 30% 정도의 비율을 차지하는 테크놀로지 부서가 9,500명에 달하는데 세계 최대 IT회사인 페이스북이나 아마존만큼이나 많은 숫자이다. 2017년에 CFO가 된 마틴 차베스^{Martin Chavez} 부사장은 실리콘 밸리에서 스타트업을 하던 사람이다. 기존의 재무 회계 중심의 인물이 CFO를 하는 것과는 정반대의 충격적인 인사다.

골드만삭스는 전면적으로 IT와 인공지능과의 접목을 시도하고 있다. 머신러닝으로 대출 받을 만한 사람에게 연결을 시도하는 마르커스 닷컴을 인수하였고 기존의 뱅커들이 하던 자료 조사를 대신해주는 인공지능 켄쇼도 도입했다. 고객에게 거래 요청을 받아서 집행을 해주던 600명의 트레이더는 모니터링을 하는 단 2명만 남게 되었고 모두 알고리즘들로 대체되었다. 이들은 테크놀로지 부서에 소속된 알고 트레이더들이 관리하게 되었다. 거대 헤지펀드인 블랙록 또한 자신들의 펀드 매니저들을 인공지능으로 대체하고 있다. 보험 회사, 신용카드 업체, 컨설팅 회사들도 인공지능 분석을 도입해 맞춤형 설계를 해주거나 위험 상황을 탐지하기도 하였다.

이러한 변화의 바람은 퀀트 업계에도 불어왔다. 수학자에서 물리학자로, 그 후 금융 공학자에서 네트워크 엔지니어와 소프트웨어 공학자로 옮겨갔던 퀀트의 흐름은 이제 데이터 과학자와 인공지능 전문가로 옮겨가고 있다. 기존의 퀀트는 다양한 통계적 지식과 시장에 대한 경험 그리고 재무적 지식으로 수익을 내기 위해 여러 가지 알고리즘을 만들었다면 이제는 어차피 기계가 학습을 통해 알고리즘을 만들어주기 때문에 데이터를 능숙하게 다루며 복잡하고 다양한 형식의 데이터를 처리하고 관리할 수 있는 전문가가 더 필요하게 된 것이다.

데이터의 종류 또한 복잡해지고 다양해지고 있다. 현재 많은 회사들이 새로운 알파를 찾기 위해 대안 데이터(Alternative Data)를 도입하고 있다. 대안 데이터란 기존의 금융회사들이 적극 이용하였던 시장 데이터, 즉 가격, 거래량, 시간, 호가, 거래 참여자 같은 것들이나 요인들인 재무제표, 수익, 현금 흐름, 산업, 시가 총액 등이 아닌 데이터를 말한다. 앞서 말한 소셜 네트워크 데이터, 뉴스 데이터는 물론이고 여행객 숫자, 택배의 배달량, 농작물의 건강도, 인재의 이직 경향, 보험 가입률, 광고 지출 등특이한 데이터들을 의미한다. 이렇게 데이터마저 복잡해지니 데이터 과학자와 엔지니어의 역할이 점점 더 커졌다.

머신러닝과 인공지능이 만능인 것은 아니다. 입력 데이터를 기반으로 학습하기 때문에 데이터가 부족하거나 잘못 가공된 데이터를 입력하면 엉뚱한 알고리즘이 만들어지고 이는 거대한 손실로 이어진다. 데이터의 처리가 미흡하거나 오류가 많으면 사실과 전혀 다른 판단을 하는 인공지능이 만들어지고 데이터 과학자의 다양한 심리 편향이 인공지능 안에 녹아들게 된다. 게다가 앞으로는 단순한 숫자 데이터 이외에도 텍스트, 이미지, 음성, 동영상 등 비정형 데이터나 날씨, 위성 사진과 같은 다차원 데이터도 분석을 시도하기 때문에 이러한 부분의 전문가가 곧 수익률 좋은 알고리즘을 만드는 원천이 되는 시대가 올 것이다.

이러한 변화로 퀀트 회사들은 데이터 과학자와 시스템 엔지니어 그리고 인공지능 설계 전문가들을 끌어들이기 위해 열심히 노력하고 있다. 투시그마는 이미 퀀트 헤지펀드나 투자 회사라는 이름을 버리고 '빅데이터 전문 인공지능 기업'이라고 회사 소개란을 바꾸었다. 시타델은 억대 상금을 걸고 세계 18개 학교에서 데이터 분석 대회를 열기도 했다. 대회와 상금을 통해서 데이터 과학 인재들을 영입하는 기회로 삼으려고 하는 것이다. 앞으로는 데이터 과학자나 인공지능 전문가가 곧 퀀트가 되고 나중에는 퀀트와 데이터 과학자의 경계가 모호해지는 시대가 올 것이라고 예상된다.

안타깝게도 퀀트나 데이터 과학에 대한 국내의 인식은 참담한 수준이다. 매매에 컴퓨터가 개입되는 것을 규제로 강하게 막았던 역사에 단일화된 거래소로 알고리즘 트레이딩이 발전할 겨를이 없었고 퀀트는 대부분 파생상품 설계를 위한 데스크 퀀트가 주류를 이루었다. 이마저도 최근에 많이 도입된 것이고 2007년 한국일보의 기사를 보면 당시 파생상품을 설계할 수 있는 퀀트도 전무했다고 한다. 2007년이면 이미 미국에서는 초단타매매 시대로 넘어간 지 오랜데 말이다. 게다가 국내 상장 기업 자체가 다양한 편이 아니기 때문에 파생상품 또한 다양하게 존재하기 어려웠다. 이런 상황에서 방대하며 비용만 차지하는 거대한 금융 데이터를 기록하거나 가공하려는 시도가 적었던 것은 어쩌면 당연하다. 최근에 일어나는 수많은 핀테크 붐과 인공지능 혁명 속에서 빅데이터와 머신러닝을 외치고 있지만, 해외에 비해 데이터를 모으고 체계를 잡을 시간이 부족했기 때문에 데이터 과학자나 시스템 모두 부족한 상황이다. 데이터가 제대로 없는 상황에서 퀀트나 데이터 과학자가 활동할 수 있는 환경이 이루어질 리가 만무하다. 국내에서 이러한 부분에 대한 투자를 하기 위해 인공지능과 퀀트에 대한 기술만을 외치기보다는 본질적인 부분, 즉 데이터에 대한 효율적인 관리와 체계를 우선적으로 잡을 것을 권하는 바이다.

■■ 일반인도 퀀트 투자로 돈을 벌 수 있다

고도의 IT 기술 및 복잡한 모델 때문에 퀀트는 자칫 전문기관과 전문가들만의 영역이라고 오해하기 쉽다. 그러나 퀀트 투자는 어려운 것이 아니다. 자신만의 간단한 규칙을 만들고 그것을 따르도록 하기만 해도 퀀트 투자의 영역인 것이다. 예를 들어 '신작 영화의 시사회 평점이 7.8점 이상일 경우 영화사에 투자해라' 같은 간단한 알고리즘도 퀀트 투자가 되는 것이다. 우리가 소위 말하는 개미 투자자들이 돈을 잃는 경우는 다양하지만 데이터에 기반을 두지 않고 오로지 감과 근거 없는 정보로 거래함으로써 위험 관리를 전혀 하지 않기 때문이다. 일반적으로 투자를 할 때는 투자할 종목, 투자 기간, 매도 기준 등을 정한다. '이 주식이 평소보다 30%나 떨어졌네? 저평가된 것 같으니 매수하자'라든가 '대략 한 달 안에 20%의 수익을 내야겠어'라든가 '오늘 북핵 위협으로 15%나 하락했네. 더 떨어지면 어떡하지? 당장 팔아야겠다'라는 식의 비계량적 판단을 하는 경우가 많다. 또한 위험 관리도 철저히 이루어지지 않은 경우가 많다. 국내 투자자들의 60% 이상이 한 종목에만 투자하고 있다고 한다. 즉, 하나의 종목에 모든 돈을 투자하고 대박이 나기를 기다리는 사람이 대다수라는 뜻이다. 이러한 심리적 편향과 오류는 지능이나 교육 수준과 관계없이 비슷하게 일어난다. 제임스메디슨대학의 리처드 웨스트 교수의 논문에 따르면 논리적이고 똑똑한 사람일수록 심리적 편향에 빠지기 쉽다고 한다. 아무리 객관적이고 침착한 투자가라 해도 인간인 이상 심리적 편향에 노출되기 때문에 장기적으로 봤을 때 패배할 수밖에 없는 것이다.

이러한 투자 편향을 배제하고 정해진 규칙에 따라 거래하고 위험 관리하는 알고리즘을 만든 다음 그대로 따른다면 일반인도 충분히 퀀트 투자로 수익을 낼 수 있다. 국내에서는 이미 엑셀만으로 간단하게 따라 할 수 있는 퀀트 투자 방법을 블로그와 서적 등에서 소개하고 있다. 결국 퀀트 투자는 장기적으로 성장하는 시장에 투자하는 것이기 때문에 개인 투자자도 규칙에 따른다면 성공할 수 있다.

좀 더 구체적인 예를 들어보자. 국내 유명 퀀트 투자가인 강환국 씨의 글을 보면 PBR(Price to Book Ratio; 주가순자산비율)과 PER(Price to Earning Ratio; 주가수익률)이란 데이터만 이용해서 일 년에 한 번만 투자해도 10%에 가까운 시장 초과 수익을 낼 수 있다고 한다. PBR은 어떤 회사의 시가총액/자기자본 수치를 뜻하는데 PBR이 낮을수록 가지고 있는 자산에 비해 주식 가격이 낮은 것을 말하는 지표이다. PER은 주가/순

이익 수치로 이익에 비해 주가가 얼마나 비싼지를 알려준다. PBR과 PER 이 낮으면 낮을수록 저평가되어 있을 확률이 높다. 그에 따르면 과거 데이터 백테스트를 통해서 PBR 0.1 - 0.4, PER 2.5 - 10.0까지의 30개의 주식을 매수하였더니 가장 좋은 수익률이 나왔다고 한다. 이러한 패러미터는 투자자가 과거 데이터 분석과 테스트를 통해서 정해야 한다.

일반인이 쉽게 접할 수 있는 데이터가 주로 기업의 재무제표이기 때문에 이를 이용해서 알고리즘을 만드는 경우가 많지만, 시장 데이터나 소셜 데이터 같은 여러 가지 데이터를 활용해서 일반인도 무궁무진한 알고리즘을 만들 수 있다. 최근에는 직접 여러 주가 요인을 분석해서 만드는 팩터 투자가 각광이고 계절별, 월별 장기적인 모멘텀 가격 패턴을 분석해서 투자하는 방식도 일반 투자자들이 애용하고 있다. 오픈 소스로 퍼진 머신러닝 라이브러리나 통계 패키지를 이용해서 좀 더 복잡한 알고리즘을 시도하는 사람도 많다.

이렇게 논문이나 블로그 등에서 공개된 퀀트 알고리즘이 많은데도 개인 투자자들이 실패하는 이유는 뭘까? 이는 자신이 정립한 규칙대로 끝까지 믿고 따르기 힘들기 때문이다. 좋은 대학에 가는 방법은 꾸준한 공부, 체중을 감량하는 방법은 적절한 운동과 식이요법이라는 것을 알지만 대부분이 실패하듯이 자신이 세운 알고리즘대로 꾸준히 투자하면 수익을 얻는다는 것을 알더라도 단기적으로 투자금을 계속 잃거나 과도한 수익이 나기 시작하면 이성이 흔들릴 수밖에 없다. 최초의 퀀트였던 에드 소프도 카지노에서 수익이 나기 시작하자 캘리 공식을 어기고 베팅하다가 돈을 잃지 않았는가.

　일반인을 위한 퀀트 투자에 대해 관심이 있다면 국내 서적 중 《프로야구 명감독이 주식 투자를 한다면》이나 《문병로 교수의 메트릭 스튜디오》를 읽어보면 도움이 될 것이다. 다양한 데이터와 도구들이 공개되고 복잡해지는 시장에서 퀀트 투자는 일반인에게도 선택이 아닌 필수가 되어가고 있다.

당신도 퀀트가 되어야 한다

지금까지 퀀트에 대한 여러 가지 역사와 알고리즘, 다양한 기술 그리고 변화에 대해 살펴보았다. 천재와 다를 바 없는 과학자들의 수학과 무시무시한 기술들 그리고 인공지능까지…… 신비함을 넘어 두려움까지 느끼게 한다. 혹자들은 엄청난 기술과 정보를 가진 사람들이 시장에 뛰어들기 때문에 투자라는 것은 이제 일반인에겐 의미 없는 영역이고 무조건 질 수밖에 없는 싸움이 되었다고 이야기한다.

절반은 맞고 절반은 틀린 말이다. 실제로 주문 집행을 위주로 시장미시구조에서 불균형을 찾아서 거래하는 알고리즘 트레이딩이나 초단타매매 분야 같은 경우에는 고성능 컴퓨터, 최첨단 네트워크 장비, 그리고 방대한 시장구조 데이터 없이는 상대할 수 없는 부분이다. 그렇다면 개인 투자자들은 수익을 얻을 방법이 전혀 없는 것일까? 그렇지 않다. 앞서 설명한 바와 같이 '트레이딩' 영역은 점점 고도화되고 심화된 경쟁 끝에 시장에서 불균형이 생기는 즉시 순식간에 모두 사라지고 있다. 그러나 기업의 가치 상승에 베팅하는 '투자' 영역은 여전히 미지의 분야이자 모두가 공생하는 부분이다. 이러한 투자를 완벽하게 하는 인공지능은 아직 존재하지 않을뿐더러 앞으로도 여러 가지 제약 조건과 상황별 차이 때문에 탄생하기 힘들다. 로보 어드바이저, 인공지능 금융 분석 솔루션 등 모두 투자를 돕기 위한 것들일 뿐이다.

결국 단기적인 움직임과 불균형을 찾아서 거래하는 데이 트레이더들은 알고리즘들에 의해 몰락할 것이다. 그러나 기업의 가치를 읽고 장기적으로 투자하는 개인 투자가들은 여전히 힘을 가질 것이며 나아가 더 강력해질 것이다. 인터넷 시대에 대중에게 정보가 공개되는 동시에 보급되는 속도가 빨라졌다. 지금은 데이터 시대가 오면서 다양한 솔루션과 데이터가 공개되고 있다. 재무제표나 뉴스 데이터는 물론 시장 가격 데이터나 호가 데이터도 수많은 업체에서 무료 혹은 매우 저렴한 가격으로 데이터를 제공하고 있다. 예전에는 기관들 일부만 가진 정보로 투자에 우위를 점할 수 있었다. 그러나 시대가 점점 변하면서 정보와 데이터가 공개되고 거대한 데이터가 쌓이기 시작했다. 정보와 데이터의 바다에서 결국 누가 의미 있는 정보로 바꾸느냐에 따라 투자에 성공할 수도 있고 다른 알고리즘의 먹이가 될 수도 있다.

이제 일반인도 이러한 수많은 데이터에서 의미를 찾아서 투자를 하는 사람, 즉 퀀트가 되어야 한다. 이는 앞서 말한 위대한 수학자나 물리학자처럼 대단한 수학 공식을 알아야 한다는 것도 아니고, 편미분 방정식을 이용한 물리학으로 주가의 움직임을 예측하라는 뜻이 아니다. 이제는 일반인도 쉽게 사용할 수 있는 데이터 분석 툴도 나오고 있고 로보 어드바이저 등의 형태로 가공되어서 조언해주는 솔루션도 나오고 있다. 무엇을 이용하든 데이터를 기반으로 자신만의 투자 알고리즘을 만들어 투자하지 않으면 성공하기 힘든 시대에 있다는 것은 자명한 사실이다.

데이터를 읽고 의미 있는 결과로 바꾸는 것이 워드 프로세서 능력만큼 대중화되고 필수적인 능력이 될 것이다. 인공지능의 시대에서 무조건 인공지능이 모든 것을 지배하는 게 아니다. 인공지능이라는 것은 학습과 데이터를 기반으로 하며 이 모든 것들은 데이터 과학자가 어떤 선생님이 되냐에 따라서 천차만별인 결과를 가져온다.

최근에는 일반인들을 위한 솔루션이 쏟아져 나오고 있다. 인터랙티브 브로커즈Interactive Brokers에서는 프로그래밍을 할 줄 아는 사람들을 위해서 초단타 거래 회선이나 데이터를 제공해주기도 하고, 프로그래밍을 하지 못 하더라도 드래그 앤 드롭 형식으로 알고리즘을 만들 수 있도록 하고 있다. 퀀토피안Quantopian은 자신의 알고리즘을 자유롭게 개발할 수 있도록 환경을 지원해주고 공유하거나 테스트해볼 수 있다. 여기서 수익률이 좋은 알고리즘을 가진 사람에게는 직접 투자를 해서 수익을 얻을 수 있도록 기회를 주기도 한다. 머신러닝이나 데이터 과학에 조예가 깊은 일반인을 위해 크라우드 소싱을 하는 헤지펀드 뉴메라이Numerai도 등장했다. 이들은 자유롭게 자신의 머신러닝 알고리즘을 개발해 시도해본 다음 수익 배분을 받을 수 있다. 신원을 공개하기 꺼려하는 데이터 과학자들을 위해 비트코인으로 수익을 주기도 한다고 한다. 퀀들Quandl은 다양한 시장 데이터는 물론 비정형 데이터와 대안 데이터까지 무료로 제공하고 있다.

예전에는 비싸서 전문가들 사이에서만 얻을 수 있었던 데이터들을 일반인도 쉽게 제공받을수 있는 것이다.

데이터 과학에 대한 공부와 솔루션에 대한 이해는 선택이 아닌 필수가 되었다. 통계와 수학을 모르더라도 데이터들이 어떠한 관계를 가지는지에 대한 안목을 지니고 있어야 한다. 방송은 방송국에서만 할 수 있고 음악은 뮤지션만 할 수 있는 시대는 지났다. 이제는 누구나 인터넷 방송과 유튜브를 통해 아티스트가 되고 평론가가 될 수 있다. 마찬가지로 퀀트라는 직업은 사라질 것이고 누구나 퀀트가 되어야 하는 시대가 올 것이다.

참고문헌

- 권오상.《파생금융 사용설명서》. 부키. 2013.
- 안혁.《프로야구 명감독이 주식투자를 한다면》. 매일경제신문사. 2014.
- Edward O. Thorp. *A Man for All Markets: From Las Vegas to Wall Street, How I Beat the Dealer and the Market*. Random House. 2017.
- Edward O. Thorp. *Beat the Dealer: A Winning Strategy for the Game of Twenty-One*. Vintage. 1966.
- Steven P. Greiner. *Ben Graham Was a Quant: Raising the IQ of the Intelligent Investor*. Wiley. 2011.
- Michael Lewis, *Flash Boys: A Wall Street Revolt*, WW Norton & Company. 2015.
- Peter Kovac. *Flash Boys: Not So Fast: An Insider's Perspective on High-Frequency Trading*. Directissima Press. 2014.
- William Poundstone. *Fortune's Formula: The Untold Story of the Scientific Betting System That Beat the Casinos and Wall Street*. Hill and Wang. 2006.
- Jack D. Schwager. *Market Wizards, Updated: Interviews With Top Traders*. Wiley. 2012.
- Emanuel Derman. *My Life as a Quant: Reflections on Physics and Finance*. Wiley. 2008.
- David J. Leinweber. *Nerds on Wall Street: Math, Machines and Wired Markets*. Wiley. 2009.
- Xin Guo, and others. *Quantitative Trading: Algorithms, Analytics, Data,*

Models, Optimization. Chapman and Hall/CRC. 2016.

· James Owen Weatherall. *The Physics of Wall Street: A Brief History of Predicting the Unpredictable.* Mariner Book. 2014.

· Scott Patterson. *The Quants: How a New Breed of Math Whizzes Conquered Wall Street and Nearly Destroyed It.* Crown Business. 2010.

· Roger Lowenstein. *When genius failed.* Random House. 2001.

ARTIFICIAL
INTELLIGENCE
INVESTORS

QUANT

인공지능 투자가 퀀트

초판 1쇄 발행 2017년 8월 14일
5쇄 발행 2022년 1월 21일

지은이 권용진
펴낸이 이광재

책임편집 김미라
디자인 이창주   **마케팅** 정가현   **영업** 노시영, 허남

펴낸곳 카멜북스 **출판등록** 제311-2012-000068호
주소 서울특별시 마포구 양화로12길 26 지월드빌딩 (서교동 395-7) 3층
전화 02-3144-7113 **팩스** 02-374-8614 **이메일** camelbook@naver.com
홈페이지 www.camelbook.co.kr **페이스북** www.facebook.com/camelbooks
인스타그램 www.instagram.com/camelbook

ISBN 978-89-98599-36-2 (03320)